**本书由以下项目资助**

科技部科技基础资源调查专项课题"中国沙漠及其毗邻地区人类活动遗迹调查"（2017FY101003）

国家自然科学基金重大研究计划"黑河流域生态−水文过程集成研究"培育项目
"黑河流域历史时期水土资源开发利用的空间格局演变"（91025010）

"十三五"国家重点出版物出版规划项目

国家出版基金项目
NATIONAL PUBLICATION FOUNDATION

黑河流域生态－水文过程集成研究

# 黑河流域历史时期的人类活动
# 与绿洲变迁

颉耀文　汪桂生　张自强　著

科学出版社　龙门书局

北京

# 内 容 简 介

　　黑河流域人类活动的历史十分悠久，其垦殖绿洲在漫长历史过程中发生了显著而又复杂的变化。本书以多源数据为基础，综合运用多学科研究手段和地理信息系统、遥感、全球定位系统等现代技术，在多次野外实地考察基础上，将历史文献信息、历史遗迹、文物考古资料相结合，对历史时期主要人类活动的方式和范围进行了复原，以朝代为单位对各时期垦殖绿洲的时空范围进行了重建，对不同时期绿洲演变的特点进行了分析，对主要驱动因子进行了辨识，并对绿洲开发的经验和教训进行了总结。本书所得出的基本认识对现代绿洲的开发、管理以及可持续发展具有重要借鉴作用。

　　本书可供从事绿洲与绿洲化、干旱区景观生态、历史地理、土地利用/土地覆盖变化、环境演变等方面研究的科研工作者参考。

**审图号：GS（2020）2684 号**

---

**图书在版编目（CIP）数据**

　黑河流域历史时期的人类活动与绿洲变迁 / 颉耀文，汪桂生，张自强著.
—北京：龙门书局，2020.9

　（黑河流域生态-水文过程集成研究）

　"十三五"国家重点出版物出版规划项目　国家出版基金项目

　ISBN 978-7-5088-5789-3

　Ⅰ.①黑… Ⅱ.①颉… ②汪… ③张… Ⅲ.①黑河-流域-古城遗址（考古）-研究 ②黑河-流域-绿洲-农业史-研究-古代 Ⅳ.①K878.34 ②F329.4

　中国版本图书馆 CIP 数据核字（2020）第 131651 号

---

责任编辑：李晓娟　李　静 / 责任校对：郑金红
责任印制：肖　兴 / 封面设计：黄华斌

科 学 出 版 社　龙門書局　出版

北京东黄城根北街 16 号

邮政编码：100717

http://www.sciencep.com

中国科学院印刷厂 印刷

科学出版社发行　各地新华书店经销

\*

2020 年 9 月第 一 版　　开本：787×1092　1/16
2020 年 9 月第一次印刷　　印张：15 1/4　插页：2
字数：370 000

**定价：228.00 元**
（如有印装质量问题，我社负责调换）

# 《黑河流域生态–水文过程集成研究》编委会

《黑河流域历史时期的人类活动与绿洲变迁》
撰写委员会

主笔　颉耀文　汪桂生　张自强

# 总　序

20 世纪后半叶以来，陆地表层系统研究成为地球系统中重要的研究领域。流域是自然界的基本单元，又具有陆地表层系统所有的复杂性，是适合开展陆地表层地球系统科学实践的绝佳单元，流域科学是流域尺度上的地球系统科学。流域内，水是主线。水资源短缺所引发的生产、生活和生态等问题引起国际社会的高度重视；与此同时，以流域为研究对象的流域科学也日益受到关注，研究的重点逐渐转向以流域为单元的生态–水文过程集成研究。

我国的内陆河流域占全国陆地面积 1/3，集中分布在西北干旱区。水资源短缺、生态环境恶化问题日益严峻，引起政府和学术界的极大关注。十几年来，国家先后投入巨资进行生态环境治理，缓解经济社会发展的水资源需求与生态环境保护间日益激化的矛盾。水资源是联系经济发展和生态环境建设的纽带，理解水资源问题是解决水与生态之间矛盾的核心。面对区域发展对科学的需求和学科自身发展的需要，开展内陆河流域生态–水文过程集成研究，旨在从水–生态–经济的角度为管好水、用好水提供科学依据。

国家自然科学基金重大研究计划，是为了利于集成不同学科背景、不同学术思想和不同层次的项目，形成具有统一目标的项目群，给予相对长期的资助；重大研究计划坚持在顶层设计下自由申请，针对核心科学问题，以提高我国基础研究在具有重要科学意义的研究方向上的自主创新、源头创新能力。流域生态–水文过程集成研究面临认识复杂系统、实现尺度转换和模拟人–自然系统协同演进等困难，这些困难的核心是方法论的困难。为了解决这些困难，更好地理解和预测流域复杂系统的行为，同时服务于流域可持续发展，国家自然科学基金 2010 年度重大研究计划"黑河流域生态–水文过程集成研究"（以下简称黑河计划）启动，执行期为 2011~2018 年。

该重大研究计划以我国黑河流域为典型研究区，从系统论思维角度出发，探讨我国干旱区内陆河流域生态–水–经济的相互联系。通过黑河计划集成研究，建立我国内陆河流域科学观测–试验、数据–模拟研究平台，认识内陆河流域生态系统与水文系统相互作用的过程和机理，提高内陆河流域水–生态–经济系统演变的综合分析与预测预报能力，为国家内陆河流域水安全、生态安全以及经济的可持续发展提供基础理论和科技支撑，形成干旱区内陆河流域研究的方法、技术体系，使我国流域生态水文研究进入国际先进行列。

为实现上述科学目标，黑河计划集中多学科的队伍和研究手段，建立了联结观测、试验、模拟、情景分析以及决策支持等科学研究各个环节的"以水为中心的过程模拟集成研究平台"。该平台以流域为单元，以生态–水文过程的分布式模拟为核心，重视生态、大气、水文及人文等过程特征尺度的数据转换和同化以及不确定性问题的处理。按模型驱动数据集、参数数据集及验证数据集建设的要求，布设野外地面观测和遥感观测，开展典型流域的地空同步实验。依托该平台，围绕以下四个方面的核心科学问题开展交叉研究：①干旱环境下植物水分利用效率及其对水分胁迫的适应机制；②地表–地下水相互作用机理及其生态水文效应；③不同尺度生态–水文过程机理与尺度转换方法；④气候变化和人类活动影响下流域生态–水文过程的响应机制。

黑河计划强化顶层设计，突出集成特点；在充分发挥指导专家组作用的基础上特邀项目跟踪专家，实施过程管理；建立数据平台，推动数据共享；对有创新苗头的项目和关键项目给予延续资助，培养新的生长点；重视学术交流，开展"国际集成"。完成的项目，涵盖了地球科学的地理学、地质学、地球化学、大气科学以及生命科学的植物学、生态学、微生物学、分子生物学等学科与研究领域，充分体现了重大研究计划多学科、交叉与融合的协同攻关特色。

经过连续八年的攻关，黑河计划在生态水文观测科学数据、流域生态–水文过程耦合机理、地表水–地下水耦合模型、植物对水分胁迫的适应机制、绿洲系统的水资源利用效率、荒漠植被的生态需水及气候变化和人类活动对水资源演变的影响机制等方面，都取得了突破性的进展，正在搭起整体和还原方法之间的桥梁，构建起一个兼顾硬集成和软集成，既考虑自然系统又考虑人文系统，并在实践上可操作的研究方法体系，同时产出了一批国际瞩目的研究成果，在国际同行中产生了较大的影响。

该系列丛书就是在这些成果的基础上，进一步集成、凝练、提升形成的。

作为地学领域中第一个内陆河方面的国家自然科学基金重大研究计划，黑河计划不仅培育了一支致力于中国内陆河流域环境和生态科学研究队伍，取得了丰硕的科研成果，也探索出了与这一新型科研组织形式相适应的管理模式。这要感谢黑河计划各项目组、科学指导与评估专家组及为此付出辛勤劳动的管理团队。在此，谨向他们表示诚挚的谢意！

2018 年 9 月

# 前　　言

　　绿洲是干旱区特有的景观，也是干旱区最精华的区域。垦殖绿洲的形成和演变受自然环境和人类活动的共同作用，是干旱区人地相互作用最宏观也是最直观的反映。复原垦殖绿洲变化的时空格局，分析绿洲演变的驱动机制，对认识人类活动影响下干旱区环境演变过程和规律具有重要意义，同时对现代的绿洲化过程的调控与管理具有重要借鉴作用。

　　黑河流域位于欧亚大陆中部的河西走廊，是我国西北地区第二大内陆流域，也为甘肃、内蒙古西部最大的内陆河流域。黑河从发源地到居延海全长 821km，横跨三种不同的自然环境单元，流域面积约 14.29 万 km²。黑河流域南起南部的祁连山，东以大黄山与武威盆地相连，西部以黑山与疏勒河流域毗邻，北部与蒙古国接壤。黑河流域分属三个省（区），上游位于青海省的祁连县和甘肃省的肃南裕固族自治县境内，中游位于甘肃省张掖市的山丹县、民乐县、甘州区、临泽县、高台县等，以及酒泉市的肃州区和嘉峪关市境内，下游位于甘肃省金塔县和内蒙古自治区额济纳旗境内。由于远离海洋，周围为高山所环绕，受中高纬度的西风带环流控制和极地冷气团影响，黑河流域气候干燥，降水稀少，呈现温带大陆性气候特征。

　　黑河流域人类活动的历史十分悠久，曾经创造了灿烂的古代文明。农业垦殖是黑河流域历史时期重要的人类活动方式，人类开发的绿洲在漫长的历史过程中发生了复杂的格局演化：一些绿洲经过长期经营形成了稳定的人工绿洲并一直沿用至今，而另一些却沦为人迹罕至的荒漠。本书以遥感影像等多源数据为基础，综合运用多学科结合的研究手段和"3S"技术，在野外考察所获资料基础上，将历史文献、历史遗迹、文物考古等人类活动证据相结合，对历史时期主要人类活动的方式和范围进行了复原，以朝代为单位对各时期垦殖绿洲的时空范围进行了重建，对不同时期绿洲演变的特点进行了分析，对主要驱动因子进行了辨识，并对绿洲开发的经验和教训进行了总结，所得出的基本认识对现代绿洲的开发、管理及保护具有重要借鉴作用。

　　以下为本书的主要内容。

　　对黑河流域的古城遗址进行全面调查，分析其形态和时代特征。总体上看，黑河流域的古城址形态以单体方形或长方形为主，鲜有复合城址；全部城址的面积呈现"或大或小"的两极分布格局，即规模在 2 万 m² 以下的及超过 10 万 m² 分别占到总量的 50% 和 30%。从时代发展看，汉代到明清时期城址面积呈波动式增大趋势，分布格局由区域集聚逐渐演变为中游内放射状分布。

　　对黑河流域各时期的绿洲垦殖范围进行重建，获得面积数据。通过对历史文献、历史遗迹、考古资料和遥感影像等资料的综合分析，获得黑河流域在汉、晋、唐、元、明、清、民国时期等七个主要历史时期垦殖绿洲的面积，分别是 1703 km²、1115 km²、629 km²、614 km²、964 km²、1205 km² 和 1917 km²。总的来说，该区域的垦殖绿洲经历了先减少后增加的变化过程。

对黑河流域历史时期垦殖绿洲变化的时空特征进行分析，发现其基本特征。黑河流域的绿洲自汉代以来沿河逐步向中上游迁移，最终主要稳定分布在中游平原地区。在汉、晋等较早时期，绿洲在中下游地区均有分布且以下游居多，之后河流尾闾地区逐渐减少，重心转移到中游地区。明清及民国时期，绿洲主要分布在中游地区，呈现出以河道为核心的外扩和多方向分散分布。自然条件较好的沿河绿洲长期稳定存在，而河流终端地区的绿洲变化频繁，显示出绿洲对水资源的强烈依赖性。对黑河流域不同地域垦殖绿洲的变化进行了分析，发现时空差异十分显著。山丹–民乐、甘–临–高、酒泉、金塔–鼎新等主体沿河绿洲自汉代到元代逐渐减少，明代以来逐渐增加，其规模显著大于诸如汉、晋等早期的绿洲，呈扩展变化。马营河等小支流的绿洲规模在汉到元代逐渐缩小直到废弃，明代以来在河流中段逐渐恢复，但其规模小于汉、晋等较早时期，呈衰退趋势。

对黑河流域历史时期垦殖绿洲演变的驱动因子进行分析，明确主导因子。研究发现，社会的稳定是绿洲持续开发和发展的前提，各时期的农业政策是导致绿洲变化的直接因素。气候变化主要以温度和降水变化作用于水资源、河道、沙漠化等，进而影响绿洲的变化。由于黑河流域的政治军事地位重要性，政局因素对绿洲的分布格局演变具有重要的影响。人们对于物质财富的不懈追求是绿洲扩张的原动力，但不同时期的主导因子不同。

对黑河流域绿洲垦殖的后果进行初步分析，探讨生态效应。研究发现，绿洲垦殖对生态环境有一定影响，而且这种影响越向晚近越发强烈。汉代的绿洲开发尽管非常迅猛，但由于为首次人类大规模利用，对环境扰动的后果还未为可知。魏晋至元代，流域人口较少，垦殖活动处于萧条时期，生态环境应该呈现良好状态。明清以来，随着人口的大量增加，绿洲开发显著增强，人类对生态的影响开始强烈显现。

对黑河流域历史时期绿洲开发与演变的经验教训进行总结，形成历史借鉴。研究发现，采取以保障生态用水为约束、绿洲开发与保护并存的策略，进行产业结构调整与转型是绿洲可持续发展的必由之路。

本书由汪桂生撰写初稿，张自强补充相关材料，颉耀文完成统稿定稿工作。研究生余林、石亮、王学强等参加过部分研究工作和野外考察工作，杨宇宇进行过文字修改和编辑工作，对以上人员的付出的劳动，在此一并表示谢忱。

由于水平有限，书中不妥之处在所难免，敬请广大读者批评指正。

作 者<br>2020 年 3 月 3 日

# 目　　录

# 第1章 黑河流域概况

黑河流域在历史时期曾经是中原王朝和少数民族政权反复争夺的焦点地区，是古代丝绸之路所经过的黄金路段，是历代中原王朝开发西北的前沿阵地，也是古代各种文化的交融荟萃之地。本章主要对黑河流域的自然与社会经济状况进行简单介绍。

## 1.1 自然地理概况

### 1.1.1 地理位置

黑河是我国继塔里木河之后的第二大内陆河，发源于青藏高原北部边缘的祁连山中段，自南向北注入额济纳旗的居延海，全长大约821 km。黑河流域东与石羊河流域相邻，西与疏勒河流域相接，北与蒙古国接壤，地理坐标介于37°50′~42°40′N及97°50′~102°05′E之间（图1-1）。

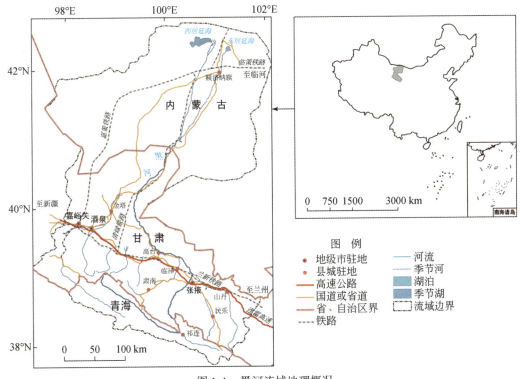

图 1-1 黑河流域地理概况

1

黑河流域地跨青海、甘肃和内蒙古三省（自治区），区域总面积约 14.29 万 km²，其中青海境内约 1.04 万 km²，主要为祁连县；甘肃境内约 6.18 万 km²，主要覆盖张掖、酒泉二市下的甘州区、民乐县、山丹县、高台县、临泽县、肃南裕固族自治县（简称肃南县）、肃州区、金塔县等 8 县（区）及嘉峪关市；内蒙古境内约 7.07 万 km²，覆盖阿拉善盟的额济纳旗大部分地区。

## 1.1.2　气候特征

黑河流域处于亚欧大陆腹地，远离海洋，主要受中高纬度西风环流和极地冷高压的作用，降水稀缺且集中于夏季，属于温带大陆性气候。北冰洋和大西洋是区域大气中主要的水汽来源地，通过自西向东的纬向输送到达本地区（陆桂华等，2012）。莺落峡以上的上游地区大部分为山地，气候垂直地带性变化显著，降水相对充足且蒸发微弱。中下游河段属于内陆地区，夏季暖湿气流受高山阻挡，不易到达；冬季受冷高压控制，寒冷干燥。由此，黑河流域的气候具有冬季严寒、夏季干热、春季多风、秋季凉爽，日照时数长且蒸发强烈、降水稀少而集中等特点。

根据地形特点，全流域可分为南、中、北三个不同的气候带。南部祁连山高寒半干旱气候带，年均气温低于 4 ℃，无霜期天数平均为 140 天，年日照时数达 2600 h；中部走廊高平原的温带干旱气候带，年均气温为 5 ~ 10 ℃，无霜期天数达 160 天，年日照时数大于 2800 h；北部的戈壁和荒漠为主的温带干旱气候带，年均气温为 6 ~ 10 ℃，无霜期日数达 140 ~ 160 天，年日照时数达 2 800 ~ 3 000 h（付有智和曹玲，2002）。

## 1.1.3　水系与水资源

黑河流域共有大小河流约 41 条。由于流域内的人口主要集中在走廊平原地区而且发展较快，中游地区用水量持续增加，导致黑河的部分支流未能注入主干河道而成为单独的水系。从水力联系上，黑河流域总的可以划分为讨赖河水系和黑河水系（程国栋等，2010）。但从分布的地理区域上，黑河流域则可以划分为西、中、东三个水系：西部水系主要包括洪水坝河、讨赖河（北大河）、清水河等支流，范围约 2.1 万 km²，终于金塔盆地北部；中部水系主要为丰乐河、马营河及摆浪河，范围约为 0.6 万 km²，汇入肃南明花乡盆地；东部水系为黑河干流、梨园河（大沙河）、洪水河、山丹河等，面积约 11.6 万 km²，汇入干流下游额济纳盆地，其中黑河干流在上游地区分为东西两支：东支长约 80 km，称为俄博河（或八宝河）；西支长约 190 km，称为野牛沟。黑河流域主要水系分布如图 1-2 所示。

黑河流域的水资源主要来自南部祁连山区降水和冰雪融水，且以降水补给为主，年内降水多集中于夏季的 6 ~ 9 月。全流域多年平均径流量为 33.35 亿 m³/a，其中主干河道莺落峡出山口多年平均径流达 15.6 亿 m³/a，讨赖河片区多年平均出山径流量为 9.75 亿 m³/a（程国栋等，2010）。由于冰川融水对降水补给有补偿调节作用，黑河径流年际变化不大。根据流域水资源产生和利用特点，可以将流域内的水资源利用区分为形成区、利用区和消逝

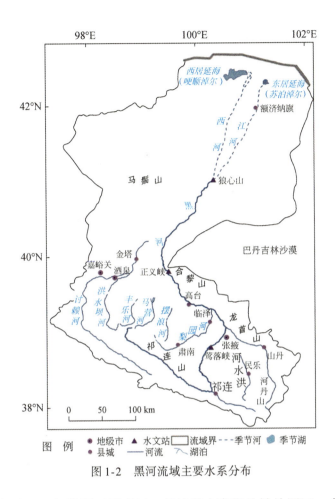

图 1-2 黑河流域主要水系分布

区。莺落峡以上祁连山区河段属于形成区，是流域水资源的补给源区；中游的走廊高平原地区，是流域主要的农业生产区和生活区，绿洲广布，为水资源主要利用区；各河流的终端地区，属径流消逝区，一般为荒漠戈壁或稀疏植被覆盖的天然绿洲。

## 1.1.4 地貌与景观

黑河流域自南向北依次形成南部祁连山地、中部河西走廊高平原和北部阿拉善高原三个不同地貌单元。南部祁连山地为青藏高原边缘隆升带，为流域的水源地；中部的河西走廊高平原灌溉农业发达，为人类活动集中地带，其北缘为低矮的北山、合黎山和龙首山；北部阿拉善高原在地质时期被长期剥蚀夷平，向准平原化发展形成内陆盆地，可进一步分为马鬃山区和下游盆地区（图 1-3）。

南部祁连山区海拔为 2000~5500 m，海拔的差异所导致的水热条件变化主导着景观的垂直分异。随着海拔的增加，地形自山前低山丘陵到中山地带，再到高山地区，景观呈现山前荒漠或草原化荒漠、森林草原、灌丛草甸、高寒荒漠，到混合冰川、积雪覆盖的裸岩的垂直地带变化（程国栋等，2010）。

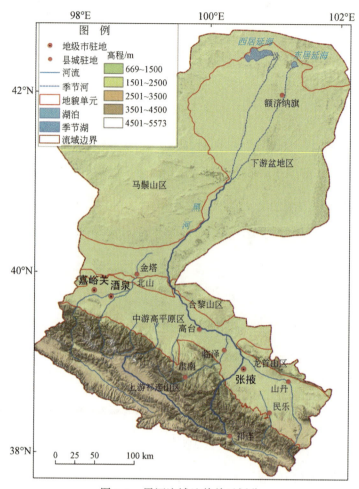

图1-3　黑河流域地貌单元划分

中部的走廊高平原处于祁连山区北侧，海拔为1000～2000 m，景观大多为绿洲穿插分布的戈壁，但这些面积有限的绿洲却是全流域人类活动的集中地区。在本区，地表水以渠道等方式引入灌区并建有机井，水系以大规模衬砌、裁弯取直等方式进行了改造，由此使本区呈现以灌溉农田为主的景观。随着生产力的提高，绿洲规模仍有扩展的潜力。

北部的阿拉善高原因受到剥蚀而向准平原发展，海拔在1000 m左右，最高点为海拔2583 m的马鬃山主峰。区域内自西向东受沉积物的影响形成三种不同的地表景观：西部的马鬃山区为干旱的准平原化低矮山系、残丘和洪积及剥蚀平地为主要地形特征，大部分地区无植被覆盖，景观荒凉单调，仅在低洼的季节性干河床或有泉水出露的地带有零星灌木存在；中部的洪积、冲积戈壁地区，地表几乎无植被存在，仅在少数季节性冲沟中有稀疏灌木；东部为巴丹吉林沙漠西缘，为原生沙漠景观。本地区绿洲主要集中在讨赖河下游的金塔盆地和黑河干流下游的额济纳三角洲，前者以灌溉农田为主体景观，后者以天然胡杨林、柽柳灌木林和退耕后的农田为主要景观。

## 1.1.5 土壤类型

根据全国第二次土壤普查成果，黑河流域的土壤类型有 23 种（图 1-4；史学正和于东升，2011）。从总体上看，全流域以灰棕漠土为主的荒漠土纲为主导，其比例超过了 2/3。根据位置不同，祁连山区、走廊平原和阿拉善高原的土壤类型存在显著差异。祁连山区以寒冻毡土、寒冻钙土、寒毡土、寒漠土等高寒山地土纲为主；走廊平原区以灌淤土、栗钙土、灰钙土、潮土并夹杂有盐土的绿洲土纲为主，周围为灰漠土或灰棕漠土为主的荒漠土纲所包围，这些绿洲土纲分布的范围与现代绿洲的范围大致一致；阿拉善高原地区分布范

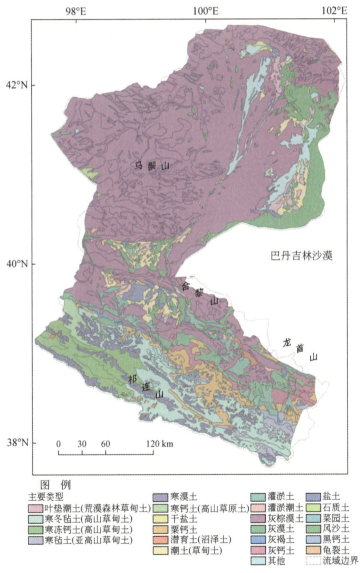

图 例

主要类型

| | | | |
|---|---|---|---|
| 叶垫潮土(荒漠森林草甸土) | 寒漠土 | 灌淤土 | 盐土 |
| 寒冬毡土(高山草甸土) | 寒钙土(高山草原土) | 灌淤潮土 | 石质土 |
| 寒冻钙土(高山草甸土) | 干盐土 | 灰棕漠土 | 菜园土 |
| 寒毡土(亚高山草甸土) | 栗钙土 | 灰漠土 | 风沙土 |
| | 潜育土(沼泽土) | 灰褐土 | 黑钙土 |
| | 潮土(草甸土) | 灰钙土 | 龟裂土 |
| | 其他 | | 流域边界 |

图 1-4 黑河流域主要土壤类型

围很小且以潮土、叶垫潮土为主的绿洲土纲被以灰棕漠土为主的大片荒漠土纲所围绕，而东部邻近巴丹吉林沙漠的地区呈现原始风沙土或沙漠景观。可见，全流域的土壤类型自上游到下游存在明显的分异特性，即呈现山地土纲→荒漠土纲包围的绿洲土纲→荒漠土纲。这种分布模式与地表覆盖景观或土地覆盖类型具有较好的一致性。

## 1.2 社会经济概况

### 1.2.1 经济与产业

黑河流域自新中国成立以来，特别是20世纪60年代以来，地区社会经济得到了迅速发展，地区生产总值也得到显著提高，人民生活水平得到显著改善。在此期间，第一产业比例逐渐减少，第二、三产业的比例明显增加，工业化程度增加，经济结构趋于合理。2014年年末，黑河流域全境11县（市、区、旗）社会经济总产值为928.8763亿元。其中，第一、二、三产业的生产总值分别为137.9619亿元、432.1283亿元和358.7861亿元，三次产业的比例为15：46：39。据统计资料，2014年年末流域内各县（区）社会经济产值如图1-5所示。

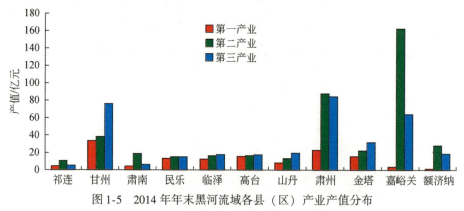

图1-5 2014年年末黑河流域各县（区）产业产值分布

资料来源：甘肃发展年鉴2015年（光盘版）；内蒙古统计年鉴2015年（光盘版）；青海统计年鉴2015年（光盘版）

可见，各县（区）生产总值存在显著的差异，嘉峪关、肃州和甘州等经济核心地区生产总值远大于一般县（区）。2014年全流域的三大产业比例表明，黑河流域是以第二产业为主导、第三产业强势发展、第一产业为辅助的经济体系。流域内不同地区产业比例有明显差异。其中，位于上游的祁连县经济以牧业为主，产值较低。中游地区的甘州、肃州和嘉峪关市的第二、三产业总值和比例处于领先地位，民乐、临泽、高台、山丹、金塔等其他县（市）三大产业比例相当，第一产业生产占有较大比例。肃南县域内的钨、铁等矿产资源丰富（李文渊等，2006），经济水平较高，具有显著的集聚经济效益（鹿晨昱等，2012）。该地区的铁矿资源多运输至嘉峪关市并成为酒钢集团的原料，因此嘉峪关市第二产业比例大，约占该市总产值的 70.5%。

## 1.2.2 人口与民族

自古以来，黑河流域就是多民族共同生活的地区。近 60 年以来，流域内人口稳步增长。截至 2014 年年末，流域人口总量约为 212.92 万人，其中农业人口数约达 133.34 万人，非农业人口数约为 79.58 万人（图 1-6）。农业人口占据主要地位，约占总人口的 2/3。除嘉峪关市、额济纳旗以非农业人口为主外，其他县（市、区、旗）人口均以农业人口为主。按总面积 14.29 万 km² 计算，目前黑河流域人口密度约为 15 人/km²。

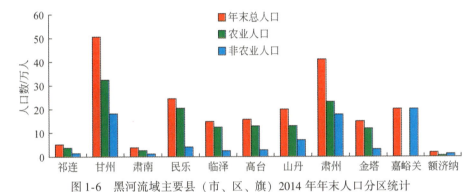

图 1-6 黑河流域主要县（市、区、旗）2014 年年末人口分区统计

资料来源：甘肃发展年鉴 2015 年（光盘版）；内蒙古统计年鉴 2015 年（光盘版）；青海统计年鉴 2015 年（光盘版）；额济纳旗统计资料为乡村人口和城市人口，暂以其表示农业与非农业人口

# 第 2 章 | 研究资料与方法

由于时代久远、资料短缺，黑河流域历史时期的人类活动和垦殖绿洲重建难度很大，必须在对各种研究资料进行综合分析的基础上，运用多学科的研究手段和技术未完成。本章主要介绍研究采用的数据源、总体思路与方法，并对研究流程做一简要介绍。

## 2.1 研究资料

### 2.1.1 历史文献

要开展对于历史时期人类活动的研究，各朝各代流传下来的正史资料无疑是最基本的资料。除此而外，对黑河流域这一特定的研究区域而言，明清以来编纂的各种地方志则具有更大的用途。

史地著作：从海量的正史文献中挖掘关于绿洲农业开发的相关记载不仅难度较大，且工作量十分繁重，所幸从事河西历史地理及其相关研究的学者已经对这些资料进行了一定整理，如刘光华（1988）、齐陈骏（1989）、张波（1989）、前田正名（1993）、吴廷桢和郭厚安（1996）、李清凌（1996）、赵俪生（1997）、张泽咸（2003）、高荣（2011）等。基于上述先贤的研究成果，本书可以直接从中获取有关土地垦殖、水利建设、文化交流、人口繁衍等的信息。

方志资料：在古代，农业开发利用及其变化研究方面是非常宝贵的资料。关于黑河流域方志主要有如下三种。

第一类：省志资料，包含一定量的黑河流域州府信息记载（表 2-1）。

表 2-1  省志资料信息表

| 资料名称 | 责任者 | 成书年代 | 卷数 | 备注 |
|---|---|---|---|---|
| 《甘肃通志》 | （清）许容监修 | 乾隆元年（1736 年） | 五十卷 | 中国西北文献丛书 |
| 《甘肃新通志》 | （清）昇允、长庚修 | 宣统元年（1909 年） | 一百卷 | 中国西北文献丛书 |
| 《甘肃通志稿》 | （民国）刘郁芬修，杨思、张维等纂 | 民国二十五年（1936 年） | 一百三十卷 | 中国西北文献丛书 |
| 《甘肃省乡土志稿》 | （民国）朱允明撰 | 民国三十七年（1948 年） | 共二十三章 | 兰州大学图书馆藏整理本（2008 年） |
| 《甘肃省志》 | （民国）白眉 | 民国（1912～1949 年） | 不详 | 中国西北文献丛书 |

第二类：州府镇志资料，直接记录州府及相关县的行政建置、自然地理、农林水牧、文物估计、人口社会等方面，信息十分丰富，见表2-2。

**表 2-2 州府镇志资料信息表**

| 资料名称 | 责任者 | 成书年代 | 卷数 | 备注 |
|---|---|---|---|---|
| 《万历甘镇志》 | （明）佚名撰 | 万历年间（1573～1620年） | 不详 | 清代顺治年间重刊 |
| 《肃镇华夷志》 | （明）李应魁撰 | 万历四十四年（1616年） | 四卷 | 高启安、邰惠莉点校 |
| 《重刊甘镇志》 | （清）杨春茂编纂 | 顺治十四年（1657年） | 六卷 | 张志纯等校点 |
| 《肃镇志》 | （清）高弥高、李德魁纂修 | 顺治十四年（1657年） | 四卷 | 台湾成文出版社 |
| 《重修肃州新志》 | （清）黄文炜纂修 | 乾隆二年（1737年） | 三十分册 | 吴生贵、王世雄校注 |
| 《甘州府志》 | （清）钟赓起纂修 | 乾隆四十三年（1778年） | 十七卷 | 张志纯等校点 |
| 《（光绪）肃州新志稿》 | （清）吴人寿、何衍庆纂修 | 光绪年间（1875～1908年） | 不分卷 | |

第三类：县志资料，直接记录以县域为单元的各种信息，部分内容与州府镇志内容相同（表2-3）。

**表 2-3 县志资料信息表**

| 资料名称 | 责任者 | 成书年代 | 卷数 | 备注 |
|---|---|---|---|---|
| 《（道光）续修山丹县志》 | （清）党行义原本，（清）黄璟、谢述孔续修 | 道光十五年（1835年） | 十卷 | 山丹县地方志编纂委员会校点本，1993年印刷 |
| 《新纂高台县志》 | （民国）徐家瑞纂 | 民国十年（1921年） | 八卷 | 与《重修肃州新志·高台》、《高台县要览》合称《高台县志辑校》 |
| 《东乐县志》 | （民国）徐传钧修，张著常纂 | 民国十二年（1923年） | 四卷 | 兰州大学出版社，2003年版 |
| 《创修金塔县志》 | （民国）赵积余、刘德芝、王世安等纂 | 民国二十三年（1934年） | 十卷 | 见《修编金塔方志》 |
| 《创修临泽县志》 | （民国）王存德、章金泷监修，高增贵总纂 | 民国三十二年（1943年） | 十四卷 | 张志纯等校点 |
| 《新编鼎新县志》 | （民国）蔡廷孝纂 | 民国三十四年（1945年） | 八卷 | 见《修编金塔方志》 |
| 《高台县要览》 | （民国）冯周人编 | 民国三十六年（1947年） | 共十三章 | 与《重修肃州新志·高台》、《高台县要览》合称《高台县志辑校》 |
| 《新修张掖县志》 | （民国）白册侯、余炳元著 | 民国三十七年（1948年） | 十一卷 | 施生民校点，1998年印 |

此外，民国档案资料中保存有大量的黑河流域农业开发信息，这些文献资料主要包括统计年报、农牧林业生产、人口统计、气象资料、灌渠整理与兴建及水利纠纷等。为此，

研究中在甘肃档案馆、张掖市档案馆和酒泉市档案馆搜集档案资料，共计阅档300余卷，获得大量民国时期绿洲农业开发的珍贵资料，主要案卷编号及其内容如表2-4所示。此外还从甘肃气象局收集到《甘肃省历史气候资料》。

表 2-4 民国时期主要档案资料分类

| 类型 | 甘肃省档案馆主要案卷及编号 | 张掖档案馆主要案卷及其编号 | 酒泉档案馆主要案卷及编号 |
|---|---|---|---|
| 省级及各县（市）综合总结报告 | 甘肃省经济概况（4-1-291～294）；甘肃省统计总报告（4-3-70～75、4-3-82～91、4-3-131～133）；地方情形政务工作报告的呈文及省民政厅指令（4-8-43/45/53～57） | 省政府、田粮处、七区行署、张掖、山丹、临泽县关于水利、乡道、灾情、地籍地赋的代电、指令、清册、记录、调查表、文书（34、38、76） | 酒泉等县行政工作报告（1-102～106、1-1170） |
| 人口统计资料 | 甘肃省气象、土地、人口的统计数据（4-2-××）、甘肃各县市（局）保甲户口等统计表（4-3-××） | 山丹县户籍报表、名册（185） | 酒泉、金塔、鼎新县户口统计（1-12、1-86） |
| 农、林、牧资料 | 省政府公务统计方案、统计资料汇编（4-2-××） | 张掖、山丹等县粮食生产、田赋、土地开垦等（10、34～36、57、60、81、88、690） | 高台、酒泉等县农业开发、荒地调查、开垦与垦殖粮、食生产等（1-57、1-60、1-590） |
| 气象、水文统计、灾害资料 | 甘肃各县阴晴雨雪日期报告（15-4-××）；气象资料报告（4-2-××） | — | 酒泉等县阴晴雨雪日期报告（1-233）；金塔、酒泉等县自然灾害情况（1-224、226～227、1-151～153、1-341～342、3-2454～2455、3-2467～2472） |
| 水渠兴修与整理、水利规划、水利纠纷 | 甘肃省政府、省水利林牧公司、张掖、武威站等关于水利工程勘察报告、代电与公函（39-1-××），关于水利纠纷的指令、训令、代电（38-1-121～126、39-1-××、15-11-××） | 甘肃水利林牧公司、各县政府整理旧渠、修建新渠、水库的指令、训令等（25、59、134、135、340、342、343、345、346）、水利纠纷（686、669-677） | 水利建设（1-628、1-631、1-704、1-738、3-1815）；酒泉与金塔县水利纠纷（1-670～675、1-689～693） |

## 2.1.2 前人成果

关于黑河流域的绿洲垦殖与农业开发，前人已经从不同角度进行了研究，但这些研究大多从文献考证角度进行定性分析，定量与空间变化分析较少。通过对相关文献的搜集与整理，现汇总具有代表性的研究者及其成果如下。

第一类侧重于历史时期的农牧业和屯田。这类研究数量较多，如唐景绅（1983a）、赵永复（1986）、李并成（1989b，1990a，1990b，2001）、高荣和史秀华（1998）、王元第（2003）、吕卓民（2007）、陈云峰（2008）等的研究均属此类。

第二类侧重于历史时期的水利建设与开发。田尚（1986）、李并成（1991a）、王致中（1996）、杜建录（1996）、裴庚辛和郭旭红（2008）、高荣（2008）、高小强（2010）等。另外，有关水系变迁的论述亦有存在，如冯绳武（1981a，1988）、鲁挑建和郑炳林（2009）等的研究。

第三类侧重于环境变迁及水土资源利用变迁及沙漠化，如朱震达等（1983）、陈隆亨等曲耀光（1992）、李并成（1998，2003a，2003b）、王乃昂等（2002）、肖生春等（2004，2008）、肖生春和肖洪浪（2003）、程弘毅（2007）、井上充幸等（2007）、马燕等（2008）、刘蔚等（2009）、李静和桑广书（2010）、张景霞（2010）、马燕等（2010）、中尾正义（2011）等的相关研究。

## 2.1.3　地图资料

内容最为详尽、对本书最为重要、使用最为频繁的地图资料是覆盖黑河流域绿洲平原地区的各种比例尺的国家基本比例尺地形图，内容涵盖地级和县级行政界线、行政驻地、流域的主要水系、地形分布等。其中，制作于 20 世纪 60 ~ 70 年代的地形图，更多地反映了近几十年来人类活动强烈影响之前的地理状况，对确定历史地物位置作用更大。

历史地图方面，我们搜集和整理了黑河流域的历史行政区划、文物分布等（表 2-5）。甘肃和内蒙古的分省文物地图集（国家文物局，2003，2011）对全流域内文物分布进行了详细的表示，较全面地反映了已知现存不可移动文物的空间分布情况，是进行历史时期绿洲开发利用考证十分重要的基础资料。另外，谭其骧（1982）所编纂的《中国历史地图集》反映流域内不同时期疆域和政区变迁，也具有较高的参考价值。

表 2-5　研究中所用历史地图清单

| 资料名称 | 编制者（提供者） | 使用图幅 | 数量/幅 | 用途 |
| --- | --- | --- | --- | --- |
| 《中国历史地图集》 | 谭其骧 | 凉州幅 | 17 | 了解黑河流域各代行政区划及流域的水系变迁 |
| 《中国文物地图集·甘肃分册》 | 国家文物局 | 流域中游各县（区） | 12 | 了解黑河流域中游不同时期文物分布，重点了解古城址与墓葬分布 |
| 《中国文物地图集·内蒙古分册》 | 国家文物局 | 流域中游各县（区） | 2 | 了解黑河流域下游额济纳不同时期文物分布 |
| 《民国时期黑河水系图》 | 甘肃省档案馆 | 全幅 | 1 | 了解民国流域水系分布 |
| 《民国酒金两县水系图》 | 甘肃省图书馆 | 全幅 | 1 | 了解民国时期酒泉与金塔地区水系详细分布 |
| 地方志插图 | 地方志编者 | 全幅 | 多幅 | 了解地理概况及水系重建参考 |

除反映古代内容的地图外，现代地图对确定古遗迹的位置，以及开展野外考察也具有重要的辅助作用，因此我们也广泛收集了黑河流域内各市级和县级的行政区划图和地图

集。此外，还获取了先进星载热发射和反射辐射仪全球数字高程模型（ASTER GDEM）数据。全球范围内高程精度为 20 m，水平精度 30 m（置信度 95%）（Fujisada et al.，2005）。

## 2.1.4　遥感影像

遥感影像是判断古绿洲空间分布范围的重要依据，本书共搜集到两种类型的遥感资料：一种是锁眼侦察卫星照片，拍摄时间为 1962 年，分辨率为 2.7 m，为黑白影像。这些照片是美军的"锁眼"（KeyHole）系列，即 KH-11、KH-12 型照相侦察卫星所拍摄的地面像片。锁眼卫星是美国新型的数字成像无线电传输卫星，它不用胶卷而是用电荷耦合器件摄像机拍摄地物场景图像，然后把图像传送给地面。锁眼卫星照片是黑河流域目前能够找到的最早的遥感影像，它真实地保存了 20 世纪 70 年代以前地表的真实状况，免除了此后人类活动的强烈干扰，因而对复原古代的地理事物十分有利。另一种为分别获取于 1990 年、2002 年和 2009 年的 TM 数字遥感图像，空间分辨率为 30 m，可以提供大范围具有连续一览性的地面图像，具有从更大尺度观察地物的能力，可以和锁眼侦察卫星照片配合使用。

由于这些图像的成像年份和时刻有别，可以在不同时相条件下对古绿洲进行对比观察。对各期图像成像质量的对比观察发现，2009 年夏季获取的 TM 图像画面清晰、色彩鲜艳、成像季节适当，可以作为解译的主要基础图像（表 2-6）。将 TM 影像和锁眼卫星影像经过拼接、几何校正、波段合成，可形成覆盖整个绿洲可能最大分布区的影像（图 2-1）。另外，研究中还采用 Google Earth 高分辨率彩色合成影像，用以观察古遗址、地表景观的细节。图 2-2 就是利用高分辨率遥感影像进行古地理信息提取的例子（胡宁科，2013）。

表 2-6　研究区遥感资料一览表

| 获取时间 | 资料类型 | 分辨率/比例尺 | 范围 | 特征描述 | 用途 |
|---|---|---|---|---|---|
| 1962 年 8 月 29 日 | 锁眼卫星影像 | 2.7 m×2.7 m | 全流域 | 分辨率高，能清晰地识别各种地物，保留下较多的古城址和一些地面遗迹，对历史时期的水渠也能大致识别出来 | 确定灌渠、绿洲垦殖具体范围 |
| 2009 年夏 | TM 影像 | 30 m×30 m | 全流域 | 分辨率适中，满足不同的应用需求和提取出不同地物信息，波段齐全，层次丰富，色彩明快，地物清晰，土地类型界线明显，绿洲与荒漠对比分明 | 判定绿洲最大与总体范围 |

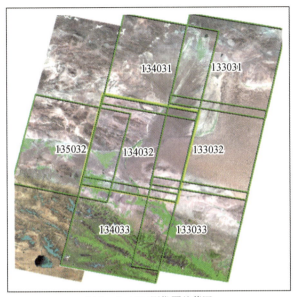 

(a) Landsat TM影像覆盖范围　　　　　　　　　(b) 锁眼卫星影像数据覆盖范围

图 2-1　研究区影像数据集覆盖范围

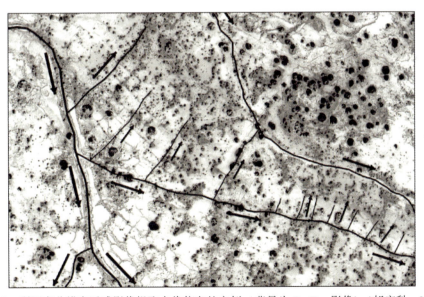

图 2-2　利用高分辨率遥感影像提取古代信息的实例（背景为 GeoEye 影像）（胡宁科，2013）

## 2.1.5　考古资料

考古资料主要为明代以前的古遗址资料，以及明代以来的居民点和灌溉渠道等资料。

明代以前的古遗址资料主要来源于国家文物相关部门，已对它们进行了详细的编目和记录（国家文物局，2003，2011；甘肃省文物考古研究所和北京大学文博考古学院，2011）。为此，对黑河流域文物遗址分布图进行扫描数字化，在精校正基础上，根据文物地图集的描述按朝代进行分类，其主要分类和数量如表 2-7 所示。

表 2-7　黑河流域汉至元代的古遗址分类与数量汇总　　　　　　（单位：处）

| 时代 | 墓葬 | 城址 | 聚落址 | 水利设施遗址 | 军事设施遗址 | 窑址 | 寺庙 | 其他 | 合计 |
|---|---|---|---|---|---|---|---|---|---|
| 汉 | 248 | 38 | 59 | 9 | 281 | 48 | 2 | 9 | 694 |
| 三国 | 99 | 12 | 19 | 8 | 3 | 3 | 0 | 0 | 144 |
| 晋 | 140 | 16 | 20 | 8 | 6 | 5 | 2 | 0 | 197 |
| 南北朝 | 12 | 6 | 0 | 7 | 5 | 1 | 4 | 0 | 35 |
| 隋 | 6 | 5 | 0 | 1 | 2 | 0 | 4 | 0 | 18 |
| 唐 | 7 | 11 | 0 | 3 | 3 | 0 | 4 | 1 | 29 |
| 五代 | 1 | 3 | 0 | 4 | 2 | 0 | 3 | 0 | 12 |
| 宋辽金 | 3 | 8 | 47 | 3 | 18 | 2 | 15 | 0 | 97 |
| 元 | 4 | 10 | 56 | 4 | 6 | 3 | 27 | 1 | 111 |

明、清至民国时期，文献记载日趋详细。其中，州府及县域方志记录了村堡等居民点的位置信息。这些村堡记录可以通过早期地形图逐个考辨其空间位置。另外，明代到民国时期的方志中关于水利部分的记载包含大量灌渠营建记录，如顺治时期的《重刊甘镇志·水利》（杨春茂，1996）、《肃镇华夷志》（李应魁，2006），乾隆时期的《甘州府志·水利》（钟庚起，1995）、《重修肃州新志·水利》，光绪时期的《甘肃新通志·水利》[①]、《山丹县水利志》[②] 等，都有关于灌渠开凿时代、走向、经由地等信息的记载，有些甚至详细到长度、所经村庄，以及受益范围、面积等。定位和重建这些灌渠可作为判定人类活动范围、估计垦殖绿洲分布最为重要的依据。为此，本书在全面检索明代以来州府及县域地方志基础上，基本上完整地搜集了关于明代以来居民点（村堡）、灌渠的所有记录。

此外，研究中还广泛调查采集了流域内反映人类活动的多种遗物，包括陶片、砖块、石磨、瓦片和耕地遗迹等。在野外考察中记录其位置与分布，可为历史时期垦殖范围估计提供基础资料。陶片、砖块和瓦片是古代人类活动十分重要的证据，流域内发现的遗物以陶片最多，其时代属性可以通过辨识其形态、装饰特征确定。汉代的陶片少装饰，口沿较为简单；魏晋时期的纹饰较汉代复杂、精细，多水波纹、垂幛纹（颉耀文，2008）。

---

① （清）昇允等修. 甘肃新通志.
② 张掖地区志编纂委员会. 山丹地区水利志. 1993，72-163.

## 2.1.6 "三普"资料

"三普"即第三次全国文物普查（以下简称三普）。文物是国家不可再生的文化资源。文物普查是国情国力调查的重要组成部分，是确保国家历史文化遗产安全的重要措施，是我国文化遗产保护的重要基础工作。开展文物普查是为了全面掌握不可移动文物的数量、分布、特征、保存现状、环境状况等基本情况，为准确判断文物保护形势、科学制定文物保护政策和规划提供依据。开展文物普查，有利于合理、准确划定文物保护范围，完善文物档案管理，促进文物保护机构建设，提高文物保护管理整体水平；有利于发掘、整合文物资源，充分发挥文物在建设社会主义先进文化，促进经济社会全面、协调、可持续发展中的重要作用；有利于培养锻炼文物保护队伍，增强全民文化遗产保护意识。

根据《国家"十一五"时期文化发展规划纲要》，国务院决定开展三普。此次普查的范围是我国境内（不包括港澳台地区）地上、地下、水下的不可移动文物。普查的内容以调查、登录新发现的不可移动文物为重点，同时对已登记的近40万处不可移动文物进行复查。要了解不可移动文物本体及环境的基本情况，尤其是量化指标、保存状况和环境现状及其变化情况。

此次普查从2007年4月开始，到2011年12月结束，分三个阶段进行。普查标准时点为2007年9月30日。2007年4～9月为普查第一阶段，主要任务是确定技术标准和规范，开展培训、试点工作；2007年10月至2009年12月为普查第二阶段，主要任务是以县域为基本单元，实地开展文物调查；2010年1月至2011年12月为普查第三阶段，主要任务是进行调查资料的整理、汇总、数据库建设和公布普查成果。

为加强文物普查工作的组织领导，国务院决定成立三普领导小组，负责普查工作的组织和领导，协调解决重大问题。领导小组办公室设在国家文物局，负责普查工作的日常组织和具体协调。凡在我国境内使用和管理不可移动文物的单位和个人，都必须按照统计法的有关规定和此次普查的具体要求，配合普查机构按时、如实地填报普查信息。普查组在田野实地调查中，应根据有关规范和标准，对不可移动文物进行认真调查，如实地准确填写不可移动文物登记表（三普登记表）各项内容，确保基础数据的完整性、真实性和科学性。任何地方、部门、单位和个人都不得虚报、瞒报、拒报、迟报，不得伪造、篡改普查资料。各级普查机构要通过实地调查准确填报普查信息，确保普查质量。

三普登记表的信息主要包括名称、地址及位置、GPS坐标（含海拔）、级别、面积、年代（统计年代）、类别、所有权、使用情况、简介、保存状况、损毁原因、环境状况、测点登记表、标本登记表、图纸册页、照片册页等。

按照三普调查的分类，不可移动文物划分为古遗址、古墓葬、古建筑、石窟寺及石刻、近现代重要史迹及代表性建筑和其他六大类。其中，每个大类下面又划分为若干个具体类型，具体见表2-8。

表 2-8　三普不可移动文物分类

| 类别 | 具体类别 |
|---|---|
| 古遗址 | 洞穴址、聚落址、城址、窑址、窖藏址、矿冶遗址、古战场、驿站古道遗址、军事设施遗址、桥梁码头遗址、祭祀遗址、水下遗址、水利设施遗址、寺庙遗址、宫殿衙署遗址、其他古遗址 |
| 古墓葬 | 帝王陵寝、名人或贵族墓、普通墓葬、其他古墓葬 |
| 古建筑 | 城垣城楼、宫殿府邸、宅第民居、坛庙祠堂、衙署官邸、学堂书院、驿站会馆、店铺作坊、牌坊影壁、亭台楼阙、观塔幢、苑囿园林、桥涵码头、堤坝渠堰、池塘井泉、其他古建筑 |
| 石窟寺及石刻 | 石窟寺、摩崖石刻、碑刻、石雕、岩画、其他石刻 |
| 近现代重要史迹及代表性建筑 | 重要历史事件和重要机构旧址，重要历史事件纪念地或纪念设施，名人故、旧居，传统民居，宗教建筑，名人墓、烈士墓及纪念设施，工业建筑及附属物，金融商贸建筑，中华老字号，水利设施及附属物，文化教育建筑及附属物，医疗卫生建筑，军事建筑及设施，交通道路设施，典型风格建筑或构筑物，其他近现代重要史迹及代表性建筑 |
| 其他 | |

但这个分类是一个比较系统、完整、适用全国的分类，位于干旱、半干旱地区黑河流域并不能全部涉及。黑河流域实有文物点类别和数量见表 2-9。

表 2-9　对古绿洲重建具有参考作用的三普文物点类型及数量

（具体类别主要按数量和重要性排序）　　　　　　　　（单位：处）

| 类别 | 具体类别 | 数量 | 类别 | 具体类别 | 数量 |
|---|---|---|---|---|---|
| 古遗址 | 城址 | 95 | 古建筑 | 寺观塔幢 | 18 |
| | 聚落址 | 173 | | 城垣城楼 | 11 |
| | 军事设施遗址 | 669 | | 堤坝渠堰 | 8 |
| | 窑址 | 64 | | 坛庙祠堂 | 7 |
| | 水利设施遗址 | 15 | | 亭台楼阙 | 6 |
| | 驿站古道遗址 | 26 | | 其他古建筑 | 5 |
| | 寺庙遗址 | 48 | | 驿站会馆 | 3 |
| | 祭祀遗址 | 14 | | 宅第民居 | 3 |
| | 宫殿衙署遗址 | 1 | | 池塘井泉 | 2 |
| | 洞穴址 | 1 | | 牌坊影壁 | 1 |
| | 矿冶遗址 | 1 | | 宫殿府邸 | 1 |
| | 其他古遗址 | 32 | | 学堂书院 | 1 |
| | 合计 | 1139 | | 其他古建筑 | 1 |
| 古墓葬 | 普通墓葬 | 362 | | 合计 | 67 |
| | 名人或贵族墓 | 8 | 石窟寺及石刻 | 石窟寺 | 12 |
| | 其他古墓葬 | 3 | | 碑刻 | 10 |
| | 帝王陵寝 | 1 | | 摩崖石刻 | 5 |
| | 合计 | 374 | | 岩画 | 5 |

续表

| 类别 | 具体类别 | 数量 | 类别 | 具体类别 | 数量 |
|---|---|---|---|---|---|
| 石窟寺及石刻 | 石雕 | 3 | 近现代重要史迹及代表性建筑 | 工业建筑及附属物 | 2 |
| | 其他石刻 | 1 | | 烈士墓及纪念设施 | 1 |
| | 合计 | 36 | | 名人故、旧居 | 1 |
| 近现代重要史迹及代表性建筑 | 传统民居 | 65 | | 名人墓 | 1 |
| | 宗教建筑 | 14 | | 其他近现代史迹及建筑 | 12 |
| | 重要历史事件和重要机构旧址 | 6 | | 合计 | 111 |
| | 典型风格建筑或构筑物 | 4 | 其他 | | 11 |
| | 军事建筑及设施 | 3 | 合计 | | 1738 |
| | 水利设施及附属物 | 2 | | | |

三普对文物时代的划分，主要以两种形式呈现："年代"和"统计年代"。其中"年代"指文物点覆盖的从起始到终结的全部朝代的概括性称谓，如"汉–唐"等，或某文物点建成的具体年份，如 1936 年，而"统计年代"则指具体朝代，主要划分为 20 个朝代，分别为旧石器时代、新石器时代、夏、商、西周、东周、秦、汉、三国、晋、南北朝、隋、唐、五代、宋辽金、元、明、清、中华民国、中华人民共和国，另有年代不确定的，归为"待定"。

根据统计，黑河流域的三普文物点总共有 2311 处（流域界线以内的），三普遗址点在黑河流域的分布如图 2-3 所示。

本书使用的三普资料，采用的主要信息有类别、具体类别、年代、面积、数量、位置和简介等。但并不是所有的文物点都能用来进行古绿洲的重建，经过对重建参与可能性的分析，将位于山区、原生沙漠地区及远离古绿洲可能分布区的那些遗址去除（即用黑河流域古绿洲可能分布的最大范围为模板进行裁切），共得到 1812 处文物点。在此基础上，再去除现代的文物点 74 处，最后剩余文物点 1738 处。这 1738 处文物点即最终被选择用来参与重建的文物点。

当然，即使是被选上的文物点，它们的作用也是有很大差异的：有些可以起到关键性的控制作用，如古城址、古聚落址、水利设施遗址、寺庙和祭祀遗址，以及部分古墓葬等，而有些遗址诸如窑址、碑刻石刻、岩画之类的，其参考作用比较有限。有些遗址的参考作用随其地理位置的不同而不同，如军事设施遗址，在黑河流域主要表现为长城（壕堑）、坞障和烽燧等，当它们完全处于荒无人烟的荒漠地区时，就不能作为绿洲分布界线的参照。

被选择用来参与重建的 1738 处文物点的类别构成情况如表 2-9 所示。从表可以看出，这些文物点中，以古遗址的数量为最多，共 1139 处，占 65.5%；古墓葬 374 处，占 21.5%；古建筑 67 处，占 3.9%；石窟寺及石刻 36 处，占 2.1%；近现代重要史迹及代表性建筑 111 处，占 6.4%；其他 11 处，占 0.6%。古遗址中，以军事设施遗址的数量为最多，其次为聚落址，再次为城址，然后是窑址、驿站古道遗址、寺庙遗址、水利设施遗

图 2-3　黑河流域三普遗址点的分布（图中的黑色圆点即为遗址点）

址、祭祀遗址等。墓葬主要以普通墓葬为主，占全部墓葬的 96.8%。古建筑的类别比较多样，其中以寺观塔幢占比最大。

表 2-9 是按三普资料中的类别进行的统计，但在古绿洲重建时，这样的分类系统并不适用于古绿洲重建，因而需要将原有分类在"具体类别"层次上进行归并，形成简明的、参考作用更大、重建意义更加明确的分类。经过调整，形成了表 2-10 所示的分类表格。该表中，全部遗址被分为了 10 类，分别是城址、聚落址、民居古建类、墓葬墓群类、水利设施类、寺庙类、驿站类、窑址类、烽燧坞障类和碑刻石刻类。这 10 类遗址在黑河流域的分布情况如图 2-4 所示。

时代属性是文物点最重要的基本信息，反映着文物点从建立、使用（延续）到消亡所历经的全部时期，是古绿洲垦殖和存续的时间属性信息最重要的来源。黑河流域内文物点的时间统计情况如表 2-11 所示。

表 2-10 黑河流域古遗址类别的归类情况 （单位：处）

| 具体类别 | 数量 | 归并后的类别 | 归并后的数量 |
|---|---|---|---|
| 工业建筑及附属物 | 2 | 窑址类 | 67 |
| 矿冶遗址 | 1 | | |
| 窑址 | 64 | | |
| 驿站古道遗址 | 26 | 驿站类 | 29 |
| 驿站会馆 | 3 | | |
| 城址 | 96 | 城址 | 96 |
| 聚落址 | 172 | 聚落址 | 172 |
| 城垣城楼 | 11 | 民居古建类 | 161 |
| 池塘井泉 | 2 | | |
| 传统民居 | 65 | | |
| 典型风格建筑或构筑物 | 4 | | |
| 洞穴址 | 1 | | |
| 宫殿府邸 | 1 | | |
| 宫殿衙署遗址 | 1 | | |
| 名人故、旧居 | 1 | | |
| 牌坊影壁 | 1 | | |
| 其他古建筑 | 6 | | |
| 其他古遗址 | 32 | | |
| 其他近现代重要史迹及代表性建筑 | 12 | | |
| 亭台楼阙 | 6 | | |
| 重要历史事件和重要机构旧址 | 6 | | |
| 宅第民居 | 3 | | |
| 学堂书院 | 1 | | |
| 军事建筑及设施 | 3 | 烽燧坞障类 | 673 |
| 军事设施遗址 | 670 | | |
| 帝王陵寝 | 1 | 墓葬墓群类 | 376 |
| 烈士墓及纪念设施 | 1 | | |
| 名人或贵族墓 | 8 | | |
| 名人墓 | 1 | | |
| 普通墓葬 | 362 | | |
| 其他古墓葬 | 3 | | |
| 堤坝渠堰 | 8 | 水利设施类 | 25 |
| 水利设施及附属物 | 2 | | |
| 水利设施遗址 | 15 | | |
| 碑刻 | 10 | 碑刻石刻类 | 24 |
| 摩崖石刻 | 5 | | |
| 其他石刻 | 1 | | |
| 石雕 | 3 | | |
| 岩画 | 5 | | |

| 具体类别 | 数量 | 归并后的类别 | 归并后的数量 |
|---|---|---|---|
| 祭祀遗址 | 14 | 寺庙类 | 115 |
| 石窟寺 | 12 | | |
| 寺观塔幢 | 18 | | |
| 寺庙遗址 | 48 | | |
| 坛庙祠堂 | 7 | | |
| 宗教建筑 | 14 | | |
| 其他 | 10 | | |

注：表中的"其他"类文物点共10处，分别是2处化石点、1处苇塘、1处文物园、4处古树、2处古钟。在归类时根据它们的位置、性质和用途，分别被归为"居住类"（蒲上沟化石点、薛家大洼化石点、月牙湖苇塘、南湖公园兰池文物园、南湖公园左公柳、乐二大槐树、古槐、黄草营村古桑树）和"宗教类"（铜钟、南古铁钟）两类

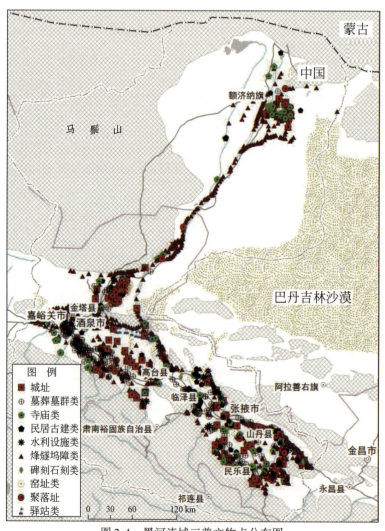

图2-4 黑河流域三普文物点分布图

表 **2-11** 　对古绿洲重建具有参考作用的三普文物点时代及数量　　（单位：处）

| 类别 | 汉 | 三国 | 晋 | 南北朝 | 隋 | 唐 | 五代 | 宋辽金 | 元 | 明 | 清 | 中华民国 | 合计 |
|---|---|---|---|---|---|---|---|---|---|---|---|---|---|
| 古遗址 | 452 | 46 | 56 | 23 | 12 | 22 | 11 | 93 | 108 | 760 | 147 | 36 | 1766 |
| 古墓葬 | 247 | 99 | 140 | 12 | 6 | 7 | 1 | 3 | 4 | 11 | 18 | 7 | 555 |
| 古建筑 | 2 | | 2 | 1 | 1 | 1 | 1 | 3 | 5 | 28 | 45 | 12 | 101 |
| 石窟寺及石刻 | 27 | 6 | 9 | 13 | 7 | 7 | 7 | 9 | 10 | 29 | 23 | 1 | 148 |
| 近现代史迹及建筑 | 1 | | | | | | | | | 4 | 28 | 109 | 142 |
| 其他 | | | | | | 1 | | | | 5 | 3 | 1 | 10 |
| 合计 | 729 | 151 | 207 | 49 | 26 | 38 | 20 | 108 | 127 | 837 | 264 | 166 | 2722 |
| 占比/% | 26.8 | 5.5 | 7.6 | 1.8 | 1 | 1.4 | 0.7 | 3.9 | 4.7 | 30.7 | 9.7 | 6.1 | 100 |

由表 2-11 可见，黑河流域以汉代和明代的文物点的数量最多，分别为 729 处和 837 处，占比都在 25% 以上；其次为清代、中华民国、晋和三国，占比为 5%~10%；其他朝代都在 5% 以下，其中五代的占比只有 0.7%。需要注意的是，此处的文物点总数是 2722 处，比实际的 1738 处要多，这主要是由于有很多一部分文物点的存续朝代不止一个，它们在统计时被重复计数了。

## 2.2　研究方法与技术路线

### 2.2.1　研究方法

本书拟综合运用地理学、历史文献学、考古学研究手段，在 "3S" 技术的支持下，并在进行深入细致野外考察和考古调查的基础上，建立历史地理数据库，将前人成果、历史文献、历史遗迹、文物考古等自然和人类活动证据相结合，以多源遥感影像或航空像片为基础，利用影像判读、定位数字化复原等方法，定量地重建黑河流域历史时期绿洲开发的范围和数量，进而揭示绿洲的时空过程。

地理学方法主要有基于地理规律的环境分析、比较、判断、野外考察等。通过实地考察，一则可以获取第一手资料；二则可以对文献所记载情况与目前的地理景观进行对比，以便更加直观地了解地理环境的变迁、地理位置的特征。历史文献学方法即通过搜集和分析研究各种现存的有关文献资料，从中遴选出和黑河流域相关的信息，并对这些资料做出恰当的分析、判断，以达到提取信息的目的。历史文献信息的提取还可以采用计量方法，即选择适宜的量化方法，通过现代的计算手段，将其量化成能体现特征、重建时空过程的有效数据，如历史时期的流域面积、河流径流量、居民地分布、植被覆盖、流域内古遗址、人口数量和城镇数量、粮食产量、垦殖指数等，都可以利用计量史学的方法和手段加以估算。考古学手段是判定与绿洲开发有关绿洲垦殖、文物遗迹的存废年代、特征的重要途径。

此外，遥感信息提取是获得绿洲分布总体格局、排除原生荒漠和戈壁的主要手段；地理信息空间分析技术是当今处理与分析地理数据的主要方式，主要包括叠加分析、变化检测等技术；空间定位技术是实地观测并记录地物目标的位置和范围的主要手段。这些方法和手段的结合，为古绿洲的重建提供了技术保证。

## 2.2.2 技术路线

基于上述多学科的研究方法，本书提出的技术路线如图 2-5 所示。

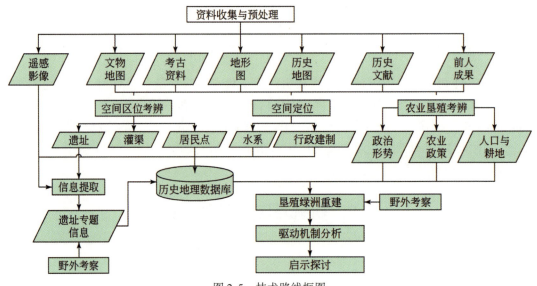

图 2-5　技术路线框图

1. 资料收集与预处理

首先检索各种历史文献，如历朝历代的正史资料、地方史资料，以及明清以来各县（市、区、旗）的地方志和历史档案等。然后在此基础上，全面收集前人有关黑河流域历史时期人类活动、绿洲开发利用、水资源开发、政治军事形势、人口消长、环境演变的研究成果，并进行综合整理。同时，广泛收集研究区域的地质、地貌、水文、植被、生态、气候、土壤等方面资料，以利于熟悉研究区的自然和社会环境背景。除此之外，还要收集或购买研究区航空像片、卫星影像、地形图、文物地图等资料。

之后，需要将收集到的图件资料经过数字化输入计算机，以 1∶10 万地形图为参照实施影像配准，使之具备与地形图一致的位置基础。为了古遗迹判别的便利性，还需对遥感影像进行直方图调整、多波段彩色合成、大范围拼接等预处理。

2. 历史遗迹的空间定位

古绿洲重建时应全面查找关于古遗址、居民点和灌溉渠道等常规遗迹的考古调查记录，在此基础上以文物地图和遥感影像为参考，对所属县（市、区、旗）不同时期的古遗址（史前—元代）、居民点（明代—中华民国）和灌溉渠道（主要为明代—中华民国）进行定位。其中，部分古遗址可直接利用国家文物局的普查资料，在数字化后，按照其记录的时间序列，建立起相应数据库。在对遗址予以定位后，可利用中分辨率的陆地卫星 Landsat TM 影像和高分辨率的 Google Earth 影像观测地表可见的遗址，依据形状和阴影对目标进行判读，获得典型古城址的形制、规模和周围环境等信息。

### 3. 行政建制与水系的定位

历史文献记录通常以行政建制为单元记录各类历史事件，而行政建制在漫长的历史时期也历经了多次兴废变化，因此需要采用文献考证的方法，通过对比印证理清行政建制演变的时空过程，从而为其他各种地物、历史事件的定位提供基础。行政建制的定位与重建可以以历史地图集为基础，并参考历史文献记载进行推理辨析。具体可以以各时期的历史地图为基础，参考现有研究成果，比较准确地复原出各时期的行政建制格局分布。

水系是干旱区极为重要的地理事物，是开展农业垦殖的前提和基础。为此，需要以地形图为依据，勾绘出黑河流域的主要水系，包括天然河道和人工修建的各种等级的灌溉渠道等。历史时期水系还应考辨河流改道、废弃等现象所引起的古今河道差异。由于细小支流或小河变化频繁且重建证据较少，研究仅考虑主干河道和主要支流的分布和变化。

### 4. 农业垦殖考辨

农业垦殖考辨主要完成农业开发背景与政策的分析、各时期人口估计或统计、明代以前耕地估计及明代、清代、民国时期的耕地统计等。

**（1）农业开发背景与政策的分析**

主要完成各个时期的政治军事形势、行政建制、政权情况等，掌握近 2000 年来流域政治军事形势的发展变化、行政区划变化，进而把握各时代绿洲开发的人文背景，提取用于绿洲垦殖重建的基础信息，并定性判定绿洲开发垦殖强度。同时，历史时期的文献记载通常以行政建制为单元，掌握行政建制变化可准确提取和估计有关绿洲垦殖的人口、耕地、灌渠等信息。

**（2）各时期人口估计或统计**

人口是社会生产和生活的主体，在农业占绝对主导地位的社会中，人口的变化将会对经济和社会的发展产生巨大影响。估计各时期人口规模，有助于从侧面了解绿洲垦殖的强度。同时，人口数据也是估计明代以前耕地的重要参数。这里主要基于正史、地方志及档案文献的记录，估计或重建历史时期的人口情况。历史时期的屯田人口主要包括民屯人口及军屯人口。各朝代正史一般记载了民屯人口或民户人口规模，但通常会有不全面、疏漏、高估等问题存在，需要以相关文献记载进行合理的估计，而军屯人口通常难以直接获得，也需要根据史书的零星记载加以合理推测。

历史记载多以行政建制为基础，由于行政界限与流域边界往往不一致，如汉代张掖郡和酒泉郡并不覆盖黑河流域全境，因此应采用适当方法对数据进行分离。程弘毅（2007）对比现代流域内地级市驻地和一般县城的人口比例并发现，地级市驻地人口数约为其他县城驻地的 2.26~3.57 倍，考虑到历史时期以农牧业生产为主，人口聚集要比现代偏低，按 2 倍假设加以估计是合理的。其他少数民族等非农业生产的人口因鲜有文献记载而作忽略处理。

**（3）明代以前耕地估计及明代以来的耕地统计**

耕地是历史时期绿洲的主体用地类型。黑河流域内的"军屯"和"民屯"是绿洲农业垦殖的主要形式。其中，"军屯"为国家行为且具有较严格规定，一般可据授田制度进行估算；而"民屯"规模则随朝代人口、政策等变化波动剧烈，需要以人口数据为基础加以估计。由于明代以前无明确耕地记录，本书将基于人口规模并按屯垦制度估算，或者利用人口的粮食消耗和人口数据估算耕地的需求量（图 2-6）。明代以来的耕地记载较为详细，可从地方志进行直接提取（但需进行单位换算）。

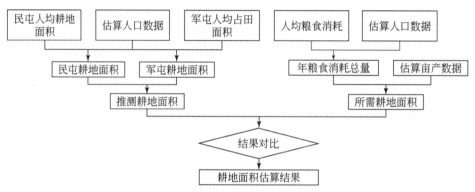

图 2-6 历史时期耕地面积估算流程

### 5. 垦殖绿洲范围的重建

任何形式的绿洲利用活动都是在一定的地理空间范围内进行的，历史时期垦殖绿洲的重建实际上就是一个利用各种资料和证据，综合确定垦殖绿洲空间位置、范围及其时代的过程。空间和时间过程其实是同一过程不可分割的两个方面，在确定其空间位置的时候要考虑其时代属性；反之，在确定时代属性的时候要考虑其空间位置范围。在这里，我们采取"从宏观到局部，从概略到精确"的思路，通过"由大到小、逐步精化"的方式，确定各个时期垦殖绿洲分布范围。

**（1）绿洲可能分布的最大范围的确定**

垦殖绿洲是自然环境与人类活动相互作用的产物。人类的活动与自然环境的互动决定了人类垦殖活动总是趋向于环境良好的地域迁移（赵冈，1996）。在农业技术所限的状况下，历史时期的垦殖活动一般优先选择自然条件优越地区的地区进行，因此，天然绿洲区就成为历史时期的绿洲垦殖的最佳选择。之后，随着时代的发展、社会的进步，人们才将垦殖的范围稍稍突破天然绿洲的界限，但这种现象也是到了晚近的时候才变得比较显著的。

在确定绿洲垦殖分布时，可以首先通过影像解译及地形分析，将原生戈壁和原生沙漠等人类活动完全不可能出现的地区排除在外。实际研究中，这个过程可以采用 7-4-1 的波段组合的 Landsat TM 影像进行。这种影像其图面色彩丰富、图像清晰、色调鲜明、富有层次感，河流、植被、平原等显示清楚，易于解译地表景观。

我们以黑河下游的额济纳旗和讨赖河下游的金塔东沙窝一带作为例子予以说明。野外调查中将实地与遥感影像对照，可以发现原生戈壁在影像中呈现大片均匀的蓝灰色，纹理较为简单且排列有序，植被分布极少；原生沙漠在影像上呈暗黄色，可见有规律的类似波浪的纹理。古绿洲则在影像上多呈白色或灰白色，或两者相间的区域。由于受到人类活动的扰动，其影像特征比较紊乱，常有大量风蚀切割与水流流动交错的痕迹，外围轮廓不明显，并存在人类耕作活动的遗迹，如渠道等（图2-7）。古绿洲的这些特征将其明显地从原生荒漠中区分开来。

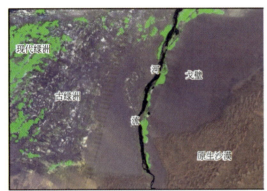 

图 2-7  TM 影像上的古垦区、戈壁和沙漠特征

为此，通过野外考察和遥感影像与实地的对照分析，本书建立了用于判别古绿洲分布范围的解译标志（表2-12）。以解译标志为参照，通过对 Landsat TM 影像目视解译，将所有不可能分布古绿洲的区域排除在外，可以确定出古绿洲可能分布的最大范围。需要特别注意的是，这里的最大范围是一个既包含古代绿洲，又包含现代绿洲，还包含不确定区域的范围。为了不至于将绿洲可能的分布区也排除在外，我们对这个区域的界定是非常严格的：只要是疑似有古绿洲分布的区域，都不能被排除在外，而是要纳入绿洲可能分布的最大范围中。

表 2-12   TM 741 合成影像古绿洲与古河道遥感解译标志

| 类型 | 解译标志 | 特征 |
|---|---|---|
| 古绿洲 | 形状 | 间断分布，呈现出小分散、大集中分布形态，常有古河道贯穿，虽然微观上边界不易观察，但在宏观上比较明显 |
| | 颜色 | 呈暗红棕色，因盐渍化程度高，一般在较暗背景上有白色斑块镶嵌分布，呈深浅不一的片状浅灰色调、白色斑块色调、灰白色斑块色调及暗红棕色条带状色调 |
| | 纹理 | 古绿洲内部受风蚀作用等影响，地表切割破碎严重，发育有大量的风蚀垄槽，在影像中纹理比较紊乱 |
| | 与河流的关系 | 现代河流不流经，但区内树枝状的干河床分布密集，形态明显，为古河道集中分布区 |
| | 大小 | 根据古绿洲规模大小不同，其规模不等 |

| 类型 | 解译标志 | 特征 |
|---|---|---|
| 古河道 | 形状 | 条带状，多呈弯曲形态分布，在下游地区形成树枝状分布 |
| | 颜色 | 随所在地点不同而出现差异表现，在现代绿洲区呈断续的灰白条带；在废弃绿洲区，为蓝灰或深灰色条带并夹杂有间断白色 |
| | 纹理 | 纹理紊乱，缺少规律性 |
| | 大小 | 根据河流的规模大小不同而各异，一般为几十米到200 m不等，延伸方向上宽度有显著宽窄变化 |

古绿洲的特征在锁眼卫星像片上也可以观察到。在经过增强处理的1963年锁眼卫星像片上，因盐渍化或风蚀作用，古绿洲总体上呈现灰白色，且纹理较为紊乱。除了至今仍在使用的绿洲外，古代已废弃垦殖的绿洲在景观上也可以分为（图2-8）：沙丘和白板地交错景观［图2-8（a）］，影像上表现为白板地面与波浪状沙丘交错分布，沙丘呈波浪形态；严重风蚀白板地景观［图2-8（b）］，影像上表现为严重风蚀痕迹，地表破碎；白板地和灌丛沙堆交错景观［图2-8（c）］，影像上表现为白板地面散布深色斑点；流沙与白板地交错景观［图2-8（d）］，影像上表现为白色地面与低缓起伏的波浪状沙地。

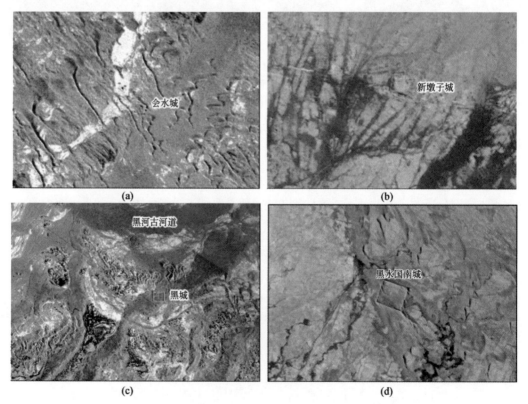

图2-8　锁眼卫星影像上不同类型的古绿洲区影像特征

在锁眼卫星像片上，古绿洲与原生戈壁、荒滩地、山地、原生沙漠也有显著区别（图2-9），易于辨识。原生戈壁呈现黑色或灰黑色均质纹理景观，颜色较暗，荒滩地呈灰色或灰白色纹理均质景观，可见稀疏灌丛或草地等植被分布。在山地地区的锁眼卫星像片上，山脊和谷地的形态十分明显，阴坡和阳坡色调有显著的深浅变化，阳坡色调较明亮而阴坡则较暗。原生沙漠在锁眼卫星像片上则呈现清晰的波浪状纹理，纹理较为有序，形态比较自然。

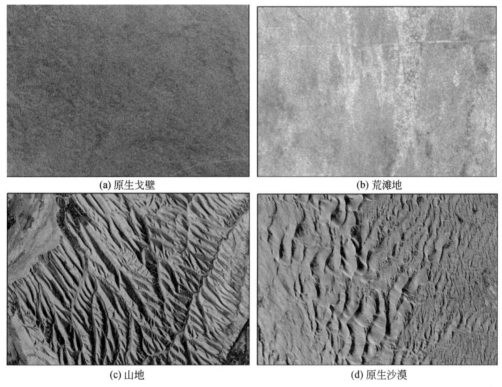

(a) 原生戈壁　　　　　　　　　　　　(b) 荒滩地

(c) 山地　　　　　　　　　　　　　(d) 原生沙漠

图 2-9　锁眼卫星影像上原生戈壁、荒滩地、山地、原生沙漠

以 Landsat 卫星影像或锁眼卫星像片为背景，利用上述方法，可以勾绘出古绿洲可能分布的最大范围（图2-9）。

**（2）绿洲总体分布范围的确定**

当然，仅凭遥感影像的解译分析来判定历史时期的垦殖范围是不够的，因为古绿洲存在多个时期交叠的情况，而且并非每个时期均达到影像解译出的最大范围。为此，必须加入历史时期的古遗址分布信息，进一步确定各个时期的绿洲垦殖范围。残存在今绿洲或荒漠区的城址、墓葬、聚落、渠道等各类遗址是历史时期人类活动的直接证据，与农业垦殖等密切相关，是确定绿洲垦殖范围的主要依据。

历史时期的垦殖绿洲，目前一般有两种存在状态：一种是持续开垦地区，直到今日仍属现代绿洲范围；另一种是现在已沦为荒漠地区。但无论以何种方式存在，其共同特点是具有人类活动的遗迹。第一种绿洲为现代绿洲景观所覆盖，只能以文献记载为基础，以遗址分布为依据，参考局部地形，以及早期的锁眼卫星影像，以人机交互的方式判读。第二种绿洲虽然如今为荒漠，但少有人为扰动，保存遗迹较为丰富，可以历史遗迹为基础，并参考获取与 20 世纪 60 年代的锁眼卫星影像进行解译。

将各个时期遗址和居民点叠加到绿洲最大分布范围上，并以 Landsat TM 影像为基础进行人机交互式判读和勾绘。在最大分布范围的基础上，进一步排除无遗址分布的地区，形成绿洲分布的总体范围（图 2-10）。从图 2-10 可以看出，古绿洲可能分布的范围有显著的缩小，尤其在下游的黑河干流河段沿岸。

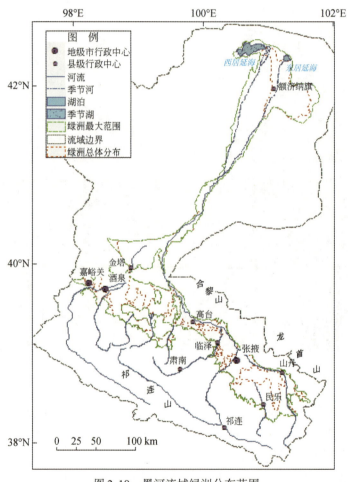

图 2-10  黑河流域绿洲分布范围

### （3）各时期具体分布范围的确定

各个历史时期垦殖绿洲的具体范围，需根据各个时期的资料分别予以确定。根据距今时代的远近，以及重建资料的丰歉，可以将确定过程分为明代以前和以后两个时期分别进行。

A. 明代以前的古绿洲重建

明代以前时期包括汉代、魏晋、隋唐、宋辽金、元代等几个主要时期，始于前 121

年，终于元末 1368 年，延续近 1500 年时间。由于时间覆盖长，朝代跨度大，这个时期垦殖绿洲的范围经历了十分剧烈的变化。但同时因其时代比较遥远，存世资料稀少，信息损失严重，因而重建难度也相对较大。

对这个时期垦殖绿洲范围的确定，主要通过文字资料和实物资料两方面的证据进行。文字资料主要为历史文献，而实物资料主要是古遗迹。利用历史文献，可以获知当时的政治军事背景、行政建置、历史沿革、人口民族、垦田地亩、政策措施等情况，据此可判定农业的开发强度。古遗迹，包括直接与绿洲开发相关的和间接相关的，是绿洲垦殖活动的"铁证"，是确定垦殖范围最可靠的依据。直接的古遗迹包括古耕地遗迹、古灌渠遗迹等，而间接古遗迹包括古聚落遗迹、古墓葬遗迹、长城遗迹、烽燧遗迹等。不仅如此，散布于遗址周围的大量地面遗物，如陶片、砖块、瓦片、石磨盘等都是重要的"物证"，可以代表垦殖活动的发生范围。在确定古遗迹和遗物分布基础上，以遥感影像为基础，可以框定密集分布区域内遗迹或遗址的范围，据此估计垦区范围。解译时，还考虑地形、河道等的限制，如认为绿洲垦殖区不能跨越深切的河谷等。

B. 明代及其以后的古绿洲重建

明代以来时期包括明代、清代、民国等几个主要时期，始于 1368 年，终于新中国成立的 1949 年，延续近 600 年。这个时期由于有以地方志为主的大量历史文献存在，加之许多垦殖活动所留下的"印迹"至今仍"有踪可寻"，因此，重建主要以文献记载为主要依据进行。但这个过程需要将文献信息进行严格的空间化，具体要以现代地形图和遥感影像为参照，尽可能精确地确定古代事件的位置。

明清到民国时期，地方志文献中包含了大量村堡营建、方位的信息，如《重修肃州新志·所属城堡》载"黄草坝堡，城（酒泉）城西南十五里，田极广远"，不仅说明了黄草坝的方位，而且还点明了其农业垦殖范围广大。这些村堡除了少量遭到废弃外，大多沿用至今并演变为现今村镇的地名，根据 1960 年和 1970 年的较早地形图一般可将其定位，从而形成村堡的分布数据集。

灌渠是干旱区农业垦殖的农业设施之一，其分布和走向在很大程度上决定了垦殖绿洲的位置和范围，而且它们的位置大多在现代地形图和遥感影像上仍"有踪可寻"。地方志中，水利是重要的记述内容，地方志资料中有很多关于渠道开凿时代、走向、长度和灌溉面积等的记载，并附有部分分布示意图，有时甚至每条渠道所灌溉的一系列地名都一一在录。灌溉渠道是由干渠、支渠、斗渠等构成的一套网络体系，且每段都有相应的名称，其中部分还被用作村镇名称。此外还存在以"闸""坝"和"洞"等以水利设施命名的村庄，它们也反映了当时渠道的走向。由于灌渠一旦建成，一般不会毁坏或弃之不用，而且其名称也具有承袭性，因此明清时期灌渠往往可以中华民国渠道作为参照予以复原。同时，方志中常包含灌渠受益面积的记载。根据这些资料，大致估计当时垦殖绿洲的范围是可行的。

例如，《肃镇华夷志》记载："黄草坝，龙口起于肃州城西南讨来河，尽于城东北水磨渠……延六十余里。""沙子坝，在黄草坝南，水起龙口，亦在讨来河岸，去城西三十余里，尽头果园，东延七十余里，中分小坝甚多。"《重修肃州新志》有载"沙子坝，源流系讨赖河……分沟十二道,内名冯家沟、侯家沟、张良沟……"。从甘肃省图书馆所藏的民国时期《酒金两县水系图》可以大致分析出,黄草坝和沙子坝的取水口位于肃州西南讨来河西南部的南龙王庙下游,其长度也可由"六十余里""七十余里"换算获得,而冯家沟等地名在现代地形图中仍然标注着,据此可重建灌渠的走向。

在重建村堡居民点和灌渠分布的基础上,在地理信息系统软件环境下,按1:10万比例尺,以高分辨率锁眼卫星影像特征为参考,以居民点为中心并沿灌渠两侧,利用文献记载的灌溉面积为控制,勾绘与灌溉面积相当或近似的区域,可以将其作为垦殖绿洲分布地区。据研究,绿洲农业开发的地区,其地面坡度一般不超过3°~7°,否则灌溉困难(赖先齐,2005)。而事实上,本书以锁眼卫星影像为基准解译了1963年绿洲分布,并将其与坡度图叠加对比发现,黑河中游地区的垦殖绿洲最大坡度未超过7°。据此,将结果叠加到由数字高程模型(DEM)所计算获得坡度图上,去除坡度大于7°的微地形区域,也可以进一步缩小确定古绿洲的范围。

各时期古绿洲的分布重建完成后,需要在GIS平台下叠加检测各个时期的变化,从而得到古绿洲演变的时空过程。继而,为了研究方便,我们还将整个研究区划分5个片区,用以揭示不同区域绿洲的变化过程和特点。这5个片区分别是:山丹-民乐山前冲洪积扇绿洲(主要为山丹河和洪水河沿岸)、甘-临-高绿洲(主干河道中段沿岸)、金塔-鼎新绿洲(讨赖河末端)、额济纳绿洲(干流末端)和马营河等支流小河沿岸绿洲(分为中下游)。

## 6. 实地综合考察

深入细致地开展野外综合考察,是古绿洲重建过程十分重要的环节。由于研究区地域十分辽阔,有些古代绿洲开发利用地区早已变为风沙拥堵的蛮荒之地,而许多历史遗迹也只有到现场才能被发现,即使是具有明确历史记载的事实,仍需实地考察以求证,故野外考察的重要性不容忽视。野外实地考察的目的主要有三个:一是摸清黑河流域历史时期绿洲利用遗迹的分布范围、规模大小、形态特征,以及古绿洲上废弃的城堡、遗址、农田、渠道及散落的文物等方面状况,特别是主要古城废墟的兴废沿革等方面状况;二是通过现场对古耕地、古河道、古渠系的直接观察,并与遥感影像对照,验证遥感解译的结果是否准确;如果发现存在误判的情况,则需要修改解译标志并重新判别;三是对古绿洲上的历史遗迹作现场观察,辨别其形制,判定其时代,并利用GPS记录其位置。

为此,以利用遥感影像确定的考察点位为基础,我们先后在全流域开展了多次野外综合考察,行程上万千米。最初的考察主要对流域内绿洲、生态和社会经济现状作深入考察、访谈,初步掌握了流域内地理环境状况,后面的考察就开始深入绿洲边缘、荒漠腹地,开展古遗址实地调查,利用GPS测定了各个文物古迹及遗迹点的位置坐标,同时搜索遗址周围的遗物并进行定位,最终建立了文物古迹信息数据集,制作了历史遗迹点分布图,并对每个历史遗迹点还做了详细的书面记录。后面的考察是对全流域古遗址进行补充考察,完善古遗址、遗物的序列数据。

需要说明的是,要十分准确地重建历史时期的垦殖绿洲,其难度还是相当大的。历史时期的垦殖绿洲往往是在反复利用和废弃的过程中逐渐演变的，时至今日，这些绿洲要么被现代绿洲覆盖，要么地处茫茫荒漠中，为流沙和红柳沙包所包围。而且，由于一些古遗迹本身年代及周边遗物年代的不确定性，从大量文献中挖掘关于绿洲开发、人类活动的地理信息需要对历史地名详细考辨，加之年代久远，地表景观变化巨大，一些地区的遗迹难免遭到破坏，部分历史地物多次易名或易址甚至无从考辨，因此，即使是相对准确地恢复历史古遗迹和绿洲的分布格局都是很困难的，导致依据历史遗迹所确定的绿洲范围必然会存在一定误差。但是，无论如何，充分利用多学科手段和多源数据，结合大量野外实地调查资料，在科学严谨的方法基础上所进行的重建，其结果是能基本反映垦殖绿洲演变的主要时空特征。

# 第3章 古城址及重要古遗址

黑河流域所存留的各种历史遗迹是不同时期人类活动的强有力证据，也是垦殖绿洲重建的重要依据，而类型有别、大小各异、级别有差的古城址更是历史时期人类活动最为集中的分布场所，对垦殖绿洲的重建往往具有十分重要的关键性作用。本章拟利用遥感影像并结合实地考察、三普资料和文物地图等方面的材料，对主要的古城址予以介绍，对其分布特点、形制等进行分析，并对其他重要古遗址进行简单介绍。

## 3.1 重要古城址介绍

黑河流域内的古城址的总体分布如图 3-1 所示。按黑河流域的自然地理单元，我们分中游和下游两个片区对研究区内古城址予以介绍。

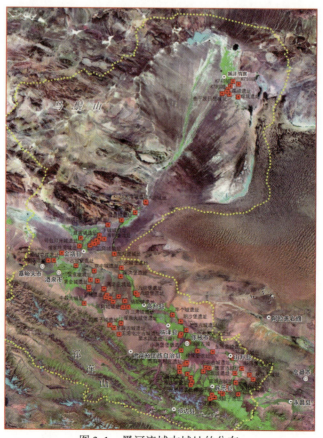

图 3-1 黑河流域古城址的分布

### 3.1.1 中游地区的古城址

黑河流域中游地区的古城址大多位于主河道两岸、支流末端的绿洲地区，以及交通或军事位置相对重要的地区，大型且比较重要的有黑水国、新墩子城、骆驼城、明海城、许三湾城、草沟井城、羊蹄沟城等，另外也存在一些规模不大但在区域经济、文化等方面具有重要作用的小城址。

1. 黑水国城址

黑水国城址现存南北两城址，位于张掖市甘州区明永乡下崖村北侧，分布在国道312线 2744 km ～2755 km 处南北两侧（图3-2）。

图 3-2　黑水国南北二城周边环境（背景影像为：天地图·甘肃）

黑水国北城位于张掖市城区西北部 15 km 处，平面为长方形，东西长约 253 m，南北宽约 228 m（图3-3）。三普资料显示，黑水国北城位于国道 312 线以北 1 km 处，与南城相距 3 km，坐北向南，门开南墙正中，平面长方形，范围 245 m × 220 m，面积 55 860 m$^2$，城墙黄土夯筑，仅西南角内建方形角墩一座，城内设施无存。从遥感影像上可见，城址西南角为流沙掩埋，城内有稀疏植被生长。该城城垣为黄土版筑，南垣正中开城门，无瓮城。城西南角角墩底宽约为 9 m。城址附近有汉代墓葬和其他小墩堡。据分析，其为汉代张掖郡治觻得县驻地（李并成，1995）。据文物地图集资料，其为汉代一直延续到清代的城址，是流域内长期利用的代表性城址之一。实地考察发现，该城位于黑河支流磨沟的西支支流黑水沟西岸，遗址中基本没有作物，有大量杨树存在。西南角的角墩保存良好，城西南角近 1/4 区域为流沙掩埋，东、北侧的墙体完好。城址周围为现代农业绿洲区，城东有河流经过，并呈现出"S"形河道，形成大面积湿地。

黑水国南城位于国道 312 线 2774 km 处以南 1 km 处，平面略方形，东西长约 249 m，南北宽约 222 m（图3-4）。城垣黄土版筑，底厚 5 m，局部为流沙掩埋。东垣正中开门并

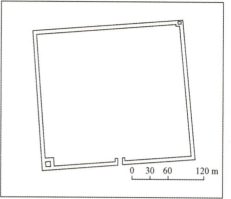

图 3-3　黑水国北城址影像及平面图

筑有瓮城，城门宽约 7 m。城址四角设有角墩。东北方向角墩底边长 17.5 m，高 8 m。城址四角有角墩，东北角的魁星楼保存较好，显著醒目，城向东开门，为黄土夯筑，存在瓮城，城内有大量汉晋时期的陶片和汉代子母砖残存，周边为流沙所掩埋，证实汉代时人类活动很兴盛（图 3-5）。城址四周为流沙包围，外围有现代绿洲分布。三普资料显示，其中南城范围 226 m × 258 m，面积 58 308 m²，坐西向东，门开东墙中，门外设瓮城，城墙黄土夯筑，四角设方形墩台，城内设施不存。

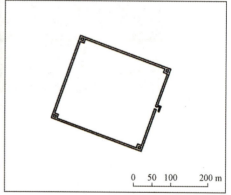

图 3-4　黑水国南城址的影像及平面图

　　据三普资料，黑水国城址规模形制较完整，遗址及周边发现史前文化遗址 3 处；汉代建筑遗址 2 处，古屯庄 1 处；城址 2 座；古寺院遗址 1 处；大量汉晋墓葬。在区域内共发现 3 处马厂文化、齐家文化遗存，地表遗有夹砂、泥质红陶、打制、磨制石器、细石器等。黑水国遗址在汉代是张掖郡及轹得县治所，在区域内共发现汉代建筑遗址 2 处，有大量砖瓦散布地表，古代屯庄 1 处、大量汉晋墓葬，地表可采集到灰陶片、汉砖等标本；在寺院遗址中，有较多的宋代至明代的瓷器残片，遗散在地表；唐代设巩笔驿，吐蕃、回鹘沿用；西夏沿用；元代为剌哈孙驿、西城驿；明代为沙河驿，晚明—清代废弃。因此，黑水国的存留年代为新石器、汉代、三国、晋、唐、宋辽金、元、明、清。黑水国遗址对研

图 3-5 黑水国南城址实景

究张掖史前文化、汉明时期政治、经济、历史等具有较高的历史、科学价值，2001 年 6 月被国务院公布为全国重点文保单位。

## 2. 新墩子城

新墩子城位于肃南裕固族自治县明花乡中沙井村西南约 3 km 的荒漠中。影像上古城呈近似等腰梯形，较为残破，但城址轮廓清晰，东墙、南墙、西墙、北墙的长度分别为 145 m、127 m、145 m 和 160 m（图 3-6）。该城址城墙以黄土夯筑，属汉代遗址，为东汉光和三年（180 年）表是（氏）县地震前最初县城所在（李并成，1991b）（之后迁往草沟井城了）。

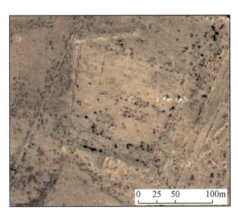
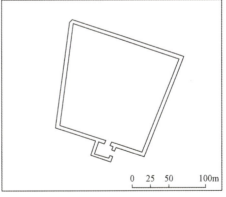

图 3-6 新墩子城址影像及平面图

实地考察发现，新墩子城城墙大部分坍塌，损毁严重，仅有西北侧墙体有部分残存，最大残高不足 3 m（图 3-7）。城址外围为荒漠景观，仅有零星植被分布。城西侧周围灌丛沙丘间可见古代耕地遗迹，同时可见类似古代渠道的灌溉设施，表明此地自然条件良好，曾有发达的农业垦殖。东侧有废弃的现代房屋，城内有现代废弃耕地痕迹，表明城址在近代时曾作为居民点使用，而后再度废弃。城址的东北侧有两座高约 3 m 的古墓封土。

图 3-7　新墩子城址实景

### 3. 骆驼城

骆驼城位于高台县骆驼城镇永胜村西，摆浪河下游，为南北组合城（图 3-8）。城址规模很大，东西长约 425 m，南北宽约 707 m。城墙基宽 6 m，城内以隔墙分割，隔墙距北侧城址边缘约 250 m。北城外为古河道。城门均向南开，位于相同中轴线上，南北城均设

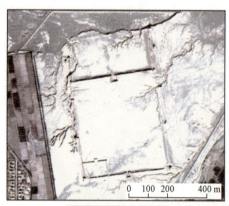
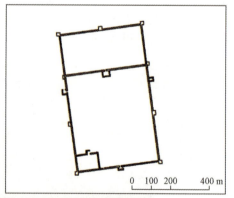

图 3-8　骆驼城址影像、平面图及其实景

有瓮城。南城西南筑有小城，东西墙均有对称城门，距隔墙约 75 m，中段设有马面。全城四角有角墩。城外有墓群、窑址分布。《甘肃省文物地图集》表明，该城为汉到唐代城址（国家文物局，2011）。据分析，其为东汉表是县大地震（180 年）后的县城，在东晋时期演变为建康郡（李并成，2006）。唐代，建康军亦设于此城。

实地考察可见北城面积较小，南北城之间有瓮城，城墙高 6～7 m，城内地表散布有陶片、砖块等遗物。自骆驼城远观北侧墓群，墓群周围为现代绿洲围绕，建有温室大棚。城西有一条冲沟，城东有一条河流，对岸为开垦的农田。北城被河水冲刷了很大一部分，为此文物保护部门建了拦河坝以避免城址被进一步冲刷。

据三普资料介绍，骆驼城遗址位于高台县骆驼城镇西滩村一社 600 m 处。北至白水河，东至山水河，南至文管所门前东西向简易公路，西至西滩村一社。始建于东汉灵帝光和二年（182 年）。是汉代酒泉郡表是县，魏晋建康郡，唐代建康军驻地的遗址。城垣黄土夯筑，夯层 0.12～0.15 m。分南北二城。南城面积为 238 000 m²（560 m×425 m），北城面积 69 700 m²（164 m×425 m）。南北二城蝉联，总面积 30.77 万 m²。现存遗迹为城墙、马面、瓮城、腰墩、角墩、古井、夯土台基等（图 3-9）。古城四角有角墩，古城外东南部有 3 处夯土台基，上面遗落厚实的陶瓦片。南城内西侧有干涸古井 1 眼，直径 2.5 m，深 10 m。骆驼城遗址为丝绸之路上东西文化交流，农业文明与游牧文明交融，生产方式变迁更替的历史见证。对于研究汉以来丝路交通、河西军事文化、民族融合、民风习俗、河西经济、政治等具有重要的价值。2001 年甘肃省文物考古研究所对骆驼城遗址北城西南角发掘 1300 m²。骆驼城的存续朝代为汉、三国、晋、南北朝、隋、唐。

图 3-9　骆驼城址位置及周边情况

值得注意的是，自骆驼城前往许三湾城的途中，也就是在骆驼城遗址西南角 2820 m 的道路旁，发现三个土墩并已做防护。土墩夯土版筑，夯土层厚 10 cm 左右，周围未立碑，为耕地所包围。从三普资料获知，该城为"骆驼城西南城障遗址"。骆驼城西南城障遗址坐落于亚盛公司国营高台农场农田内，四周均为农田。该城障黄土夯筑，夯层为0.13～0.15 m，四壁已坍塌，残存墙段上宽 1.2 m，下宽 2.2 m，高 1.8 m。平面呈方形，其中东西长 55.2 m，南北宽 35.5 m。开东门，有方形瓮城，瓮城东西长 13.4 m，南北宽

8.3 m。遗址占地面积 2100 m²。城内已被开垦为农田，在东壁内侧有引水沟，穿东门而出。骆驼城西南城障为汉唐时期骆驼城周围防御性设施，与骆驼城遗址遥相呼应，对研究边防具有一定的意义。

除城址外，骆驼城周围还存在着大片墓群遗址（图3-9）。据三普资料，骆驼城东南墓群位于骆驼城遗址东南 1500 m 处。该墓群东西长约 6000 m，南北长约 9000 m，占地面积 54 km²。经高台县博物馆几年的全面考察，该墓群有可见封土的墓葬 2100 座，还有部分墓葬因年久遭洪水冲刷或人为挖取砂石，封土已不甚明显。现存封土多为圆丘状，也有少量覆斗形封土，高度在 1.5～4 m。从清理的早期被盗墓葬看，有斜坡墓道土洞墓、斜坡墓道砖室墓等形制，1996 年清理的一座砖室墓，出土彩绘壁画砖 54 块，出土木尺、木质猴形"王平"印等珍贵文物。在 1997 年、1998 年和 2002 年在建设施工工地上发掘墓葬 10 余座，出土有汉代铜镜、木车马、陶鼎、陶灶、陶仓和汉、晋简牍等。骆驼城东南墓群的时代为汉、三国和晋。

另外，在骆驼城西南还存在夯土台式墓群，该墓群位于高台县骆驼城乡西滩村西100 m 处。现存 34 座，坐落在骆驼城乡西滩村农田内，分布面积约 1.4 km²，有 16 座较完整，墓葬形制以大型夯土台封土为特征，土台底边周长 30～50 m，高 5～6.5 m；另有 18座封土有不同程度的坍塌，残高 2～4 m。该墓群在过去地方旧志中称"点将台"，20 世纪70～80 年代经有关专家考证为墓葬，2001 年甘肃省文物考古研究所发掘了其中一座，为砖砌三室壁画砖室墓。该台式墓对研究汉唐时期的墓葬形制具有重要的参考价值。

### 4. 明海城

明海城地处肃南裕固族自治县明花乡上井村。影像见该城平面呈菱形，边长约为 155 m，呈近 45°倾斜布局（图3-10）。外围为荒漠景观，沙化比较严重，西南城门外可见明海湖。西南墙中部开城门，设有瓮城。城址四角筑有半圆形角墩，城内外地表遗存有汉、晋时期的灰陶片、砖块、五铢钱和唐代的开元通宝钱印等。该城可能为东晋十六国时期凉宁郡所在地（李并成，2006）。

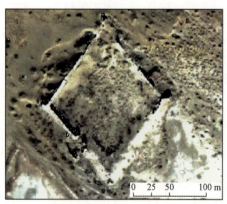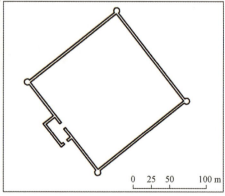

图3-10　明海城址影像及平面图

据三普资料，明海古城位于明花乡上井村北 3 km，东 0.5 km 处是元明沙石公路，城西北 8 km 是原明海乡明海寺，城南 50 m 处明海海子湖。占地面积 24 025 m²，城址平面呈方形，边长 155 m，城墙基宽 7 m、顶宽 3 m，残高 10 m。城垣黄土夯筑，夯土层 16 ~ 20 cm，夯土颜色为青绿色，系湖底沉泥和黄土夯筑。四角筑圆形角墩，南墙正中辟门，门外筑方形瓮城，面积约 560 m²，瓮城门向东，南垣内东侧紧贴城墙筑有斜坡马道。第二次文物普查时在地表发现灰陶片、砖块，采集有五铢钱币、铜簇等，本次普查时采集到明代青花瓷片及白釉瓷片。原定为汉、唐城址，该城址对研究河西走廊腹地历史地理、军事防御有重要意义。1981 年 9 月甘肃省人民政府公布为省级文保单位。

实地考察发现，明海城位于荒漠中，城墙黄土版筑，局部坍塌，高约 10 m。该城西南侧有明海子湖泊，目前水量较少。城临湖而建表明其在历史时期环境状况良好（图 3-11）。在明海古城前面入口处已用铁丝网加以保护。古城墙轮廓清晰，西北角残留明显，南侧墙体基本被侵蚀，中部被流沙所掩埋，墙土盐渍化明显，有灰白色盐渍化残留痕迹。

图 3-11　明海城址实景

### 5. 许三湾城

许三湾城位于高台县新坝镇的许三湾村，城址完整，影像可见清晰墙体（图 3-12）。城址呈长方形，西北—东南走向，东西长约 95 m，南北宽约 110 m。东南墙中部设城门并有瓮城，城四角筑有覆斗形角墩，北墙中部有马面。城外北角有烽燧一座，边长约 10 m，并有墙体保护，为军事防御设施。城址外为戈壁景观，并有少量呈白色的废弃耕地，可见零星植被，东侧有道路南北向经过。《甘肃省文物地图集》注明该城为汉到唐代延续城址。从该城址设有烽火台的格局看，推测该城址应属军事性质，兼作驿站使用。

实地考察发现，许三湾城保存相当完好，城东北角有烽火台，城墙残留状况较好，且台阶与道路等保存较好（图 3-13）。城墙夯土版筑，高 7 ~ 8 m，土层厚度约 15 cm。城墙北侧有马面，古城内部的城墙内开挖过供居住用的窑洞。城内外地表有少量陶片存留。城

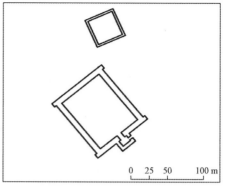

图 3-12　许三湾城址影像及平面图

图 3-13　许三湾城址实景

址四周为戈壁包围，仅有零星植被分布，城西北角可见古墓葬。

　　三普资料显示，许三湾城遗址位于高台县城西 30 km 的新坝镇许三湾村。北至许三湾村居民点 250 m，东至许三湾村 200 m 处，南至许三湾墓群 200 m 处，西至 250 m 处。城垣黄土夯筑，夯层 0.15 m，东西长 94 m，南北宽 110 m，建筑面积 10 424 m²。现存遗迹为城墙、马面、瓮城、腰墩、角墩、古井等。城外 50 m 周围有城墙遗迹，可能是早年坍塌的外城。现存遗址城墙结构坚固，保存完整，现存 409.6 m，城墙残高 8 m，墙基底宽 6 m，顶宽 3 m，墙顶部分有女墙遗迹。古城开南门，设瓮城，瓮城墙长 54.5 m。城四角有角墩，角墩底边呈方形，周长 24 m。北墙中段有一腰墩，呈长方形，顶部面积 30 m²，城内南墙与北墙东侧各夯有马面，面宽 2 m，面长 20 m。城内北端原有古井一口，20 世纪 70 年代被当地农民开挖取水时损坏。许三湾城内城周围暴露大量汉唐时期的灰陶片、白陶片等遗物，50 年代曾在古城内出土有"部曲督印""部曲将印" 2 方，并采集到"五铢""大泉五十""货泉"和"开元通宝"等钱币和大量的铜箭镞，古城四周亦分布有大面积的风蚀弃耕地。城外距东北角墩 50 m 处有烽燧一座，底边呈正方形，周长 40 m，高 8 m。许三湾城址的使用年代为汉至唐，对研究西部开发史和丝绸之路文化交流具有重要价值。

## 6. 草沟井城

草沟井城位于肃南县明花乡南沟村西 10 km，距前述新墩城约 2.5 km。影像见该城平面基本呈正方形，东西长约 130 m，南北宽 120 m（图 3-14）。北墙正中筑有边长 3 m 的马面。城址的四角建有圆台形角墩。南侧墙体中段开门，设瓮城。城西 50 m 处有围墙一道。城址外围可见大量白色风蚀古耕地遗迹，附近均为荒漠地区。

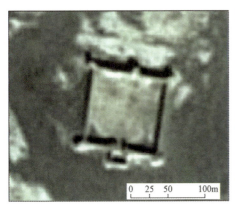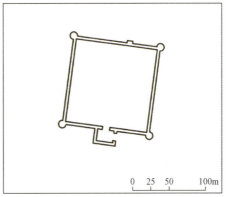

图 3-14　草沟井城址影像及平面图

三普资料显示，草沟井城位于明花乡南沟村西 10 km 处的戈壁滩上，南距甘新公路 18 km。城址周围沙丘起伏，北 2 km 处五个疙瘩墓群，西临回回沙漠，南 10 km 为酒泉市肃州区屯升乡。占地面积 15 600 m²，城平面呈长方形，东西长 130 m，南北宽 120 m。城墙残高 10 m，基宽 7 m，顶宽 3 m，夯土版筑，夯土层 0.18 m，南墙正中辟门，门外筑方形瓮城，瓮城门向东，北墙正中筑边长 3 m 的正四棱敌台马面，城四角有直径 3 m 的圆柱体角墩，突出墙外 3 m，城南墙内侧有宽 3 m 的马道，距城西 50 m 处有围墙一道，围墙残高 2 m，长 8 m，厚 0.8 m。围墙外分布有 1 m 见方的窑坑。地表散见灰陶片、青花、黑釉、白釉瓷片。该城曾是明代高台县所属城堡。

实地考察发现，草沟井城保存完好，城内可见省级文物保护单位的石碑，城内无建筑遗迹存在（图 3-15）。城内可见灰陶片、红陶片、瓷片等遗物。城址四角设有角墩，墙体完好。城墙高约 10 m，厚约 6 m。城设有瓮城，位于南部，部分损毁，瓮城城门南开，城内有宽 3 m 的马道，城西侧有古河道，为马营河终端水系。整个城墙顶部保存完整，行人可以在墙顶顺利行走。城址外可见大量的废弃古耕地痕迹，呈白色光板地面并有严重风蚀痕迹，是绿洲开发利用的直接证据。

## 7. 羊蹄沟城

羊蹄沟城位于高台县新坝镇东大村的祁连山北麓。该城在遥感影像上可清晰观测，城址为内外复合城，外城呈长方形，严重残破，影像上难以辨识细节，东西长度约 160 m，

图 3-15  草沟井城址实景

南北宽约 206 m。内城位于外城中心，平面呈近似方形，轮廓清晰，东西长约 68 m，南北宽约 76 m（图 3-16）。内、外城北垣开门，分别筑有圆形和方形瓮城。两城四角设有角墩。文物资料显示，其属汉、唐遗址。

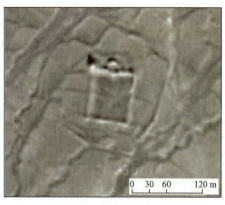
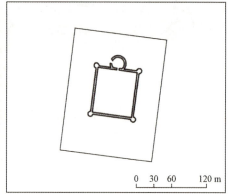

图 3-16  羊蹄沟城址影像及平面图

实地考察发现，此城位于祁连山脚下，黄土版筑，海拔 2321 m，推测为汉唐时期的军事防御城址。有内外两城：内城轮廓清晰，有圆形瓮城；外城轮廓难以实地辨识，仅有不连续少量残墙尚存，表明其建筑时代久远。内城轮廓相对清晰，但侵蚀也较为严重，西北角有角墩残留，城墙北侧残留较多。城中长满杂草。城内、外地表散布有灰色陶片、黑釉瓷片。

据三普资料介绍，羊蹄沟城遗址位于高台县新坝镇西大村五社以北 500 m。四周为戈壁荒滩。城垣黄土夯筑，夯层厚 0.11～0.16 m，城平面呈"回"字形，分为内外两城。外城东西长 160 m，南北宽 206 m；内城东西长 68 m，南北宽 76 m，开北门，门外筑半圆形瓮城。现存墙基宽 5 m、残高 0.5～8.5 m。遗址分布面积 32 960 m²。地表散见灰陶片。据研究，羊蹄沟城在唐代为"祁连戍"，遗址向南 5 km 处有道路进祁连山，有水关河流出，汉唐时期南山羌、吐谷浑、吐蕃常有此进入河西走廊，唐代称为"建康西路"，是为走廊出入青藏高原的一个关口，羊蹄沟城是守卫该关口的一座军事城池，地理位置十分重要。羊蹄沟城址的统计年代为汉、唐。

### 8. 八卦营古城

八卦营古城遗址位于民乐县永固镇八卦营村西北的耕地上。城垣平面呈"回"字形，早年被童子坝河水辟为东西两半，遗址由外城、内城、紫英台、点将台4部分组成。内外城墙均用黄土夯筑，外城东西长623 m，南北宽590 m，城垣残高1～2 m，底基宽14 m，夯土层厚8～10 cm。断面有红木坑，东、南、北三面有护壕，壕宽10 m，深0.8～1 m，西面以童子坝大河为壕。内城东西长287 m，南北宽283 m，底基宽6 m，残高1～2 m，夯土层厚6～10 cm，东、南、北三面有护壕，壕宽8 m，深1～1.2 m，西面以童子坝大河为壕。内城中央有一正方形夯土台，俗称"紫英台"，其边长40 m，残高5 m，似为大型建筑遗址基础。距城垣北600 m处有一夯土台，俗称"点将台"，其边长50 m，残高5 m。遗址总占地面积367 820 m²（图3-17）。在城垣、紫英台、点将台的周边地表遗存大量的汉代残砖、破瓦、碎陶片、石磨残块和汉代五铢钱，遗址内出土过汉代铁犁铧、石磨、陶耳杯等文物。该城建筑规模宏大，结构复杂，遗存文物资料非常丰富。对研究汉代城池建筑、军事防御及军民生产生活等具有十分重要的价值。1990年，民乐县人民政府公布为县级文物保护单位；1993年3月，甘肃省人民政府公布为省级文物保护单位；2006年6月，国务院公布为全国重点文物保护单位。

图3-17 八卦营古城文物保护碑和城址周边情况

### 9. 永固城

永固城遗址位于永固镇政府所在地的南关村。秦汉间为月氏城，后为匈奴城，汉设删丹县，前凉设汉阳县，清康熙年间王进宝在原旧城内靠北头又建新城一座，定名为"永固城"（图3-18），清同治四年（1865年）白彦虎部焚毁。城平面呈长方形，南北长1600 m，东西宽1320 m，东、南、西三面开门。内城平面呈长方形，南北长350 m，东西宽250 m，东、南、西三面开门。现仅存西北角部分城墙（清代新城），南北长140 m，东西宽85 m，墙基宽20 m，残高1～10 m，夯土层厚8～12 cm，城址总占地面积2.112 km²。对研究古代城池建设规模、结构及军事设施均有一定的参考价值，1990年，民乐县人民政府公布为县级文物保护单位。

图 3-18　永固城城墙和城墙上的佛塔（摄于 2011 年 8 月 17 日）

### 10. 张掖古城

张掖古城系魏晋—中华民国（220～1949 年）古城址，位于张掖市甘州区南街街道办事处人民南街以东、以西、以北各延伸 2 km。该城址地处河西走廊中段张掖市中部，始建于魏晋，北凉建都，回鹘设牙帐建汗国，西夏设镇夷郡宣化府，元代为甘肃行中书省会所在地，明、清是卫、镇、行都司治所，迄今有 1700 余年的历史，历朝都频繁修葺扩建。据《甘州府志》等史料记载，元大德三年（1299 年）扩筑张掖城，将周长 5480 m 的旧城扩展为 7032 m，面积由 1.86 km² 扩展至 3.08 km²。明洪武二十五年（1392 年），都督宋晟增筑城垣三里三百二十七步，合 2251 m，使面积增加 40.59 万 m²，总面积为 3.5 km²；永乐二年（1404 年）筑外郭城，东南角为长沙门；嘉靖三年（1524 年）筑北城郭，供少数民居居住，列肆贸易；万历二年至三年（1574～1575 年）砖包大城墙，张掖开始有"金城之固"的美誉；正德二年（1507 年），都御史才宽，于城中心建镇远楼，"街巷准此环分"。清乾隆二十九年（1725 年），重建甘州城；光绪二十四年（1898 年），补修城垣。民国十六年（1927 年），因地震造成城垣残破倾颓，官绅筹捐巨款维修；民国三十年（1941 年），于县府街南端开辟"新城门"。

中华人民共和国成立后，甘州城逐步被拆毁。1989 年夏，二十七医院东侧约 200 m 城墙最后被炸毁，现仅存东北角丝路春酒厂北侧一段长 140 m 古城墙遗迹可辨。原古城范围大致为：东至东环路以西 10 m 处，二十七医院门前，西至西环路以东约 20 m 处，南至南环路以北 50 m 处，北至北环路以南 10 m 处，经 GPS 测定，东西长 2011 m，南北长 1915 m，周长 7852 m，总面积 3 851 065 m²。因历史悠久、文化灿烂，1986 年被国务院公布为全国历史文化名城。

### 11. 皇城遗址

皇城遗址系汉至唐城址，位于酒泉市肃州区下河清乡皇城村东。据唐《元和郡县志》和《新唐书》记载，该城为西汉酒泉郡所辖乐涫县城遗址。唐武德二年（619 年）于此置福禄县城，属肃州酒泉郡。古城距今有1300～2100年的历史。现存城墙为唐代重修，残墙夯筑，城呈长方形，东西长423 m，南北长292 m，面积123 616 m²。城四角有角墩，西北角墩全然无存，东南角墩较为完整，下部垮塌，西南角墩损毁严重，四面均垮塌，残高5 m。北侧墙体稍好，残长226 m，厚3 m，夯层厚0.12 m。因旧时挖掘城墙土熬硝，南城墙全部被毁，仅见高低不平的土堆，其余三面尚可见残城墙，残高3～5 m，墙基宽3 m，近年来城墙遭到严重人为破坏。

**12. 其他古城址（根据三普资料）**

滚家庄村城堡遗址：汉—明城址，位于张掖市甘州区花寨乡滚家庄村一社居民地西南山顶，城堡平面椭圆形，门开何处不详，东西长83 m，南北宽53 m，面积约4399 m²，墙体由黄土夯筑；墙体大部分呈脊笼状残存，形制范围清晰可辨，东南角有约20 m墙体较高，底宽1 m，顶宽0.30 m，残高2.50～3 m；堡址中间是自然形成的小山包，东北侧经人为挖掘，留有高坎，其他设施不详，在地表可采集到夹砂灰红色陶片和素面灰陶片，南距大野口烽火台约400 m，北距上帝宫遗址约300 m。该遗址对研究汉至明代张掖军事、长城防御建制、设施等具有一定的考古和历史价值。

山丹古城遗址：西夏至明城址，位于甘肃省张掖市山丹县清泉镇东街村城区，甘新铁路以南，山丹河北岸。古城遗址南北宽1170 m，东西长1200 m，面积1 404 000 m²。早期有夯筑墙体围城，20世纪60年代起逐年破坏，现残存东南角黄土夯筑墙体，长150 m，底宽10.5 m，高13 m。其他墙体及瓮城不存，只存北墙体上的无量阁。此城始建于西夏，扩建于明代，具有研究丝绸古道重镇的参考价值。

仙堤古城址：魏晋城址，位于山丹县位奇镇十里堡村二社居民区西南角，古城址西北200 m处为明代古道驿站五里墩烽火台。古城址黄土夯筑墙基已埋于地表下，周边已开垦为耕地，1987年第二次文物普查发现，地面遗存较多的灰陶片残块、兽骨、石磨，还有黄土夯筑墙体基础等。古城址南北宽150 m，东西长180 m，占地27 000 m²。该古城始建于魏晋时代，为进一步研究山丹历史具有一定的实物价值。

岔家堡古城遗址：汉代城址，位于张掖市民乐县南古镇岔家堡村南端的大堵麻河西岸。东100 m是大都麻河，南2000 m是瓦房城水库，西面为耕地，北300 m处是岔家堡村。城址平面呈长方形，南北长130 m，东西宽80 m，占地面积10 400 m²。城址西边和北边现存部分残垣，城墙底基宽8 m，城垣残高1～5.5 m，黄土夯筑。残垣夯土层中夹杂有汉代砖瓦和陶片，此遗址对研究汉代城池建筑结构有一定的价值。

双湖古城址：汉代城址，位于甘肃省张掖市山丹县霍城镇双湖村甘邓家庄。古城址面积9 610 000 m²，南北宽3100 m，东西长3100 m，无墙体，第二次文物普查时还有一点墙体，但现在没有任何遗迹，当时还收集到1个汉代陶罐，货泉1枚，政和通宝1枚，天启通宝1枚。据当地老百姓讲，20世纪70年代平田整地时，发现数百斤古钱币，五铢钱较多。出现过大量的灰色陶器，在1 m以下有墙基和炉火坑。此古城始建于汉代，对研究当地早期人类聚居和城址分布有参考价值。

南古城遗址：晋、清古城址，位于张掖市民乐县南古镇城南村内（粮管所院内），四周均为农户住宅，东北 500 m 处是南古镇政府。原名临松古城。据《甘州府志》载，前凉张天锡置临松郡，北凉改临松县。明代以临松牧地接近祁连山，大都麻、小都麻、酥油口等隘口众多，有险可守，乃建堡、筑城，改名南古城。据《民乐县志》载，清光绪十九年重筑城，周长 2 里，墙高 4 丈，东墙辟门，有瓮城，南开门。城平面呈长方形，南北长 300 m、东西宽 200 m，占地面积 6 万 m²。现城垣大部已毁，仅存西北角一小部分，西面长 7 m，北面长 15 m，底基宽 3 m，顶部宽 0.8~1.2 m，残高 7.2 m，夯土层厚 12 cm（图 3-19）。该遗址对研究古代城池建筑、结构具有较高的价值。

图 3-19　临松郡故址残存的城墙（2011 年 8 月 17 日摄）

上深沟城遗址：汉代城址，位于张掖市肃南裕固族自治县明花乡南沟村西戈壁沙漠中，大部分被沙土掩埋，原城址平面形状不明，现仅存残角墩和部分墙基，角墩已风化呈三瓣。城址现占地面积约 150 m²，角墩西连接城垣残长约 10 m 的墙基，墙基厚约 3 m，角墩为夯土版筑，底边长 5 m，残高 3 m，夯土层厚 18~20 cm。具体年代需待考证，该城址对研究走廊腹地驿传、军事防御体系有重要价值。

西五个疙瘩下城遗址：魏晋时期城址，位于张掖市肃南县明花乡南沟村境内。遗址四周被沙丘环绕，距草沟井故址西 5 km 处。城址平面呈正方形，边长 57.6 m，占地面积 3315.5 m²。城垣黄土版筑，夯土层厚 12 cm，基宽 2.5 m，南垣辟门，四角无角墩，城址风化较严重，现只剩墙基部分。根据调查了解，遗址年代为魏晋时期。该遗址对研究该地区民族、经济、防御有较高价值。

高老庄城址：魏晋时期古城址，位于张掖市肃南县明花乡南沟村境内。遗址四周被沙丘环绕，距草沟井城故址西 5 km 处。城址平面呈正方形，边长 58.5 m，占地面积 3422.25 m²。城垣黄土版筑，夯土层厚 12 cm，垣高 7 m，基宽 2.5 m，南垣辟门，四角无角墩，城址保存较完整。根据调查和有关资料记载，年代为魏晋时期。该城址对研究该地区民族、经济、防御有较高价值。

草沟井下城遗址：东汉古城址，位于张掖市肃南县明花乡南沟村西 10 km，西南距草沟井城 2.5 km。占地面积 26 519.55 m²，城平面呈长方形，东西长 168 m，南北宽 157.33 m。

城坐北向南，偏西 10°，城墙大部分坍塌，现存基宽 3～4 m，顶宽 0.5～1 m，残高 1.5～4 m，城四角有残高 2～3.5 m 的正四棱台体角墩，北墙正中有底经 4 m，残高 2 m 的四棱台体墩台，南墙辟门，门外有瓮城，瓮城门向东，门阙宽 3 m，瓮城三面长 48 m，地表散布有灰陶片等。系东汉时期所建造。

下长城坞障遗址：汉代城址，位于酒泉市金塔县羊井子湾乡双古城村东北，仅残存东西向城墙一段，残长 19.7 m，底宽 3.7 m，残高 4.0 m，占地面积 72.89 m²。城墙为夯土版筑，夯层厚 0.2 m。周围散见少量旋纹、垂帐纹和素面灰陶残片。遗址结构、规模及用途暂不清楚。该遗址是研究该地区汉代夯土城障建造技术及历史的实物依据。

下破城城址：汉代城址，位于酒泉市金塔县大庄子乡永丰村东南，城址东西长 25.4 m，南北宽 13.3 m，总面积 337.82 m²。城墙整体夯土版筑，墙基宽 4.4 m，上宽 1.6 m，残高 6.6 m。城址南壁保存较为完整，中间有一上宽 6.4 m，下宽 3.7 m 的倒梯形豁口。东壁残留断裂的 3 段，长 13.3 m，整体呈三角形。北墙被沙丘掩埋，流沙已侵入院内。西墙坍塌严重，仅存一角。城址的西南角有一处深 1 m 的人为挖掘的坑，用途不清。周围散见大量的灰陶片及石磨残块，初考为汉代城址。该城址对研究金塔地区汉代的城址建造技术、规模和历史文化具有一定的价值。

一堵墙城址：汉代城址，位于酒泉市金塔县金塔镇五星村九组东的戈壁砂砾石地带，城平面呈长方形，东西长 15 m，南北宽 7 m，仅存北墙的部分墙体，基宽 3.8 m，残高 2.3 m。墙体用当地的黄土夯筑而成。地表散见灰陶片，并有少量的夹砂红陶片。初考为汉代坞障遗址。

南破城城址：汉代城址，位于酒泉市金塔县羊井子湾乡双古城村东北的风蚀台地与软戈壁相间地带。城址平面呈长方形，南北长 34 m，东西宽 30.5 m，面积 1037 m²。墙体夯土版筑，墙基宽 4.2 m，残高 2.5 m。在城址正北 60 m 有一处窑址，呈圆形，直径 1 m，残高 0.1 m，窑壁厚 0.04 m，窑址被灰堆覆盖，灰堆高 0.25 m。城址东南 300 m 处有一墓群，有墓葬 9 处，已被破坏，墓砖散落于墓葬周围 3 m 内。城址四周散见有大量网格纹、绳纹、素面等灰陶残片，地表铁砖遍布。是本次调查新发现，初考为汉代城址。该城址周边文化层分布密集，人类活动痕迹明显。

营盘城遗址：汉代城址位于金塔县航天镇营盘村北的戈壁滩上。城址平面呈正方形，边长 80 m，面积 6400 m²。墙体夯土版筑，夯层厚 0.10 m。墙基宽 8 m，上宽 1.3 m。四面墙体均有不同程度的坍塌，残墙最高处 4.8 m，最低处 1.0 m。南墙开门，宽 6.4 m，门前有瓮城，宽 7 m，进深 13.6 m。故址周围散见极少量粗砂红陶片。初考为汉代城址，系本次普查新发现。

三角城遗址：汉代城址，位于甘肃省酒泉市金塔县羊井子湾乡双古城村东北的戈壁石滩上。南隔芦草沙梁与耕地相连，西为风蚀沟槽，北为戈壁石滩。遗址分布范围南北长 250 m，东西宽 150 m，面积约 37 500 m²。遗址西南角有一座小城遗迹，平面呈正方形，边长 18 m。仅残存东北角和东南角墙体，残长 9 m，高 0.6 m，墙系夯土版筑，夯层厚 0.1 m。城址内及四周遍布大量的绳纹、麻点纹等灰陶残片，可辨器形有盆、罐等。城址内的文化层厚 0.6 m，初考为汉代遗址。

西古城城址：三国、晋（魏晋）时期，位于酒泉市金塔县金塔镇五星村西南的荒滩边缘，该遗址风蚀严重，仅存残迹。遗址东西长 219 m，南北宽 219 m，总面积 48 000 m²，遗址内已被开垦为耕地，现仅存东北角一段长 13.5 m、宽 2.5 m、残高 1.6 m 的墙体，墙为夯土版筑，夯层厚 0.1～0.13 m。据 1987 年文物普查记载，城分为内外两层：外城平面呈长方形，南北长 100 m，东西宽 88 m，残高 2 m，南面开门；内城位于外城中间，南北长 80 m，东西宽 76 m，墙基宽 5 m，顶宽 2 m，残高 2～6 m，南面开门。地表散见灰陶片、残灰砖和瓦片。据《金塔县志》《金塔史话》和《金塔文史资料》等文献记载，该城址是魏晋时期会水县属之和韶屯遗址。

双城子遗址：汉代城址，位于酒泉市金塔县航天镇双城村村委会北，城址呈正方形，边长 250 m，面积 62 500 m²，正中有一道东西向墙体将城址一分为二。四周墙体遗迹无存，中间墙体损毁严重，仅残存东、西两头部分，墙体为夯土版筑，基宽 0.50～0.70 m，残高 0.80～1.20 m。在仅存的墙体上有极少量的灰陶、黑釉陶残片。考为明代城址。该城址为研究我县汉代夯土建筑的建造技术及规模提供了实物依据。

砖包月牙城遗址：元代城址，位于金塔县中东镇上三分村西南，遗址分布呈长方形，东西宽 379 m，南北长 403 m，总面积约 15.3 万 m²。遗址内已被沙丘和碱土完全掩埋，形成了 6 座大小不一的土丘，土丘上长有白刺和红柳等耐旱盐碱植物。其中在遗址西北角最大的 1 座土丘内，当地农民在 20 世纪 60 年代挖防空洞的过程中，发现了 1 座用青砖砌成的圆形建筑。北边的 1 座圆形土丘，因灌溉水浸泡出现塌方。遗址地表散见许多长方形青灰砖（长 0.28 m，宽 0.15 m，厚 0.05 m）、流离构建残片和灰陶片，特别是遗址西北部，地表及地下发现有大量的青灰砖。遗址西南角有残存的土墙一段，残高约 0.3 m。考为元代建筑，为研究我县元代的建筑风格提供了实物依据。

黄鸭墩城址：汉代城址，位于酒泉市金塔县大庄子乡永丰村东南的风蚀台地上。城址在台地东部，平面略呈正方形，南北长 14 m，东西宽 13.5 m，面积 189 m²。墙体夯土版筑，残高 5 m，墙基厚 1.1 m。夯层薄厚相间，薄层 0.12 m，厚层 0.38 m。东墙坍塌严重，西南角有一下宽 2.7 m，上宽 3.1 m 的豁口；北墙东部坍塌；城址中心有高 2 m 的灰堆。城址四周散见大量灰陶片及少量石磨残片。城址西南 100 m 处有 3 处窑址，仅留残底，平面呈椭圆形，宽 1～2 m，长 2.3～3.2 m，灰层厚 0.06～0.2 m，深 0.2～0.3 m，四周散见大量灰陶片及石磨残块。初考为汉代城址。该城址保存了部分墙体和基本的形制，周围文化层分布多样。

威虏城遗址：元代城址，位于酒泉市金塔县古城乡头号村西北。城址平面呈长方形，南北长 857 m，东西宽 287 m，面积 170 313 m²。城墙为夯土版筑，墙基宽 12.8 m，顶宽 4 m，残高 2.5～4.5 m。城四面开门，有瓮城，进深 10 m。据《金塔县志》记载，该城初建于元代，明代重建后曾置威虏卫。现城址内外已开辟为农田。

北三角城遗址：汉代城址，位于酒泉市金塔县大庄子乡永丰村林场东南的一片风蚀台地、软戈壁、大沙丘相间地带。遗址中心有一高 10 m 呈西北-东南走向的大沙丘将遗址一分为二。遗址南北长 700 m，东西宽 550 m，总面积 385 000 m²。沙丘南侧有一条南北走向的砾石堆筑的塞墙，长 300 m，基底宽 3 m，残高 0.4 m，截面呈圆丘状。台地与软戈壁上遍布灰陶盆、罐等器物残片，纹饰有绳纹、垂帐纹等。并有石磨残块、铁砖残块等遗物。

"二普"时发现城墙残迹，现已无迹可寻，可能被沙丘埋压。

盛家地湾城址：汉-晋城址，位于甘肃省酒泉市肃州区银达镇南坝村西北。地表遗存有城址 1 座，城地平面呈矩形，墙体为黄砂土堆筑，截面呈梯形，上宽 0.3 m，下宽 0.8 m，黄土堆筑的城址遗迹一处，大体呈方形，东西长 38 m，南北长 65 m，面积 2 670 m²，城址周围散布有许多绳纹、帷帐纹等灰色陶片，疑似汉代遗物。另有少许黑釉、黄釉瓷片，经调查初步考定年代为汉-晋遗存。

## 3.1.2 下游地区的古城址

黑河下游地区的城址主要分布于金塔东沙窝和额济纳旗东部的沙漠中，典型的主要有会水城、K710 城（居延城）、K688 城（雅布赖城）、K749 城（温都根特日格城）、K789 城（大同城/马圈城）、K799 城（黑城）、绿城、BJ2008 城等。其中，额济纳旗地区的古城址最早由瑞典人贝格曼所考察并绘制了详细的平面图（Sommarstrom，1956~1958 年），本书对这些图直接进行了引用，下文所介绍的实地考察为贝格曼所进行。

### 1. 会水城

会水城遗址（俗称"破城"或"东故城"）位于金塔县羊井子湾乡双古城村东北 5.3 km 处的戈壁砂砾石地带。据三普资料，该城遗址平面呈正方形，由内城和外城构成，外城平面呈正方形，边长 89 m，总面积 7921 m²。墙系夯土版筑，夯层厚 0.04~0.1 m。城墙基宽 5 m，上宽 2.5 m，残高最高处 5.2 m。门向南开，有瓮城，进深 12.5 m，宽 14.8 m。内城位于外城正中，平面略呈方形，东西长 30 m，南北宽 27.3 m，门向南开，宽 4.2 m（图 3-20）。城墙筑法与外城城墙相同。城内外遍布大量的绳纹、麻点纹、垂帐纹灰陶罐、瓮、碗等残片，并散见较多的石磨残块、汉砖、铁渣等遗物。据考证，此城址为汉代会水县城遗址。该遗址保存较好，地面文化层丰富，见证了汉代会水县的历史变迁和兴衰。

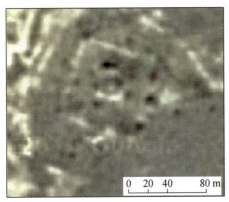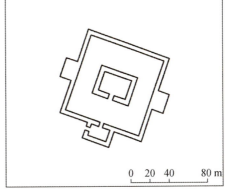

图 3-20 会水城址影像及平面图

实地考察发现，会水城遗址分布于戈壁砂砾石地带深处，周围沙漠环绕，南部为灌丛沙丘，西部 300 m 处有一座新月形沙丘，东部为砾石滩，北部为灌丛沙滩。该城属于内外组合城，城址东、西两墙保存相对较好，残高最高处 5.2 m，南墙仅存局部，西墙损毁严重（图 3-21）。城址地面大量散布汉代灰陶片、砖块、石磨块等遗物，周围有大片古耕地遗迹，这些情况说明，该区域曾经为繁荣的农业垦殖区。

图 3-21　会水城址实景

### 2. K710 城

K710 城（居延城）位于额济纳旗巴彦陶来农场四连东南方 15 km 左右，城墙黄土夯筑，城址近似方形，东、南、西、北四侧墙体长度分别约为 129 m、123 m、118 m 和 120 m，城址四角设有角墩，城门南开（图 3-22）。其规模、形状与其西侧 10 km 处的一座大城相似，墙基 4 m，残高 1.7 m，版筑也有可能是土坯作。门在南墙的中部，四角各有伸出之墩台。方向大致为南北向。城内有房屋的残迹。土坯似属于汉代的，但稍厚些。影像可见，城址周围存在大量风蚀耕地遗迹，西侧城外有沙丘或红柳沙包。

"居延"这一古老的名称由来已久，在远古时代就是一个碧海连天、树木葱茏的好地方。先秦称"流沙"或"弱水流沙"，秦汉以后称"居延"（古匈奴语为天池之意）。这一汉武帝时期就已通用的古老名称，在史籍中出现，距今已有两千多年的历史。最早记载有关居延的史书便是《史记》，《汉书》和《后汉书》等重要历史著作也多次涉及有关居延的人和事。

一般认为，该城址为汉张掖郡的居延县城（Sommarstrom，1956～1958 年；陈梦家，1980；薛英群，1991；吴礽骧，2005）。但是，其作为居延县城的功能定位争议犹存（李并成，1998b）。实地考察发现，该城址周围为戈壁并有高大的红柳沙丘分布，由于受风沙等侵蚀作用，城址破损严重，城墙残高不超过 1.5 m。城外处于迎风面的古城西南和西北角城墙外有高大沙丘分布，东侧和南侧有废弃且遭到严重风蚀的古代耕地遗迹。城内可见房址遗迹，散见砖块、陶片、石磨盘碎片等遗物存留。

关于居延，唐代诗人王维有《出塞作》：居延城外猎天骄，白草连天野火烧。暮云空

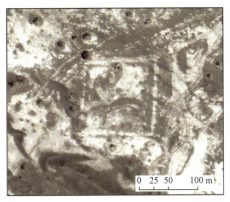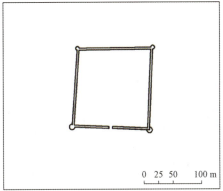

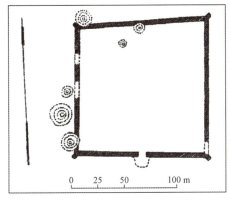

图 3-22　K710 城影像及平面图

碛时驱马，秋日平原好射雕。护羌校尉朝乘障，破虏将军夜渡辽。玉靶角弓珠勒马，汉家将赐霍嫖姚。此诗原注说："时为御史监察塞上作"。开元二十五年（737 年），河西节度副大使崔希逸在青海战败吐蕃，王维以监察御史的身份奉使出塞宣慰，该诗就写在此时。

### 3. K688 城

K688 城（雅布赖城）位于额济纳旗巴彦陶来农场四连东南约 6 km，居延城西北 10 km。城址呈方形，痕迹不清，边长约 140 m（图 3-23）。由于风蚀作用，城墙大部分遭到破坏，影像上仅能辨识其基本形态，无法识别城门所在。城址可见大量呈圆形状红柳沙包，外围可见白色光板地面的古代耕地。实地考察发现，城址呈近似方形，夯土版筑，破损严重，东南部稍好，高约 2 m，其他大部分为沙漠掩盖。城址周围为戈壁和沙漠，并有高大沙丘。城的四周有大面积废弃耕地遗存并可见水渠、窑址等遗迹，多被流沙掩埋。城内可见大量汉代陶片散布于地面。城东南 2 km 有汉代砖室墓、房屋和烽台。

据百度百科，雅布赖城位于阿拉善盟额济纳旗旗府达来呼布镇以东约 28 km 处，总面积近 2 万 m²，墙高 5 m，每边城墙长 140 m，厚 3.5 m，是西汉王朝设在居延地区军事防御线最东北部的居延都尉府治所。

据雅布赖城遗址保护碑介绍，雅布赖城遗址为汉代张掖郡居延都尉府所辖障塞，建于西汉武帝太初三年（公元前102年），废弃于东汉末年，是居延遗址中规模较大的障塞之一，并集中了农田、水渠、陶窑和墓葬等多数遗迹。

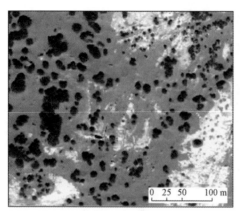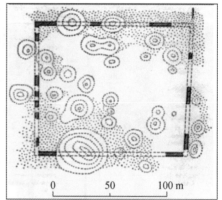

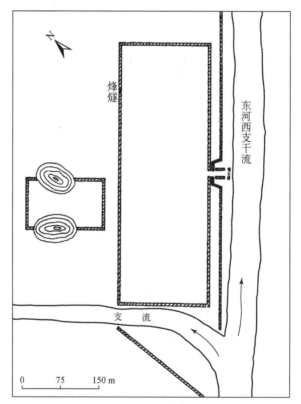

图 3-23　K688 城影像及平面图

### 4. K749 城

K749 城全称"温都根特日格城"，亦可称为东圈城或温都格城，位于额济纳旗吉日嘎郎图苏木西南约 15 km。城址呈左下角内折的近似方形，东西长约 63 m，南北宽约 55 m

（图 3-24）。利用影像难以辨其城门所在，仅见北侧与东侧墙体保存较为完整。城址四周地面向戈壁化发展，仅西侧有风蚀耕地存在。实地考察发现，大部分城墙坍塌，破损严重，北侧和东侧保存较好，墙体残高 3～6 m，地表广布陶片、瓦片和砖块等遗物。城外有大量沙丘存在，西部有风蚀耕地遗迹。城墙残高 3.5 m。城内有边长约为 28 m 的障。城址四周为戈壁包围，砾石广布，有少许耕地遗迹存在。

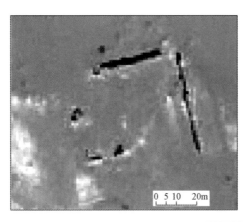

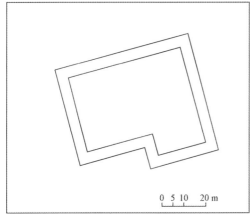 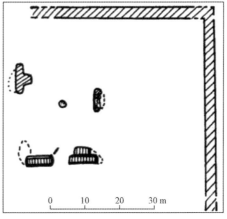

图 3-24　K749 城影像及平面图

温都格城位于内蒙古自治区阿拉善盟额济纳旗达来呼布镇东南 16 km 处的戈壁中，蒙语名"交德布勒格"，汉译"东城圈"，遗址编号为 K749。推测属汉张掖郡居延都尉府居延塞诸城之一，建于西汉武帝太初三年（公元前 102 年），废弃于东汉末年。遗址周围地势平坦，保存有内外城墙。外城现存东墙和北墙，平面呈长方形，东西长 90 m，南北宽 65 m，残高 5～6 m，宽约 3 m。内城平面呈方形，边长 28 m，现存南墙和西北角，高约 5 m。1930 年 11 月 30 日，贝格曼在扎营前发现此遗址。索氏的记录中提到，遗址现存东、北二城墙，最长者 51 m、高 5.7 m。城内现存三堵残墙，同样高 5.7 m，一位夯筑，余为土坯筑。甘肃省文物工作队测量数据为北城墙长 40 m，东城墙 56 m、高 6 m。南墙保留一段用土坯补过，门向南开，城中有 28 m×28 m 的方形障，已坍塌。从 K749 城墙的筑法来看，此地虽未出土汉简，仍属于汉代遗址。地表上汉代与西夏时期陶器碎片相互混杂，可知西夏时期尚有人居住。K749 城的内、外城结构，规格似乎也高于其他城址，因无汉简出土，对于此地到底属于何种性质、层级的古城，仍无定论。

### 5. K789 城

K789 城（大同城/马圈城）位于达来呼布镇东南约 19 km 黑河古道的河岸南侧。马圈城蒙语称"阿格塔音浩饶"，意为"圈马的地方"。城内外马骨很多，故当地人认为，这里过去是圈马的场所。马圈城与温都格特日格城东西相对，故又有"西城圈"之称。1930年，中瑞西北科学考察团对该城进行了考察，编号为 K789 城。清代，蒙古族旧土尔扈特牧民在大同城遗址发现马骨。清道光十二年（1832 年），额济纳旗多勒贝勒巴依尔莽奈所属马群在此过冬度春，故命名为"马圈城"。由于大同城东北有温都尔波日格城遗址（K749），所以当地牧民称温都尔波日格城遗址为"东城圈"，称大同城遗址为"西城圈"。

古城由内外城组成，属复合城，呈"回"字形。外城呈长方形，东西长约 208 m，南北宽约 173 m，东墙开门并设有瓮城，城西墙亦有开门，城西北角因侵蚀而缺失。内城呈边长约 80 m 的近似方形，城门南开（图 3-25），城址周围地表向戈壁化发展。马圈城修建在海拔 952 m 的平缓台地上，弱水干流故道经城北流向东北方，河道宽 500 m 左右。古城由内外两重城墙组成，外城大部分毁坏，残高 5~6 m。西城门尚存，城门外有瓮城。东城墙的瓮城尚保留大部分。城墙上有马面、角楼。内城墙南城墙正中设门。马圈城内、城外现在均为松软的戈壁。

实地考察发现，城墙夯土版筑，大部分毁坏，残高 5~6 m（图 3-26）。西城门尚存，城门外有瓮城。东城墙的西南角及瓮城尚保留大部分。内城墙大部分毁坏，只有南墙东段和东墙南段尚存，彼此连接在一起。南城墙正中设门。以南墙为准测量，内、外城墙间距在 10 m 左右。城墙上可见当初建造时使用的胡杨木腐朽而残存的洞眼。城址周围目前为戈壁景观，砾石广布，表土已无存。在城址西北侧约 800 m 处，隐隐约约可看到古河道痕迹。

据史料记载，561 年，北周武帝宇文邕在居延地区设置了军事机构"同城戍"。隋文帝开皇三年（583 年），在此置同城镇，归西凉州管辖。唐代武后垂拱四年（688 年），将设置在漠北地区的"安北都护府"迁到大同城，以安置漠北归附的突厥部落。唐玄宗天宝二年（743 年），在此置"同城守捉"和"宁寇军"，有士卒 8500 人。大同城建于唐朝中期，前身是北周宇文邕的大同城旧址，也是隋唐大同城镇和安北都护尉的驻军所在地。唐朝开元二十二年（734 年），此地曾设置"宁寇军"，以统辖该地军务。《新唐书》卷 40《地理四·甘州张掖郡》称："北渡张掖河，西北行出合黎山峡口，傍河东蠕屈曲东北行千里，有宁寇军，故同城守捉也，天宝二载为军。军东北有居延泽，又北三百里有花门山堡，又东北千里至回鹘衙帐"。据此，唐同城守捉、宁寇军都在居延地区。马圈城中出土唐开元通宝，这是居延地区唯一出土唐代文物的遗址，因此，马圈城应是唐同城守捉、宁寇军故城。

据额济纳旗文管所勘测，马圈城内文化堆积可分为汉代、隋唐和西夏、元代三个层次。遗物中有汉砖、废铁、玛瑙珠、开元通宝、红褐灰沙陶、黑陶、黄瓷等。此外，还有

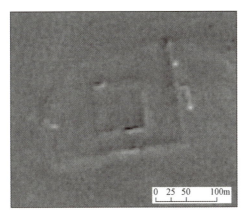

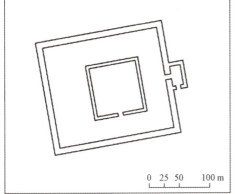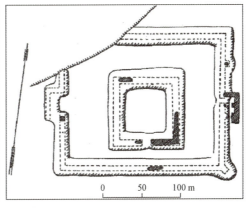

图 3-25　K789 城影像及平面图

图 3-26　K789 城实景

早期的灰色篮纹泥质陶片。由此可知，马圈城一带在新石器时代即有居民活动，汉代开始筑城，内城有可能为汉城，外城则为唐代扩建新筑，西夏和元代曾沿用此城。

　　大同城从规模和形制上说，和现在声名显赫的"玉门关"差不多，在当时几乎和玉门关齐名，都是塞外重要的军事关卡。如果说西行到西域去，要经过玉门关，那么出大同城就进入了唐朝北部的突厥部落。

这座文化内涵丰富的古城，留下了王维、陈子昂等唐代诗人的足迹。唐玄宗开元二十五年（737 年），边塞诗人王维出使居延，在这里写下了脍炙人口的著名诗篇《使至塞上》和《出塞行》。《使至塞上》中的"大漠孤烟直，长河落日圆"，被称为"千古壮观"的诗句。唐朝将安北都护府迁至大同城后，从军至大同城的著名诗人陈子昂曾上书谏言，阐述大同城地理位置的重要性，要妥善安置归降者。陈子昂随军队到达西北居延海一带，写下《题居延古城赠乔十二知之》和《居延海树闻莺同作》具有边地风情的诗篇。其中《居延海树闻莺同作》中有"边地无芳树，莺声忽听新"的千古名句①。

### 6. K799 城

K799 城（黑城）位于达来呼布镇东南方约 25 km 处的黑河古道的南岸边，属于宋（西夏）元时期城址。城址呈长方形，属内外组合城址，外城东西长约 434 m，南北宽约 384 m，城内东北角有方形内小城，边长约为 240 m，破损严重（图 3-27）。外城墙夯土版筑，保存比较完好。城址四角建有角墩，共有马面 21 个，东西城墙开门并有瓮城。城内存留许多住宅、寺庙、佛塔等建筑遗址，在影像上清晰可辨。城墙西北角有建筑，城外西南角不远处亦有存在。黑城是西夏黑水镇燕军司所在地，也是元代亦集乃路的驻地，属于宋辽金到元代黑河下游最主要的城址之一。元代的黑城还是内地通往和林的"纳怜道"的重要驿站和补给基地（李逸友，1987；杨蕤，2003）。元代以后，该城遂废。黑城文书的出土及其记录表明其在宋元时期的人口兴盛、经济繁荣发达的史实（如杨选第，1996；石坤，2005；张红宣和张玉珍，2008）。

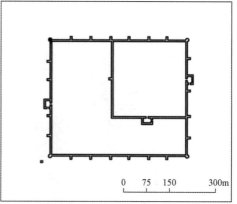

图 3-27　K799 城影像及平面图

实地考察发现，黑城保存较完好，墙体用的泥土是用泥和木草搅拌混合砌筑，在四周有许多耕地、水渠、石滚、石磨盘等遗迹、遗物，表面这一带是西夏和元代的屯垦中心地

---

① http://jswm. nmgnews. com. cn/system/2018/11/08/012597526. shtml

区。黑城遗址规模庞大，保存基本完好，城墙外堆积有大量的流沙。城西北角的佛塔是城址典型标志。在西北角的城外，有一片明显的耕地遗址，田间有水渠痕迹，地表散落大量瓷片。另外，城外西南角有清真寺（图3-28）。

图 3-28　K799 城实景

黑城古城东西城墙各设一城门，门外拱卫正方形的瓮城，城墙四角筑有向外突出的圆形角台，城垣外侧设有马面 19 个。城墙为夯筑，墙体残高 9 m。向古城西北角望去，城垣上耸立的 5 座佛塔，布局精妙，高低错落，造型优雅，与周边戈壁大漠景观相互映照，独具风韵，是黑城的标志。"黑城遗址东北隅的小城是西夏建筑的黑水城，外围大城是元代扩建的亦集乃路故城。"傅兴业介绍说。"从古城西门而入，1000 多年前在城站驿站、王府、总管府官衙、黑水城、广积仓、架阁库、商铺、民居、街道等遗址留存至今。元代在元大都至岭北行省设专用于军情要务的驿站——纳怜道，有 8 个驿站经亦集乃路辖境，黑城内的在城站驿站为其中之一。""黑水城城墙平地起筑，墙体夯筑。每边长约 238 m，南墙设城门，筑有瓮城、马面、角台等。黑水城筑城的特点与辽、金、元时期边堡关城有许多相似之处，具有明显的军事性质。"傅兴业说。

黑水城始建于 1036 年，是西夏黑水镇燕军司治所。1227 年，成吉思汗亲自统兵十万，攻破西夏军事重镇黑水城。元代建立后，扩建黑水城，并在此设"亦集乃路总管府"。明代初，大将冯胜出军西路，攻破黑城，黑城被划为边外之地，便再无人经营。《重修肃州新志》记载："肃军探哨至其地，间城郭、宫室。有庙，大堂上盖琉璃绿瓦，壁泥鹿毛粉墙……"这说明，这座荒废的古城，在清乾隆年间，其遗存之规模依然宏伟，建筑依旧精美。

黑城真正遭受破坏是在 20 世纪初期，俄国探险家科兹洛夫先后几次到黑城大肆盗掘，所获文物用了近百峰骆驼才得以运走。此后，一个个文物盗掘者掠走了许多价值连城的文物，他们将无法带走的艺术精湛的建筑物进行了毁灭性的破坏。

黑城出土了大量的珍贵文物，其中黑水城文献内容涉及官府文书、军法兵书、契约票据、韵类辞书、日用杂书、诗歌艺文、医学药方、星历占卜、佛经典籍等，为研究西夏的政治、军事、经济、民族、语言、文学、科技等提供了丰富的资料。黑水城文献与殷墟甲骨文、汉晋简牍、敦煌文书、内阁大库档案，堪称中国20世纪五大文献发现。这里出土的文书有汉文、西夏文、蒙古文、藏文、古阿拉伯文等①。

### 7. 绿城

绿城遗址位于额济纳旗吉日嘎郎图苏木东南部，西北方向距黑城约13 km。西邻拉里乌苏沙丘，南邻呼仁全吉砾石滩，北邻额日古哈日红柳沙包，西南邻绿庙。

城址呈椭圆形，周长约1205 m，东南角开城门，是居延地区规模最大的一座古城（图3-29）。城墙夯土版筑，残高约2 m。城内东南侧和东北侧城外有疑似障城存留。最显著的是，影像可见一条灌渠自西南向东北穿过城内。只有一座城门，在东侧，城门外筑有瓮城。绿城中有两座土塔，一个在城内西隅，另一个在东门瓮城中间。

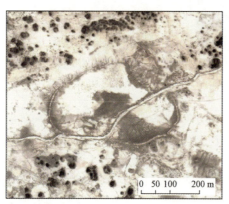 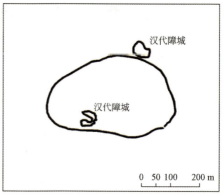

图3-29 绿城影像及平面图

绿城内外现在是戈壁滩，布满了沙砾，沙砾层厚3～5 cm。沙砾之下为黄土层，厚6～20 cm，含有旋纹泥质灰陶片、泥质灰陶片、青砖（27 cm×14.5 cm×4.5 cm），以及黑陶、黄瓷残片。旋纹泥质灰陶是新石器时代的遗物；泥质灰陶、青砖似为汉代遗物；黑陶、黄瓷是西夏遗物；土塔和水渠则是元代遗物。据此可知，早在新石器时代，绿城一带即有人来活动，此后经过汉、西夏到元代，这里的外来人为活动一直没有停止。

绿城的规模，比居延城（周长506 m）、黑城（周长517 m）还要大得多，这是额济纳河下游地区规模最大的一座古城遗址，其面积达200余亩②。然而绿城内却不见建筑的台基，作不规则的椭圆形，不像是地方官府的驻地，应是一处从事农业耕种的小垦区。绿城中的两座土塔属于元代建筑，绿城的时代要早于元代，应是西夏或更早一些。

在城址周围，存在大面积光板废弃耕地，并有红柳沙包存在，表明其是历史时期绿洲垦殖的重要区域。文物资料表明该城址在汉、宋、元时代均有沿用。实地考察明，绿城城址保存较为残破，城址中水渠清晰可辨，宽5～7 m。城内可见陶片、砖块等遗物。城东北

---

① http://jswm.nmgnews.com.cn/system/2018/11/08/012597526.shtml。

② 1亩≈666.7 m²。

角有考古遗址发掘的探方，对遗址原貌扰动明显。

绿城因附近有规模较大的庙宇建筑群落，庙宇顶部的绿色琉璃瓦在阳光下鲜艳夺目，而得此城名。"绿城遗址是一处复合型遗址，主体遗址是一座大城址，附属遗址有史前遗迹、障址和西夏、元代时期的小城址、水渠遗迹等。"傅兴业说。

绿城大城址呈椭圆形，城墙系土坯分段垒筑，基宽 3.5 m，残高 2 m。城门设在东北角，外筑有方形瓮城。城中有一条穿城而过干涸的水渠，也许当年这条水渠里的水可供全城的人饮用。小城平面呈不规则的三角形，建筑形制与大城有很大区别，墙体以夯土和砂石板块混筑，周长 170 m，西墙墙体夹以木棍和芨芨草。墙基宽 6 m，残高 1.6 m，门设在西北角，宽 4 m。绿城遗址内军事设施很少，随处可见的都是与生活相关的器皿等遗存。从绿城周围广阔的古屯垦区来看，当时这里进行了大规模的农业生产。有考古专家认为，这里不是军事基地，而是以生活为主的居民区。自汉代以后，中原与西域的贸易日渐加强，由于绿城所处的特殊地理位置，来往于中原和西域的商人必经此地，中西方文化在这里交融①。

在绿城周围，有耕地、水渠、寺庙、佛塔、烽燧、墓葬、砖窑等各种遗址和许多用途不明的高大土墩。其中除烽燧及附近的墓葬、砖窑属于汉代遗址外，其余耕地、水渠、寺庙、佛塔均属西夏和元代遗址，这里是西夏和元代的重要垦区，其中以耕地和水渠遗址最为重要（图 3-30）。

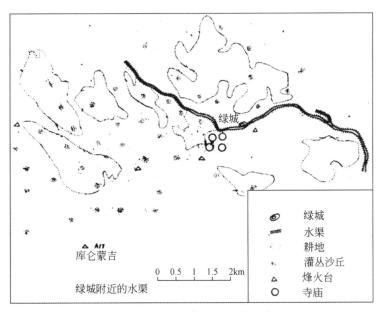

图 3-30　绿城附近遗址平面图

耕地遗址现在已经变成沙砾覆盖的戈壁滩，在耕地中水渠纵横，保存相当完好，水渠

---

① http://jswm.nmgnews.com.cn/system/2018/11/08/012597526.shtml。

宽 3.5 ~ 5 m，深 0.3 ~ 0.5 m，系由黄土筑成，十分坚实。因此，耕地虽然风蚀严重，而水渠却相当完好。登高一望，水渠宛如道路，历历在目。在耕地中，有许多高大的土墩，其高度一般都在 3 m 左右，彼此相距不等，近者在 20 ~ 30 m。在土墩附近有砖瓦、兽面瓦当、琉璃瓦滴、黑陶、黄瓷等。据此分析，似与弱水故道的南支相通，总长在 20 km 左右。

### 8. BJ2008 城

BJ2008 城址位于额济纳旗的居延古绿洲的最东部，靠近古居延泽，最早由日本学者发现并记录。其形制近似呈方形，东西长约 138 m，南北宽约 122 m，城址轮廓可由影像清晰辨识，但保存极为残破（图 3-31）。根据地面遗物，认为该城址为汉代建筑（Sohma et al., 2009）。影像分析表明，城址风蚀严重，外围为流沙包围的古代耕地。实地考察发现，该城址保存残破，墙体依稀可见，仅残存高不足 2 m 的墙体，风化严重，城内地面已被风蚀成雅丹地貌。城内及周边为大量流沙所覆盖，地面分布大量陶片、砖块等遗迹。城外存留大量风蚀古耕地遗迹，沙化严重。

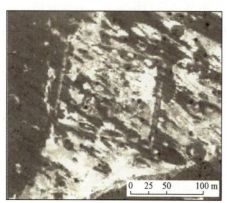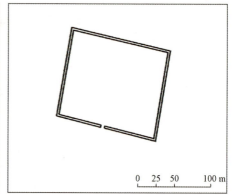

图 3-31　BJ2008 城 Google Earth 影像及平面图

### 9. K824 和 A35 城址

K824 和 A35 城址属居延遗址的一部分，位于金塔县城东北约 145 km 的黑河两岸。东岸为 A35 城（东大湾城），西岸为 K824 城（西大湾城）。

东大湾城为汉代肩水都尉府所在地。肩水都尉府约与肩水侯官遗址同期建造（公元前 102 年），是当时西汉政府拱卫河西走廊北部地区的重要军事机构所在地，与肩水侯官遗址（地湾城）隔河相望。

肩水都尉府遗址范围约为 350 m×250 m，由外城、内城和郭三部分组成，系汉代建筑而兼有后代（西夏、元时期）增加和补修部分。外城、内城围墙多已不存，仅剩部分残缺墙基，宽约 2 m。外城东南角存有一汉代始建、后代补修的完整烽台，高约 10 m，基座边长 5 m，中空。北墙遗迹中段存有一望楼，残高约 10 m。内城位于外城的东北部分，面积为 190 m×140 m，有数座残缺墩台和房屋、墙基遗迹。郭在内城的西南部分，面积为90 m×

70 m，基本保存完整。墙高 8.5 m，基厚 6 m。门在东墙偏南部分，门外有瓮城。门内北侧
有马道，宽约 1 m，可直达城头。城头有雉堞和倾圮房屋遗迹。郭外瓮城边，有一道南北
向的浅壕遗迹（图 3-32）。郭内还有房屋遗迹多处。城周围戈壁滩上，有明显的古代田渠
遗迹。

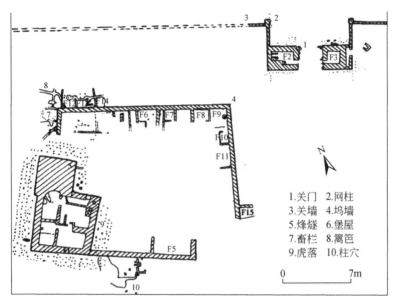

图 3-32　肩水金关遗址平面图

1930 年，西北科学考察团来此调查时，曾在肩水都尉府遗址出土汉简 1500 余枚。简
上所述年号集中于公元前 86 年至公元 2 年，最晚为公元 11 年，属汉昭帝至王莽时期。同
时还出土大量的木、竹、陶、石、铜、铁及皮革、丝织等器物。根据出土汉简上很多有关
"驿马田官"的记载，可以认为肩水都尉府遗址是汉代河西走廊北部边防除居延都尉府之
外另一个十分重要的屯田戍守区域。

西大湾城距东大湾城 2 km，两城隔河相望，面积 180 m×210 m，墙系夯土版筑，其筑
法同东大湾城完全相同，墙基现宽 8 m，顶宽 3.4 m，残高 8 m，门在北墙，已毁，宽 9 m，
斜坡道进出，城内有二处后代所修土坯房，城墙东南部分被河水冲毁。东大湾城现仅存一
郭和内、外城的两座残高 7 m 的烽台。郭城残高 8.5 m，基宽 4~6 m，东墙有门，保存较
好。西大湾城由于紧靠黑河河岸边缘，随河床的自然扩宽，近年造成故址南、东墙分别被
河水冲毁 150 m、125 m 的损毁。

## 10. 地湾城

肩水侯官遗址，俗称地湾城，位于金塔县东北 151 km 处黑河东岸。约筑于汉武帝太
初三年（公元前 102 年），是与汉长城同期修建保卫河西走廊北部地区的重要军事设施。
肩水侯官遗址位于金塔县天仓乡北 10 km 处黑河两岸的沙碛戈壁上，与隔水相望的肩水都
尉府和肩水金关一起，成三足鼎立拱卫之势。1930 年，由中国学术团体协会与瑞典探险家

联合组成的西北科学考察团来此调查时，城尚有鄣，呈正方形，边长 22.5 m，鄣墙残高 8.4 m，厚 5 m。但由于城址临近河岸，六十多年来，鄣及部分坞墙已被河水冲毁，仅有鄣外坞院尚存。坞院南北 55 m，东西 48 m，坞墙残高 3 m，基厚 1.3 m，除部分东墙遭水毁外，大部分保存较完整。坞门南开，宽 4 m，坞院中有多处房屋遗迹（图3-33）。

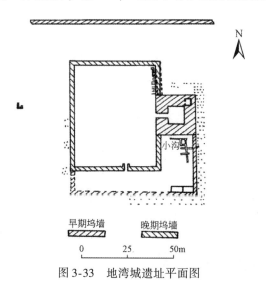

图 3-33　地湾城遗址平面图

1930 年在此出土汉简 2000 余枚及帛书等数十件珍贵文物，认定此处为汉代肩水侯官所在。所见最早年号为公元前 84 年西汉昭帝时期。坞院南、北墙外，各有一道坞壁遗迹。距此不远，还有一鄣及数座烽燧。

## 11. 甲渠侯官遗址（破城子）

甲渠侯官遗址又称破城子，位于达来呼布镇南 24 km 处纳林河、伊肯河之间的戈壁滩上。为居延都尉府西部防线甲渠侯官衙，距今已有 2000 多年的历史。在该遗址处出土了万余枚汉简，甲渠侯官遗址因此而闻名于世。汉简的发现与研究，为该地区的人文历史研究提供了大量的史学资料。居延甲渠侯官遗址是一处 47.5 m×45.5 m 的城堡，夯土堡墙厚 2 m。门在东墙偏南，门外有曲尺形护门墙。院内建居室、仓库等。其中一间 5 m×8 m，当是侯官住室。城西北角外附建一小堡，方 23.3 m，土坯砌墙厚达 4.5 m，向侯城内开门。堡内靠西墙建屋，靠壁有磴道可登上墙顶，墙下曾出土有斗的柱子，说明小堡顶上建有大型防守瞭望用建筑。发掘前，遗址大部为沙砾掩埋。往西 300 m，南北排列"一"字形烽燧和双重塞墙遗迹（图3-34）。

1930 年，西北科学考察团掘获汉简 5000 余枚。1974 年甘肃居延考古队进行了发掘。障塞为一土坯方堡，基方 23.3 m²，厚 4～4.5 m，残高 4.6 m，结构为由三层土坯夹一层芨芨草筑成，草层间距 45 cm。门在东南角。障内堆积近顶，两侧有台阶马道可登城头。建筑毁于大火。

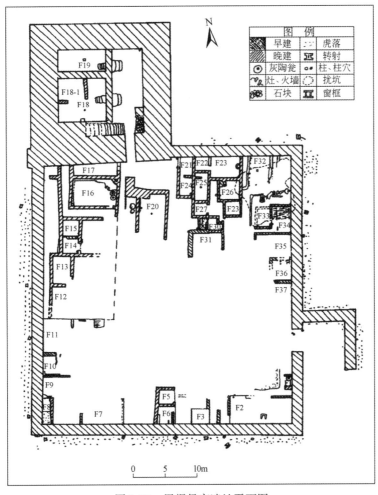

图 3-34　甲渠候官遗址平面图

## 3.2　重要城址的分布及存留环境

干旱区气候干燥少雨，使得许多遗址能够保存下来，但风蚀作用和风沙的埋压又使得许多古遗址形迹难辨，遥感技术为这些遗迹的分析提供了一条有效途径。一般而言，形状、地形、阴影标志是古城址解译的最直接标志，此外还包括大小、纹理、土壤和作物生长等间接标志（张立，2007）。一般古城址均有城墙遗迹残存，部分规模较大的古城址内还存有房屋、台基等残存。在影像上，城墙呈现凸出地表的连续规则形态。

本书选取 20 世纪 60 年代的锁眼卫星影像和 Google Earth 高清影像，通过对其解译并进行对比观察来发现古城址的形制特征。锁眼卫星影像成像时间较早，许多城址景观得到了较好的保留，而高分辨率的 Google Earth 影像可以进一步分析城址的细节，并进行量测与专题制图。

### 3.2.1 分布特点

根据文物考古资料，去除少量汉、明等时期所建立的与军事防御性质的小规模障城，黑河流域现存可见遗迹的古城址有 98 座，它们分布在自黑河中游祁连山北麓到下游河流末端的广大范围内（图3-35）。从时序上看，大部分古城址为汉代及明清时期城址，仅有部分城址延续多代，隋唐及宋元时期的极少。分析各时代的城址空间分布，可见汉代黑河流域古城址主要有两条延伸方向：一条是沿东西方向的"丝绸之路"延伸；另一条是沿南北方向的"居延古道"延伸。酒泉、张掖两市正处于两条大道重叠的地区，交通位置十分重要。

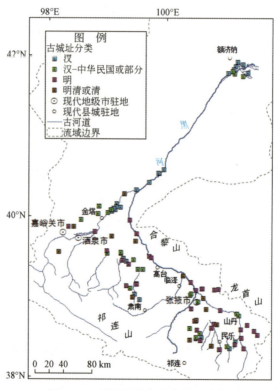

图 3-35 黑河流域主要古城址分布

由图3-35可见，东西方向的城址多位于中部平原一带，民用特征比较突出，一般为行政或移民屯垦的中心，而南北向则有诸多军事性质城址存在，如额济纳一带的古城址。这与当时政府应对黑河流域北南分别存在匈奴和羌等的军事威胁的情势是一致的。魏晋时期的城址大多延续汉代所建，以东西方向的延伸分布为主，但数量显著减少。自隋唐到元代，黑河流域内的城址仅有黑水国南北二城等少数城址得以延续，这可能与隋代"并省诸州"（《隋书·地理志》）政策有关。明代存留城址除了少数延续前代外，大多为屯堡。这些城址均分布于中游地区，沿长城内侧分布并往东西向延伸，而且南部靠近祁连山的险要隘口处也有分布。这种分布表明明王朝对南北两侧的军事防御是十分重视的。清代的城址在继承明代的基础上，分布范围扩大到了金塔西部地区。

从城址的时序分布看，汉代城址分散分布于大小河流中下游且以下游居多。此外，其分布还呈现以小流域分区集中的特点，即集中分布在黑河干流两岸，讨赖河、马营河及摆浪河的下游尾闾地区，山丹河与干流交会处及民乐山前冲洪积扇等五个主要区域。魏晋到元代，河流终端的城址逐渐遭到废弃，只有少数沿河自然条件较好的地区得到延续。自明代以来，城址主要集中于中游的沿河地区中段，且选址遍及主干河道和大型支流沿岸。干流下游、主要支流讨赖河、马营河和摆浪河下游的古城基本全被废弃。

## 3.2.2 位置分析

农业是维持人类生存与发展的基础，同时往往也是建城立市的重要条件。干旱区由于受水源、地形等要素的限制，自然条件对城址的选择具有重要影响。农业条件相对理想的区域中心就一般会成为城址选择的首要目标。大多数规模较大的重要城址，一般分布在干流中游或下游自然条件优越的部位。在黑河中段，山区冲积物所携带的物质堆积成平原，具有地势平坦、易于引水的地域优势。在黑河下游，同样分布着大面积冲积平原。这些平坦广阔地区土壤肥沃，便于开发利用，光照资源丰富，有利于农作物生长，是农业发展的优势地区，因此也成为城址营建的首选位置。

黑河流域及其周边地区的战略地位十分重要，特别是区域内沙漠戈壁广布，其城址选址同样也考虑了交通的需求（当然也有军事方面的考虑）。据"居延里程简" EPT59：582，自长安（西安）向西经河西走廊的交通路线，要经过黑河流域中游张掖一带的日勒、屋兰等汉代县城，而且还要经过名为"钧著置"的驿站。"日勒至钧著置五十里，钧著置至屋兰五十里"（甘肃省文物考古研究所等，1994），根据日勒所在的今山丹城东部和屋兰所在的东古城距离估计，钧著置位于两者之间的今山丹县东乐乡一带，这一判断与根据汉军行军路线所分析结果是一致的（陈秀实，1998）。

在敦煌悬泉汉简中，有关于氏池、觻得、昭武、表是等县之间的里程记载，其中"昭武去祁连置六十一里，祁连置去表是七十里"（胡平生和张德芳，2001）。据此，祁连置位于昭武和表是之间，其位置应位于今高台县城东部。另据估计，表是与乐涫之间亦存有一置，位于今肃州屯升乡一带（李并成，2014）。如果加入属于驿站性质钧著置、祁连置和其他未知名的置，除会水、居延、氏池外，走廊内则形成了自东向西近等距离的城址序列，且平均距离在 100 汉里（41.58 km）之内。这样，所有汉代的古县城，在河西走廊形成了近直线形的均匀分布（图 3-36）。黑河流域的古城址这样的分布特点，蕴含着深层的军事、经济和交通意义。

在汉代，包括黑河流域在内的河西走廊是沟通中原与西域的重要通道，也是隔断北部匈奴和南部青藏地区羌人联系的屏障。随着对匈奴战争的胜利，汉朝取得了对河西走廊的统治权，但汉朝与退至蒙古高原的匈奴仍存在军事冲突。于是，汉朝开始大力经营河西，设置郡县、移民屯垦，其目的在于维护走廊交通要道的畅通，建立稳固的防御匈奴的前沿

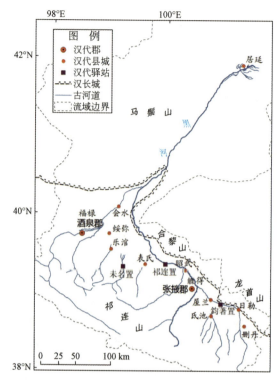

图 3-36　汉代黑河流域郡治所、所辖县城与驿站系统

阵地。近直线形均匀分布的古城址布局，不仅经济便捷，而且有利于汉朝军事防御。发生紧急情况时，不同县和驿站之间可迅速取得军事联系，构成较为严密的防御体系，不易被突破。再者，这些城址和驿站之间可为丝绸之路往来商旅、使者提供补给并保证其人身安全。由于黑河流域进入下游后，在东西分别有巴丹吉林沙漠和马鬃山的阻隔且无水源补给，沿黑河干流行进是匈奴侵入流域的最佳通道，因而汉朝政府在下游的额济纳地区设置了居延县，发展屯田，同时建立了完备的军事防御体系，形成了面向北方的防御屏障。

　　可见，黑河流域汉代古城址的分布除了自然因素的影响外，更是汉朝政府政治军事战略在该区域的具体体现，也为以后各代城址的选择奠定了基础。到了魏晋南北朝时期，匈奴的军事威胁减弱，大部分居于中部的民用性质的汉代城址得到了继承，但许多位于流域南北两侧边缘的军事性质城址多遭废弃。隋唐到宋元期间城址急剧减少，只有诸如黑水国、骆驼城等少数主要城址得以继承。明清以来，大部分汉代城址都遭到了废弃，而适应新局势的屯堡却在中游地区逐渐兴盛起来。

## 3.2.3　地理环境

　　黑河流域大约有 88 个古城址（位于古绿洲范围内及其周边的）。我们根据古城址所在的具体小流域，进一步将它们划分为 9 个主要的小流域。其中，山丹河流域主要为山丹县所辖区域；洪水河主要为民乐县所辖区域；黑河干流中游主要为甘州、临泽、高台北部地区，是黑河流域地理环境最优越、绿洲规模最大、分布最集中、最稳定的地区，但也是绿洲的开发历史最为悠久、对古城址的破坏最大的地区；黑河干流下游沿岸主要是正义峡以下、狼心山以上的干流两岸地区；黑河干流下游末端，主要指黑河下游的额济纳地区；丰乐河、马营河和摆浪河，主要包括肃州东部、高台南部、肃南明花乡地区；讨赖河中游片区主要包括肃州西部、嘉峪关市，是黑河的最大支流北大河（讨赖河）的精华之地；讨赖河下游片区包括金塔县境内北大河汇入黑河之前的区域。

黑河流域内的古城址在小流域内的分布情况如表 3-1 所示。需要说明的是，这里的古城址是根据三普资料所统计的类别选出的。其实，在黑河流域还存在着另外一批古城址，但它们是以军事设施遗址的类别被统计的，此处未将它们计入。

**表 3-1　黑河流域古城址在各小流域的分布情况**

| 小流域 | 中游/下游 | 主要城址 |
|---|---|---|
| 山丹河 | | 大马营城遗址、霍城古城址、双湖古城址、花寨古城址、暖泉古城址、峡口古城址、丰城堡古城址、新河堡古城址、仙堤古城址、山丹古城遗址、东乐古城遗址 |
| 洪水河 | | 八卦营古城遗址、永固城遗址、铁城子遗址、岔家堡古城遗址、南古城遗址、天落城遗址、滚家庄村城堡遗址、四坝城遗址、五坝城遗址、六坝古城遗址、玉泉堡古城遗址、西新庄古城遗址、东新庄古城遗址 |
| 黑河干流 | 中游 | 秅侯堡遗址、小满堡堡墩遗址、张掖古城、甘州古城墙、安家庄古城遗址、黑水国遗址（南）、黑水国遗址（北）、上堡古城遗址、明沙堡遗址、半个城遗址、八坝堡遗址、九坝堡遗址、天城堡遗址 |
| | 下游沿岸 | 营盘城遗址、双城子遗址、A35 城址、K824 大湾城遗址 |
| | 下游末端 | K710 城、K688 城、K749 城、BJ2008 城、查干波日格城、二塔东城、K789 城、K799 城、绿城 |
| 摆浪河 | 中游 | 羊蹄沟城遗址、红崖子城遗址、暖泉大城堡遗址、暖泉小城堡遗址 |
| | 下游 | 许三湾城遗址、骆驼城遗址、黄河湾城遗址、明海城遗址、三角城遗址、新墩子城 |
| 马营河 | 下游 | 上深沟城遗址、草沟井城遗址、草沟井下城遗址、高老庄城址、西五个疙瘩下城遗址 |
| 丰乐河 | 中游 | 中截古城址 |
| | 下游 | 皇城遗址、紫金城遗址、贺家墩城址、马庄子营盘遗址、双丰城遗址 |
| 北大河（讨赖河） | 中游 | 下古城堡遗址、横沟屯庄遗址、新城屯庄遗址、盛家地湾城址 |
| | 下游 | 北三角城遗址、威房城遗址、一堵墙城遗址、黄鸭墩城址、砖包月牙城遗址、西古城城址、三角城遗址、会水城遗址、细腰 1 号破庄子遗址、南破城城址、一堵墙城址、下破城城址、下长城坞障遗址 |

研究期间，我们对黑河流域绝大部分古城遗址进行了实地考察，在现场精确量测了其坐标位置，记录了遗址的残存状况，并根据 1963 年的影像对其周边环境进行了解译。结

果表明，明清时期的屯堡类古城址基本处于今绿洲范围内，农业耕作繁荣，部分已经演化为现代村庄。而明代以前的城址，有的被长期延续利用，如甘州、肃州城等；有的则被废弃并为流沙遮蔽，如主干河道中段的黑水国、黑河干流末端、马营河和摆浪河及讨赖河下游末端的城址（与主干交汇处）（表3-2）。这些城址周围发现了大量人类活动遗迹，如风蚀耕地、灌渠、寺庙、佛塔、窑址和聚落址等遗迹及砖块、陶片、石磨碎片等遗物，充分证明这些地区是垦殖绿洲的重要地区。古城遭到废弃的现象，在一定程度上说明了过去两千年间生态环境变迁或恶化的程度。

表 3-2　黑河流域主要沙漠化地区古城址分布

| 沙漠化地区 | 所在河流 | 主要城址 | 延续时间 | 废弃时间 |
| --- | --- | --- | --- | --- |
| 黑水国绿洲 | 黑河干流中段 | 黑水国北城、黑水国南城 | 汉—清 | 清后期 |
| 会水绿洲 | 讨赖河终端 | 下破城、北三角城、黄鸭墩城、西古城、下长城坞障、营盘城、南破城、三角城 | 汉 | 东晋南北朝 |
| | | 会水城、堵墙城 | 汉、魏晋 | |
| | | 西古城 | 魏晋 | |
| 居延绿洲 | 干流终端 | K710 城、K688 城、K749 城、BJ2008 城、查干波日格城、二塔东城 | 汉 | 魏晋南北朝 |
| | | K789 城 | 唐 | 唐末五代 |
| | | K799 城、绿城 | 宋辽金、元 | 明清 |
| 表氏绿洲 | 马营河终端 | 上深沟城、新墩子城 | 汉 | 魏晋南北朝 |
| | | 高老庄城、西五个疙瘩下城 | 魏晋 | 东晋南北朝 |
| | | 明海城 | 汉、唐 | 唐末五代 |
| | | 草沟井城 | 明 | 清 |
| 骆驼城绿洲 | 摆浪河终端 | 骆驼城、许三湾城 | 汉—唐 | 唐末五代 |

从城址废弃的时间看，魏晋南北朝、唐末及明清时期是三个城址废弃的高峰时期。此外，在黑河下游的古居延绿洲的东部，至今有古居延泽遗迹残存，其古湖岸线可以从Google Earth 高清影像上清晰地观察到。有学者根据 Mischke 等发现的 6 道湖泊岸堤（Mischke et al., 2003），甚至推算出当时古居延泽的面积达 882 km² （胡春元等，2000）。下面依据 Google Earth 高清影像并结合实地考察，对中游和下游地区的典型古城址加以简单介绍。

## 3.3　古城址的形态结构与规模

### 3.3.1　古城址的轮廓与组合特征

根据遥感影像的解译分析并结合实地考察，可以将黑河流域的古城址的形状分为方形、长方形、椭圆形和不规则等类型。其中，大部分明代以前的城址为方形或长方形（但绿城、滚家庄村城堡为椭圆形）。不规则城址的原型一般也为方形或长方形，如K749城的西南内折角为方形（表3-3），而明清时期的屯堡城址，根据调查均表现为长方形或方形。

**表3-3　黑河流域现存明代以前主要完整古城址轮廓形状**

| 形状 | 朝代 | 古城名称 |
|---|---|---|
| 方形 | 汉 | K710城、K688城、二塔东城址、草沟井下城（新墩子城）、五湾屯庄古城、双湖古城址、会水城、黄鸭墩城址、南破城城址、营盘城、双城子、BJ2008城、A33障地湾城 |
| | 汉—民国部分延续 | 黑水国南城、黑水国北城、明海城、张掖古城、高老庄城址、西五个疙瘩下城、山丹古城、K789城 |
| 长方形 | 汉 | 查干波日格城址、西台子城、岔家堡古城、一堵墙城址、三角城、下破城城址、A35城址、K824城 |
| | 汉—民国部分延续 | 盛家地湾城址、骆驼城、许三湾城、永固城、羊蹄沟城、南古城、仙堤古城址、西古城城址、K799城、一堵墙城遗址、威房城、砖包月牙城 |
| 椭圆形 | 汉—民国部分延续 | 绿城、滚家庄村城堡 |
| 不规则 | 汉 | K749城、八卦营古城 |
| | 汉—民国部分延续 | 下河清皇城 |
| 不明 | 汉 | 上深沟城、北三角城 |

在这些古城址中，大部分城址为单城，即仅有单一城址存在。部分城址为复合城，即存在两座或两座以上的城所构成的复合结构。其中，内外复合城是最为常见的一种，典型的如金塔会水城、骆驼城、羊蹄沟城、K789城、K799城等。这些城址根据城址的内外与时代关系，又可做进一步区分为多种类型：第一类为单一时代的内外包含式城，如金塔会水城，均建于汉代；第二类为多时代内外包含式城，如羊蹄沟城，属汉、唐遗址，其外城为汉代所建，而内城可能建于唐代；第三类为共用墙体的多时代组合城，如K799城，其内城为西夏所建，而外城为元代所建，两城共用墙体，属于城市的扩建。

从城址城门朝向看，除了南部祁连山山麓附近的城门朝向北开外（如羊蹄沟城），绝大部分城址门开于南墙或东墙，说明该地区的外患主要来自北方或西方，这两个方向不开门更利于防守。

## 3.3.2　古城址的规模

黑河流域不同时代的古城址规模各异，规模较大且结构复杂的往往属于行政中心或具有重要军事地位。例如，K799城作为居延地区夏元时期的行政中心，城址规模巨大，且具有重要的驿站和军事作用。骆驼城始建于汉代，后为东晋（五凉）时期建康郡，并在唐代设建康军，行政与军事地位重要，规模巨大。根据这些城址的面积，可将其划分为不同的级别并统计其分布频率（图3-37）。结果表明，黑河流域的古城址规模呈现两极化分布趋势，即城址规模在2万 m² 以下的及超过10万 m² 分别占到总量的50%和30%，即城址的规模选择倾向于要么大，要么小，居中的较少。

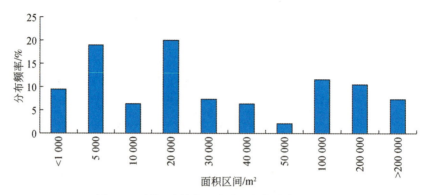

图 3-37　黑河流域主要古城址规模分布频率图

为了分析不同时代城址的规模特征，将各城址的面积按朝代进行统计，得到各时期城址的最大值、最小值和平均值，从中可以看到这些城址的变化趋势（图3-38）。从汉代到明清，黑河流域的城址面积基本呈现波动增大趋势。另外，一般县城等民用城址规模较大，而军事用途的城址在汉代和明清时最大与最小差异较大，表明这两个阶段城址用途多样，军事和民用并重。

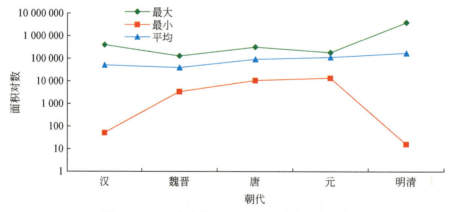

图 3-38　黑河流域现存城址的面积变化对数曲线

由于元代以前的古城址大多延续汉代，而明代以来的古城址则以屯堡为主，因此可以将全部古城址划分为汉—元（少数延续到明、清及民国）的古城址和明清的古屯堡两种类型。对这两类城址分别进行面积规模的统计，结果如表3-4、表3-5所示。

表 3-4　黑河流域汉—元（少数延续到明、清及民国）古城址的面积分布情况

| 面积/万 m² | 朝代 | 古城名称 |
|---|---|---|
| ≤0.1 | 汉 | 上深沟城、下破城、一堵墙城 |
| (0.1, 0.5] | 汉 | 南破城、查干波日格城、五湾屯庄古城 |
| | 汉—民国 | 西五个疙瘩下城、盛家地湾城、高老庄城、滚家庄村城堡 |
| (0.5, 1.0] | 汉 | K749 城、二塔东城址、营盘城遗址、会水城、地湾城 |
| (1.0, 2.0] | 汉 | 岔家堡古城、西台子城、BJ2008 城、K710 城、K688 城 |
| | 汉—民国 | 许三湾城、绿城、黑水国南城、草沟井城 |
| (2.0, 3.0] | 汉 | 新墩子城、双湖古城 |
| | 汉—民国 | 明海城、仙堤古城 |
| (3, 4] | 汉 | 三角城 |
| | 汉—民国 | 羊蹄沟城 |
| (4, 5] | 汉—民国 | K789 城、西古城、K824 大湾西城 |
| (5, 10] | 汉 | 双城子、黄鸭墩城、A35 大湾东城 |
| | 汉—民国 | 黑水国北城、南古城、砖包月牙城、马蹄寺北寺古城 |
| (10, 20] | 汉—民国 | 皇城、一堵墙城、威房城、K799 城 |
| >20 | 汉 | 八卦营古城、北三角城 |
| | 汉—民国 | 骆驼城、山丹古城、永固城、张掖古城 |

表 3-5　黑河流域明清时期古屯堡的面积分布情况

| 面积/万 m² | 朝代 | 古屯堡名称 |
|---|---|---|
| ≤0.1 | 明 | 下古城堡、六坝古城、茨湾营城、小满堡堡墩、人祖口 1 号城障、人祖口 2 号城障 |
| (0.1, 0.5] | 明 | 东新庄古城、张家庄屯庄、花寨古城、明沙堡、西新庄古城、瓦房城、三角城（肃南）、红泉堡 |
| | 明清或清 | 细腰 1 号破庄子、玉泉堡、乏马沟口营盘 |
| (0.5, 1] | 明 | 平山湖村香沟堡古城、暖泉小城堡 |
| (1, 2] | 明 | 上堡古城、九坝堡、天落城遗址、旧城子故址、五坝城 |
| | 明清或清 | 卯来泉城堡、安家庄古城、半个城遗址、新城屯庄、卧马山城湾子墩遗址 |
| (2, 3] | 明 | 紫金城、横沟屯庄 |
| | 明清或清 | 秸侯堡 |
| (3, 4] | 明 | 暖泉大城堡、丰城堡古城 |
| | 明清或清 | 深沟堡 |
| (4, 5] | 明 | 南城子故址 |
| (5, 10] | 明 | 卧龙山古城、八坝堡、红崖子城 |
| | 明清或清 | 双丰城、四坝城 |

| 面积/万 m² | 朝代 | 古屯堡名称 |
|---|---|---|
| (10, 20] | 明 | 新河堡古城、暖泉古城、霍城古城、东乐古城、大马营城、峡口古城 |
| >20 | 明 | 天城堡 |

从上述两个表格可以看出，黑河流域自汉代以来的古城址，小城址规模不足1000 m²，大城址可达20万 m²以上。其规模分布基本呈现"两端集中"分布趋势，即城址面积在2万 m²以下的小城及超过10万 m²的较大城址数量较多，而居中的相对较少。

## 3.4 其他重要古遗址

除古城址外，其他遗址对历史时期垦殖绿洲的重建也起到非常重要的作用。例如，古遗址中的聚落址、墓葬、寺庙与祭祀遗址、水利设施遗址、窑址、驿站古道遗址，以及部分军事设施遗址，古建筑中的城垣城楼、池塘井泉、堤坝渠堰、坛庙祠堂、亭台楼阙、驿站会馆、宅第民居，古墓葬中的普通墓葬和名人贵族墓，都是当时人们生产生活的重要标志。有些遗址，如水利设施遗址、堤坝渠堰遗址更是绿洲垦殖的直接证据，对重建起着不可替代的关键性作用，对这些历史遗迹进行必要的了解，是开展重建工作的重要前提。

根据三普资料，黑河流域的文物点类别繁多，数量庞大，要对如此之多的文物点都逐一介绍显然是不现实的。为此，我们着重选择覆盖历史时代多（一般要超过3个朝代，仅涉及一个或两个朝代的，在重建的具体过程中再介绍）、遗址规模大（在同一具体类别中面积较大者）、对重建作用大、保护级别相对较高（优先考虑国家级，其次省级，再其他等级）的古遗址和古墓葬进行简单介绍。

### 3.4.1 古遗址

#### 1. 聚落址

西河滩遗址：夏、商时期遗址，位于酒泉市肃州区清水镇中寨村七组西500 m处河岸台地上。古河道呈南北走向，遗址位于两岸二层台地上，沿河道分布，东西长960 m，南北长1000 m，分布面积960 000 m²。2003～2004年，西北大学考古系与甘肃省考古研究所对遗址进行了首次发掘，发掘面积1万余平方米，共发掘出土房屋基址50多座，储藏坑60余座，烧烤坑350座，陶窑5座，祭祀坑20多座，被确认为新石器时代四坝文化聚落遗址。

三道沙行井遗址：夏、商、汉时期遗址，位于酒泉市金塔县大庄子乡永丰村东南的一处台地与灌丛沙丘相间地带，北侧有芦草沙丘，东侧为软戈壁，南、西两侧为灌丛沙丘环绕，遗址中心有一眼井。遗址南北宽700 m，东西长1000 m，面积约700 000 m²。台地与沙丘之间地面有大量灰陶残片暴露，并有少量石磨残块遗留。遗址东部边沿有夹砂红陶片

暴露，并有少量石磨残块遗留。遗址东部边沿有夹砂红陶片呈堆状分布。"二普"初考为汉代，"三普"考为四坝文化、汉代遗址。该遗址文化层分布多样，文化内涵丰富，延续时间长。

皮带口子遗址：夏、商、汉、三国、晋时期遗址，位于酒泉市金塔县羊井子湾乡双古城村东北的戈壁荒漠上。遗址内灌丛沙丘、砾石沙滩和风蚀台地相间。东部和中部为砾石滩，东南部有一灌丛沙丘，西部为风蚀台地。遗址分布范围呈长方形，南北长 800 m，东西宽 300 m，总面积 24 万 m²。在砾石滩和风蚀台地上可见文化堆积分布，地表采集有夹砂红陶片和绳纹、旋纹、垂帐纹、素面灰陶罐、盆、壶等陶器残片，并散见烧结铁块和石磨残块。初考为四坝文化、汉—魏晋时期遗存。

窑洞滩遗址：夏、商、汉、三国、晋时期遗址，位于酒泉市金塔县羊井子湾乡大泉湾村东南的风蚀台地上。遗址分布略呈长方形，南北长 360 m，东西宽 300 m，总面积 10.8 万 m²。遗址地表散见夹砂红陶片，分布有绳纹、素面灰陶残片，考为四坝文化、汉—魏晋时期的遗存。在遗址东部风蚀台地的东崖下，有掏挖的 4 座窑洞，形制基本相同，拱形顶，平面呈椭圆形，进深 1.5～2.7 m，高 1.3～1.6 m，开挖年代及用途不清。

窑洞滩东遗址：新石器、汉、三国、晋时期遗址，位于酒泉市金塔县羊井子湾乡大泉湾村东南的荒漠中。遗址东西长 1400 m，南北宽 500 m，面积 70 万 m²，地表散见大量烧制很粗糙的夹砂红陶残片和细泥红陶残片，以及绳纹、垂帐纹、素面灰陶残片，可辨器形有罐、盆等。遗址东南部发现一处东西长 4 m、南北宽约 1 m、厚 0.2 m 的灰层堆积，形成原因待考。遗址西部的一处风蚀残丘旁发现许多灰色残砖。从文化层分析推测为四坝文化、汉—魏晋时的遗址。

板地井北遗址：夏、商、汉、三国、晋时期遗址，位于酒泉市金塔县东坝镇小河口村东南的戈壁沙丘地带。南距板地井遗址约 1.2 km，遗址东西长 120 m，南北宽 150 m，总面积 18 000 m²。遗址内文化层厚约 0.05 m，地表散布有素面夹砂红陶片、石磨残块、烧结铁块和大量的绳纹、垂帐纹、网格纹灰陶罐、盆、壶等残片。初考新石器、汉—魏晋时期遗存。该遗址文化层分布多样，是研究该地区早期历史和文化的实物依据。

胡家沙窝遗址：夏、商、汉、三国、晋时期遗址，位于酒泉市金塔县金塔镇五星村东北的一片风蚀台地中。遗址东西长 150 m，南北宽 110 m，面积 16 500 m²，地表散见有夹砂红陶片和大量绳纹、垂帐纹、旋纹、素面灰陶片残片，并有石磨残片。遗址西面 100 m 处发现残墓葬一座，损毁严重，为双室墓，地表有大量红、灰残砖块。为四坝文化、汉—魏晋遗址。该遗址是见证当地四坝文化、汉—魏晋历史的实物依据。

土墩子井遗址：夏、商、汉、三国、晋时期遗址，位于酒泉市金塔县羊井子湾乡双古城村东北的一片风蚀台地与沙滩地带，周围地势较为平缓。遗址呈不规则多边形状，分布面积 2 096 150 m²，在遗址地表分布有少量粗砂红陶片和大量绳纹、素面灰陶盆、碗、盘等陶器残片，文化层厚度 0.2～0.3 m，在遗址内还发现石磨残块和烧结炭渣等物。从遗址特征考为四坝文化、汉—魏晋时期遗址。

琵琶头湾西遗址：夏、商、汉、三国、晋时期遗址，位于酒泉市金塔县金塔镇五星村东北的砂砾石戈壁地带，遗址东西宽 250 m，南北长 350 m，总面积 87 500 m²。地面分布有大量的夹砂红陶片和绳纹、麻点纹、垂帐纹灰陶残片。初考为四坝文化、汉—魏晋时期的遗存。该遗址文化层分布复杂，是见证该地区早期历史的实物依据。

转嘴子东遗址：夏、商、汉、三国、晋时期遗址，位于酒泉市金塔县羊井子湾乡大泉湾村东南的风蚀台地上。遗址东西长 300 m，南北宽 250 m，总面积 75 000 m²。地表散见夹砂红陶片、泥质红陶片和绳纹、麻点纹灰陶碗、盖、壶等残片及烧结铁块等遗物，文化层厚约 0.2 m。该遗址暴露的文化层类型最早的属四坝文化遗存，最晚的属魏晋时期遗存。

沙门子井遗址：夏、商、汉、三国、晋时期遗址，位于酒泉市金塔县羊井子湾乡双古城村东北，遗址分布面积 75 000 m²。遗址内多为戈壁沙丘和风蚀台地相间。东部、西南部的风蚀台地上散见大量夹砂红陶片和绳纹、旋纹及素面灰陶残片，并有少量的石磨残块和烧结铁块。在遗址东南部发现 3 处直径 0.2 ~ 0.5 m 的灰坑遗迹，厚约 1 m，形成原因待考。从遗址分布的遗物及文化层推测为四坝文化、汉—魏晋时期遗存。

青沙梁东遗址：夏、商、汉、三国、晋时期遗址，位于酒泉市金塔县金塔镇五星村九组东北的一片砂砾石与风蚀台地之间。遗址东西宽 150 m，南北长 200 m，总面积 30 000 m²。地面散见大量的粗砂红陶片和绳纹灰陶残片。为四坝文化、汉—魏晋时期的遗存。该遗址是见证该地区四坝文化、汉—魏晋时期历史的实物依据。

下长城滩遗址：汉、三国、晋时期遗址，位于酒泉市金塔县羊井子湾乡双古城村东北的戈壁沙砾地带，遗址呈长方形，东西宽 100 m，南北长 250 m，总面积 25 000 m²，地表散见少量红陶片和大量灰陶片，红陶片为粗砂质，灰陶片的纹饰有绳纹、旋纹、垂帐纹等，器形有罐、盆、壶等，并有少量的残砖及铜器残件。初考为汉—魏晋时期的遗存。该遗址是研究该地区汉—魏晋时期历史的实物依据。

板地井遗址：汉、三国、晋时期遗址，位于酒泉市金塔县东坝镇小河口村东南的戈壁沙丘地带。遗址东西长 180 m，南北宽 130 m，总面积 23 400 m²。遗址内文化层厚约 0.2 m，地表散布少量素面夹砂红陶片和大量绳纹、垂帐纹灰陶罐、盆、盘等器物残片。遗址中心发现面积 6 m² 窑址 1 座，残高 0.1 m，灰层厚 0.2 ~ 0.35 m。考为汉—魏晋时期的古遗址。

骆驼剌湾西遗址：汉、三国、晋时期遗址，位于酒泉市金塔县羊井子湾乡双古城村东北，为砾石沙滩与风蚀台地相间。遗址分布呈长方形，南北长 1200 m，东西宽 400 m，面积 48 万 m²。遗址内被多处东西走向的小沙梁分隔为几个小单元。地表可见文化层分布，遗址北部一风蚀残丘上残陶片堆积较多。采集有绳纹、旋纹、垂帐纹和素面灰陶罐、盆、壶等陶器残片。遗址中心偏北的小沙梁上发现残窑底 1 座，分布面积面积 49 m²，窑室已毁，形制不清，初考为汉—魏晋时期的遗存。

驴尾巴梁遗址：汉、三国、晋时期遗址，位于酒泉市金塔镇五星村东北 6 km 处的戈壁砾石滩上，遗址内有一道南北走向的灌丛沙梁。遗址分布范围呈长方形，南北长 1400 m，东西宽300 m，面积 42 万 m²。在灌丛沙梁两边的砾石滩和南部的风蚀台地上可见文化堆积分布，地表采集有绳纹、旋纹和素面灰陶罐、盆、壶等陶器残片。初考，为汉代—魏晋时期的遗存。

破城东遗址：汉、三国、晋时期遗址，位于酒泉市金塔县羊井子湾乡双古城村东北的石滩、沙丘和风蚀台地相间地带。遗址分布呈长方形，东西长 350 m，南北宽 300 m，总面积 105 000 m²。遗址内遍布大量的绳纹、垂帐纹、旋纹灰陶残片，可辨器形有盆、罐、壶、碗等，并散见少量烧结铁块。初考为汉—魏晋时的遗址。

地窝墩遗址：汉、三国、晋时期遗址，位于酒泉市金塔县羊井子湾乡双古城村东北的风蚀沟槽中。遗址东西两面为两道石沙梁，南、北两面风蚀沟槽延伸较远，遗址分布呈长方形，南北长 400 m，东西宽 200 m，总面积 8 万 m²。风蚀沟槽中可见文化堆积分布，地表采集有绳纹、垂帐纹、旋纹、素面灰陶罐、盆、壶等陶器残片。初考为汉—魏晋时期的古遗址。该遗址是研究该地区汉—魏晋时期历史文化的实物依据。

西沙槽井遗址：汉、三国、晋时期遗址，位于酒泉市金塔县羊井子湾乡双古城村东北，遗址内为灌丛沙丘和风蚀台地相间，西高东低，呈倾斜状。遗址分布呈正方形，边长 500 m，面积 25 万 m²。在风蚀台地和灌丛沙丘旁散见大量绳纹、旋纹、垂帐纹灰陶残片，器形有壶、罐、盆、盘等。并散见石磨残块和烧结铁渣。初考，为汉—魏晋时期的遗存。

由上述介绍可以看出，所选择的作为介绍对象的古聚落址和窑址基本都位于酒泉市金塔县的东沙窝地区，表明这一地区是古聚落址和窑址的集中分布区。这些聚落址和窑址在金塔的位置和分布情况，可以参看图 3-39。

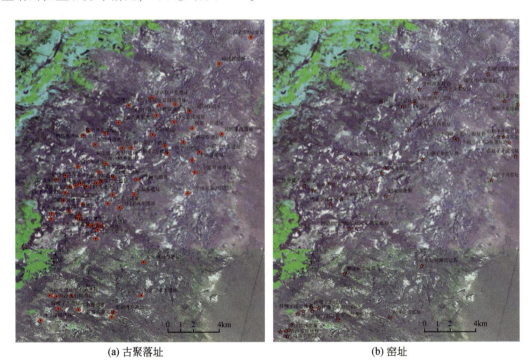

(a) 古聚落址                           (b) 窑址

图 3-39　酒泉市金塔县东沙窝地区古聚落址和窑址的分布

## 2. 窑址

窑洞滩东窑址群：夏、商、汉时期遗址，位于酒泉市金塔县羊井子湾乡大泉湾村东南的风蚀残丘上。在南北长 1300 m、东西宽 1000 m、总面积 130 万 m² 的范围内共发现窑址

8 座，大体呈南北向排列，其中 4 号、8 号窑保存相对较好，4 号窑位于窑址群中心部位，窑室部分保存，平面呈圆形，直径 2 m，残高 1 m，窑壁呈黑色，烧结层呈土红色，厚约 0.15 m，窑室内有大量灰层堆积。8 号窑平面呈圆形，直径 1.5 m。2、3 号窑平面呈椭圆形，范围 2.1 m×3.2 m。1、5、6、7 号窑损毁严重，仅存残窑底，形制不清。窑址群内散见少量夹砂红陶片和绳纹、素面灰陶片，并散见有石磨残块和烧结铁块，推测为汉代窑址。该窑址群为研究该地汉代的制陶业提供了实物依据。

石坡子井北窑址：汉、三国、晋、南北朝时期遗址，位于酒泉市金塔县大庄子乡永丰村东南 15.2 km 处的沙漠腹地的一东西长 100 m、南北长 100 m 的风蚀台地南侧，四面均为沙丘环绕，台地上有白刺沙包。共有窑址 2 处，呈东西向排列，间距 4.6 m，均呈圆形。1 号窑址位于西部，仅存残底，直径 3 m，残高 0.25 m，内有木炭；2 号窑址位于东部，直径 2.7 m，残高 0.15 m，窑壁呈灰色，厚 0.07 m。窑址四周散见少量灰陶片。该窑址为本次普查新发现，初考为汉代窑址。该窑址是研究金塔县汉代制陶业发展的实物依据。

胡家沙窝南窑址：汉、三国、晋时期遗址，位于酒泉市金塔县金塔镇五星村东北的一片戈壁滩上。在东西长 20 m、南北宽 15 m、面积 300 m² 的范围内共发现 3 座残窑底，平面均呈圆形，直径 1.3 m，残高 0.15 m，灰层厚 0.3 m。地面散见有窑渣、红土烧结块、灰陶片等遗留物。初考为汉代窑址。该窑址是研究汉代手工业发展的实物依据，具有一定的研究价值。

尖顶子井东窑址群：汉、三国、晋时期遗址，位于酒泉市金塔县大庄子乡头墩村南风蚀台地与砾石软戈壁相间地带，分布范围南北长 10 m，东西宽 6 m，总面积 60 m²。发现窑址 2 处。1 号窑址底部直径 2.6 m，窑体坍塌成堆，堆高 0.3 m；2 号窑在 1 号窑东南侧 4 m 处，残底直径 2 m，窑体坍塌成堆，堆高 0.2 m，窑址周围有大量绳纹灰陶残片分布。"二普"时考为汉代窑址。该窑址对研究金塔县的手工制造业发展具有一定的价值。

碱洼井窑址：汉、三国、晋、南北朝、隋、唐、五代、宋辽金、元、明、清时期遗址，位于酒泉市金塔县大庄子乡永丰村东南沙漠戈壁腹地一片高出四周约 2.8 m 的风蚀台地北边缘处，窑址平面呈圆形，直径 1.2 m，截面呈半圆形，占地面积 1.13 m²。窑址仅存南壁，残高 0.8 m，烧结层厚 0.12 m，南壁正中有 0.2 m×0.2 m 的烟道残迹。其余三壁已坍塌无踪，窑内被坍塌的黄土掩埋。周围散见窑壁烧结残块。初考为汉代窑址，该窑址为研究金塔县汉代制陶业的发展提供了实物依据。

由上述介绍可以看出，所选择的作为介绍对象的古窑址也都位于酒泉市金塔县的东沙窝地区，表明这一地区是集中分布区。这些窑址在这一地区的位置和分布情况，可以参看图 3-30。

3. 水利设施遗址

盈科干渠：唐—中华人民共和国时期遗址，位于张掖市甘州区，起点在龙渠乡刘家寨村，止点在党寨镇沿沟村二社，全长 25.5 km，总体走向由西向东，起端至陈家墩偏向东南，自陈家墩到沿沟则由西南向东北，先后经龙渠乡、大满镇、小满镇、上秦镇、党寨镇（图 3-40）。在《张掖市志·水利卷》载："据幕少堂《新西北·甘州水利溯源》考证：张掖县南部黑河上的盈科渠、大满渠……加官渠等，皆为唐代所修。"该渠自唐代始，经历朝历代兴修沿用迄今。中华人民共和国成立后至今，当地政府不断进行改建、修缮，基本保持了原有形制、走向。该遗址是张掖自唐以来重要的灌渠之一。

图 3-40　盈科干渠和大满干渠位置示意图（据三普资料）

大满干渠：唐—中华人民共和国时期遗址，位于张掖市甘州区，起点位于甘州区龙渠乡张家寨村，止点在三闸镇境内国营张掖农场九队，末端与北生态林支渠相接，全长59.7 km，其走向由西向东至碱滩东古城村又折向西北，先后经过龙渠、小满、大满、党寨、碱滩、三闸六个乡镇（图 3-40）。从龙渠乡张家寨分闸始，到碱滩镇新沟村这段为28.9 km，据上条资料为唐代始建，经历朝历代兴建修缮形成沿用至今。自 1966～1983年，当地政府先后进行过裁弯取直、翻新改造修缮。其走向和位置基本保持了历史风貌，今天仍在发挥着重要作用。后 30.8 km 水渠为 1983 年后陆续新建。

许三湾南、南华、骆驼城南防洪坝：汉、三国、晋、南北朝时期遗址，位于张掖市高台县新坝乡、南华镇、骆驼城乡南一带。许三湾南防洪坝遗址西起高台县新坝乡许三湾村西 6.5 km，东至新坝乡许三湾村东南 5.4 km 处，全长 14 km。整体呈西北—东南走向。根据洪水冲刷的缺口，把许三湾防洪坝遗址分为 54 段（图 3-41）。许三湾、骆驼城地处祁连山北麓冲积平原，每到下雨，就会形成洪水，当地为拦挡洪水对北部绿洲农田、城池的威胁而建防洪堤坝。许三湾南防洪坝遗址第 1 段位于高台县新坝乡许三湾村西 6.5 km，与肃南县明花乡相接的戈壁滩上。该坝体就地取材沙土堆成。坝剖面呈梯形。在防洪坝北防洪区域有五道梁墓群，该墓群现有魏晋时期的墓葬 2000 余座，防洪坝和墓群应为同一历史时期，为修筑于魏晋时期的防洪坝。为研究魏晋时期河西开发史、屯田史提供了实物依据。

图 3-41 高台县南部许三湾南、南华、骆驼城南一带的防洪坝（图中三条东西向线状物）

余家城村涝池：为汉—中华人民共和国时期遗址，位于张掖市甘州区花寨镇余家城村一社居民地中心区（图 3-42）。当地百姓口耳相传，此涝池自有居民始挖掘使用至今，他们的祖先都来自山西大槐树下。据《张掖市志·大事记》记载，自汉武帝元鼎六年（111年），西汉战败匈奴后建张掖郡，开始大规模迁民、戍兵屯田，发展农业生产，涝池自汉代始沿用至今，具体挖建年代不详。最早为圆形，直径约 15 m，在 20 世纪 70 年代扩建，现为椭圆形，东西长 86.70 m，南北宽 55 m，四周斜坡状向内凹进呈圜底状，面积4210 m²，深 2～3 m。池沿四周用黄土夯筑矮墙围之，周长 324 m，残高 0.30～1.20 m，在涝池西侧有一道东西向的引水渠，长 10 m，渠宽 1.40 m，深 0.40～0.60 m，以大卵石和水泥砌筑而成。早年仅供人饮之用，自 1995 年该村家家修建了水窖之后，变为牲畜专用，常年引入河灌之水而不干涸。该涝池是张掖保存数量不多的古代人饮水工程之一。

图 3-42 张掖市甘州区花寨镇余家城村涝池周边影像与照片（照片据三普资料）

4. 寺庙遗址

黑河流域寺庙分布非常广泛，张掖市自古就有"半城芦苇半城庙"之说。这里仅选择几个作为代表予以简单介绍。

香山寺遗址：明代寺庙遗址，位于张掖市高台县罗城镇天城村西北 2 km 处的黑河西岸。坐北向南，东为黑河，南为山岭，北、西两面为山脉。据《高台县志辑校·新纂高台县志》载："香山寺，在镇夷石峡口。"遗址由戏台、庙宇等建筑遗迹组成。戏台在黑河西岸一级台地，现仅存土台，长 14 m，宽 7 m，高 1.5 m。戏台东北有房屋建筑遗迹，为块石和土坯砌筑，长 13.8 m，宽 10 m。戏台东北山坡上有庙宇建筑遗址，依地形成梯级向上延伸，各台地之间有山路连接，共有房屋建筑 12 处，均在块石基础上以土坯砌筑。在二级台地上，有大殿遗址，坐北面南，左右有配殿，大殿后有房屋遗迹，仅存残垣。在第五级房屋遗址内，有 3 身佛像雕塑残迹。遗迹占地面积 10 000 m²。香山寺遗址对于研究明清、民国时期当地人民的宗教信仰具有重要意义。

大佛寺遗址：北魏—明时期寺庙遗址，位于张掖市山丹县清泉镇清泉村西侧 500 m 瞭高山下。整体坐西向东，背靠瞭高山。现残存原大佛寺的南北两道斜坡（墁道）版筑墙体。1992 年在原址复修主体建筑，内塑通高 35 m 的贴金释迦牟尼大佛。寺院分前院、后院。大佛寺始建于北魏，明代、清代、现代历次复修。

梧桐泉寺遗址：明清至今寺庙遗址，位于张掖市高台县新坝镇四坝村东北 12.5 km 处的台地上。北面为戈壁荒滩，东、西两面为山谷，南面山峦起伏。此寺因山涧有泉及梧桐树得名。清嘉庆年间始建，同治年间毁于兵火，光绪十九年至民国初年重建，有无量佛殿、真武庙、仙姑庙、药王庙、玉皇阁等五大殿，坐落在人工开凿而成的五级台地上。

金庙遗址：元代遗址，位于内蒙古自治区阿拉善盟额济纳旗境内。金庙高台为汉代、元代遗址。

## 3.4.2 古墓葬

五道梁墓群：汉、三国、晋、南北朝古墓葬，位于张掖市高台县新坝镇许三湾村西南，分布范围达 95 km²。墓群内现分布有墓葬 1300 余座，据调查，大部分三五成群，为家族墓，部分墓葬周围有明显的茔圈。该墓群区域内东西向筑有五道土坝为特征，故名为五道梁墓群。五道梁墓群曾出土有十六国前秦建元十四年纪年砖、建元二十年的纪年棺板和彩绘壁画砖、彩绘木版画、彩绘陶器等珍贵文物。

骆驼城东南墓群：汉、三国、晋古墓葬，位于张掖市高台县骆驼城镇西滩村六社南。该墓群东西长约 6000 m，南北长约 9000 m，占地面积 54 km²，经高台县博物馆几年的全面考察，该墓群有可见封土的墓葬 2100 座，还有部分墓葬因年久遭洪水冲刷或人为挖取砂石，封土已不甚明显。现存封土多为圆丘状，也有少量覆斗形封土，高度为 1.5 ~ 4 m。从清理的早期被盗墓葬看，有斜坡墓道土洞墓、斜坡墓道砖室墓等形制，1996 年清理的一座砖室墓，出土彩绘壁画砖 54 块，出土木尺、木质猴形"王平"印等珍贵文物。分别在 1997 年、1998年和 2002 年在建设施工工地上发掘墓葬 10 余座，出土有汉代铜镜、木车马、陶鼎、陶灶、陶仓和汉、晋简牍等。对研究汉晋时期的政治、经济和文化提供了重要的实物依据。

果园-新城墓群：晋—唐古墓葬，位于酒泉市肃州区果园乡丁家闸村、佘家坝村、西沟村。根据行政区划包括酒泉市肃州区境内部分和嘉峪关境内部分。肃州区境内部分称为果园墓群。墓群东西长约7000 m，南北长约4000 m，分布面积约28 km²。包括丁家闸南北滩墓群、张家墩湾墓群、陶家庄墓群、佘家坝墓群、西沟西石滩墓群、佘家坝西石滩墓群、上闸地墓群、黄沙地墓群。这些墓群中包括考古发掘后就地保存的丁家闸五号壁画墓，小土山墓，西沟1~3号为唐代模印砖画墓，西沟4~5号为魏晋壁画砖墓。墓群占地面积广，分布集中，从已有发掘状况和实地调查分析，本墓群时代跨度大，属晋—唐墓群。

新城墓群：汉—唐古墓葬，位于嘉峪关市市辖区新城镇观蒲村西南的戈壁上，是"果园-新城墓群"的一部分，墓葬年代为汉至唐代，分布面积约3 260 000 m²。1972~1979年，先后清理发掘砖室墓13座，多为大型二室或三室墓，前室左右有耳室，墓室平面呈方形，方砖铺地，顶为覆斗式，墓门上方砌有门楼。已发掘墓葬中，其中9座有画像砖，共出土砖画728幅，年代多为魏晋时期，内容以农耕、狩猎、蚕桑、宴乐为主，出土有丝绸、陶器、钱币、铜器等文物。

南华墓群：三国—十六国古墓葬，位于张掖市高台县南华镇先锋村西南数千米处，分布于南华镇南部戈壁。地表可见墓葬封土58座，分布在25 840 000 m²的范围内。2003年5月，甘肃省考古研究所曾对11座墓葬进行了发掘，墓形制为砖室墓和土洞墓，出土陶器等文物。

甲子墩墓群：汉—魏晋古墓葬，位于甘州区碱滩镇甲子墩村村委会以南的荒滩上。东西长4.5 km，南北宽3 km，分布面积13.5 km²。墓区内分布有众多的封土堆，特别是在中心区域内，底径6~15 m、残高3~5 m的高大封土堆，有近30座，皆黄土夯筑。在铁路专线以东约800 m处，可见一座底边25 m×25 m、残高6~7 m的封土堆，在封土堆周围地表，散乱丢弃着墓葬残砖和少量灰陶片。皆为砖室墓，分单、双、三室等类型，有覆斗顶、券顶等，时代从西汉延续至魏晋，埋藏深度在2~6 m。明代在建造烽火台时，曾利用了墓区内挖出的墓砖对其进行包砌，甚至将烽火台建于墓葬封土堆之上。

大坡梁墓群：汉—魏晋古墓葬，位于酒泉市金塔县金塔镇塔院村西南，是大坡梁-天泉寺墓群的一部分，墓群分布范围南北长3600 m，东西宽3450 m，总面积12 420 000 m²，酒金公路从墓群中部南北向穿过，将墓群划分为东西两个区域。墓葬主要集中在西墓群的西南角，其他地域也有零星墓葬分布。墓群内散见砂砾石堆积的圆丘状封土堆816座，底径2~5 m，高0.2~1 m。部分墓葬有明显墓道，长12~23 m。有部分墓葬多座呈"一"字形和"品"字形排列在茔圈内。先后对几座塌陷的墓葬进行清理，采集有灰陶罐、陶仓、棺画等遗物。2007年经对一座塌陷古墓葬清理调查，墓室的结构为土洞单室双人合葬墓，其中一幅棺盖内侧有彩绘的人首蛇身伏羲女娲画像，据考为魏晋时期的墓葬。该墓群保存较为完好，文化内涵丰富，是研究汉—魏晋时期历史文化的有力实物依据。

黑坝沿墓群：汉—晋古墓葬，位于酒泉市肃州区清水镇清水村西北的沙漠戈壁中。黑坝河自南向北穿过墓群，东西长约3000 m，南北长约4000 m，面积约为12km²。墓群分布范围面积较大，墓葬分布散乱，地表封土已不明显，部分封土呈圆丘状，直径5~10 m，高0.3~0.55 m。部分被风沙埋入地下，部分被盗，墓葬周围散落有大量残砖、陶片，考证为汉晋时期墓葬。

黄草营村墓群：汉—明古墓葬，位于甘肃省嘉峪关市市辖区峪泉镇黄草营村西北的黑山东南麓坡地和一条呈西南—东北走向的断山口干河滩两边，东北至断山口村级公路，南至西环路、西至嘉峪关—黄草营公路。黄草营村所属的 7 个居民小组，都有零星墓葬存在，其中尤以西河坝、东河坝及三组东南方向较为集中，分布面积约 7 962 000 m²。黄草营村墓群有较为明显的墓冢和墓道，墓葬分布区域偶见因雨水冲蚀或人为活动破坏后露出地面的墓砖，年代从汉代一直延续到明代，跨度较大，疑为不同历史时期当地居民的公墓区。

## 3.5  古遗址的分布

如 2.1.6 节所述，经过对三普文物点具体类型的归并，形成了简明的、参考作用更大、重建意义更加明确的分类，全部遗址分为 10 类，分别是城址、聚落址、民居古建类、墓葬墓群类、水利设施类、寺庙类、驿站类、窑址类、烽燧坞障类和碑刻石刻类。如果将它们表示在地图上，则会生成按归并类标示的黑河流域古遗址分布图（图 3-43）。

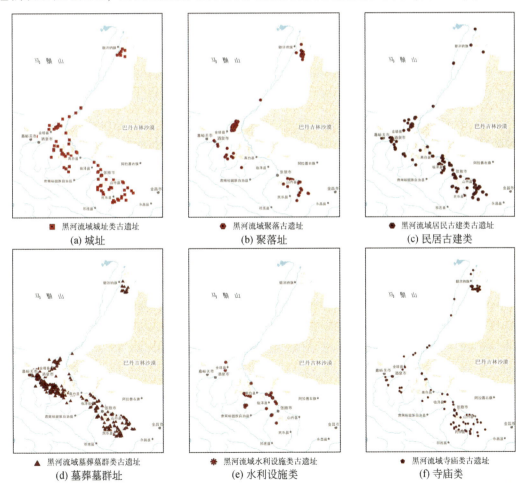

(a) 城址　　　　　(b) 聚落址　　　　　(c) 民居古建类

(d) 墓葬墓群址　　　(e) 水利设施类　　　(f) 寺庙类

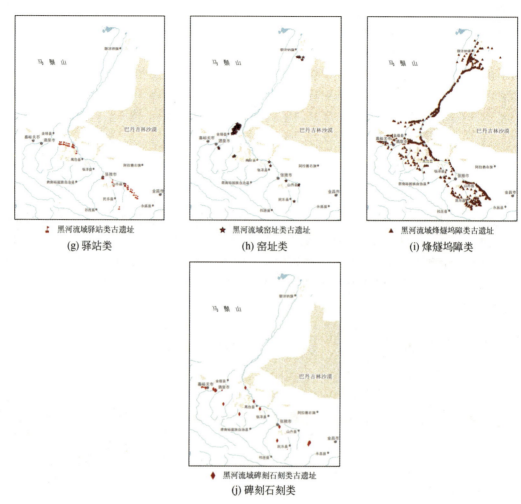

(g) 驿站类          (h) 窑址类          (i) 烽燧坞障类

(j) 碑刻石刻类

图 3-43　黑河流域古遗址归类后的空间分布

# 第4章 史前时期的黑河流域

黑河流域有着悠久的历史，传说，早在神农氏时期（6000～5500 aBP），就已经出现小规模原始农业（王元第，2003）。后来不断在广大范围内发现的史前遗址，更是证明了本地区人类活动的久远。本章主要根据文献典籍和考古资料，介绍史前时期黑河流域人类活动的情况。

## 4.1 关于黑河流域的古老传说

### 4.1.1 伏羲生于张掖的传说

伏羲，华夏民族人文先始，三皇之一，与女娲同为福佑社稷之正神，为中国最早的有文献记载的创世神。伏羲又名宓羲、庖牺、包牺、伏戏，亦称牺皇、皇羲、伏牺。伏羲所处时代约为旧石器时代中晚期。相传伏羲根据天地万物的变化发明创造了占卜八卦，还创造了文字，结束了"结绳记事"的历史。他结绳为网，用来捕鸟打猎，并教会了人们渔猎的方法。

一般认为，伏羲为燧人氏之子，生于成纪，定都在陈地，但《拾遗记》的记载让人们产生了伏羲生于张掖的说法。《拾遗记》是东晋时期的神话志怪小说集，作者王嘉，字子年，陇西安阳（今甘肃渭源）人，《晋书》第95卷有传。《拾遗记》的今传本，大约是经过南朝梁宗室萧绮整理的版本。

《拾遗记·春黄庖羲》卷一云："春皇者，庖羲之别号。所都之间有华胥之洲，神母游其上，有青虹绕神母……即觉有娠，历十二年而生庖羲。"文中提到的华胥洲，《新修张掖县志》认为："古华胥国，由帕米尔高原迁至张掖，原住地址称人祖山（今张掖城北40里左右的人宗口）。"既然华胥在张掖，庖羲即伏羲也就出生于张掖。但这种推理是否可靠，目前还不得而知。

我国的古代民族是由华夏、东夷和苗蛮三个集团融合而成。起初，华夏集团活动于今陕西、甘肃东部、山西和河北中西部一带，黄帝、炎帝是首领；东夷集团活动于今山东、河北东部和安徽西部一带，蚩尤是首领；苗蛮集团活动于今湖北、湖南和江西西部一带，祝融是首领。三集团中，华夏集团势力最大。在相互矛盾中，华夏集团的黄帝和炎帝联合打败了东夷集团的蚩尤。之后，华夏集团和东夷集团的联合体，又打败了苗蛮集团。苗蛮败后，"迁三苗于三危"，即流放到了今甘肃敦煌的三危山。三苗迁徙了，属于苗蛮集团的伏羲一族也就到了西部。

《拾遗记》虽被评为"十不一真",但关于伏羲的记载,还是有我国古代民族大变动的宏观历史背景的。因此,伏羲生于张掖的传说,也不是一点根据都没有的。

## 4.1.2　关于大禹治弱水的传说

《山海经·大荒西经》记载:"西海之南,流沙之滨,赤水之后,黑水之前,有大山,名曰昆仑之丘。有神,人面虎身,有文有尾,皆白,处之。其下有弱水之渊环之。其外有炎火之山,投物辄燃。有人戴胜,虎齿,豹尾,穴处,名曰西王母,其山万物尽有。"这里提到的"西海""流沙""赤水""黑水""昆仑"和"弱水"等地名,在黑河流域及周边地区都出现过。即使到了今天,黑河流域仍然流传着大禹治水的传说。

据《尚书·禹贡》记载:大禹"导弱水至于合黎,余波入于流沙。"这里的"弱水"据考证就是额济纳河,"合黎"指今高台县以北的合黎山,而"流沙"就是位于黑河下游内蒙古额济纳旗境内的居延海。传说在史前时期,大禹为了治理弱水,他劈开了山丹龙首山疏通河道,据说早年此处还有一座龙王庙,记载着这次治水的业绩。但是这次治水并没有从根本上解决问题,合黎山仍然阻挡着黑河水的北流,于是大禹又发动群众,劈山开流,使合黎山出现了一条由南向北的"口子"。由此,合黎山南的酒泉、张掖免除了水患,成为著名的米粮之州、富足之地,合黎山以北的额济纳由于有河水的浇灌,也成千里沃野。人们为了纪念大禹的这一功绩,至今在合黎山下的正义峡建有供奉大禹塑像的神龛。

## 4.2　史前时期的文化遗址

河西走廊是史前及历史时期连接中国与欧亚大陆中西部的最重要的通道之一。起源于中国的彩陶及粟、黍农作物和起源于西亚的驯化羊及青铜器物的考古证据表明,跨大陆的文化交流在距今5000年就已经影响到河西走廊地区。这些考古遗存已经被发现于一些马厂文化(4300~4000 aBP)的遗址中。4000~3400 aBP河西地区对于麦类作物和青铜冶炼技术的接受,促进了齐家文化、西城驿文化和四坝文化在这一时期的发展(杨谊时等,2019)。有研究表明,3500 aBP前,古文化主要由东南向西北方向扩散,3500~3000 aBP古文化仅分布在河西东部地区,3000~2400 aBP骟马文化和沙井文化重新分布在河西的东部和西部地区(高靖易等,2019)(图4-1)。

黑河流域的旧石器文物点分布很少,迄今已经发现的仅有两处化石点:一处是位于张掖市山丹县老军乡羊虎口村的薛家大洼化石点;另一处是位于酒泉市肃州区银达镇的蒲上沟化石点。其中,薛家大洼化石点属于白垩纪,是旧石器时代遗存,位于焉支山北麓山峦之间薛家大洼的山坡上,分布面积较大,当地老百姓开采挖掘三处窑口,地表遗存化石残块较多,分别有海底贝壳、海螺、三叶虫、海参化石等。蒲上沟化石点,位于上沟村八组大口井处,1978年当地农民在此挖掘水井时,据地表5 m深处掘出幼象牙一对,尚未石化,当即被送往当时的县宣传站,现收藏于酒泉市博物馆。据称出土时很完整,因潮湿被

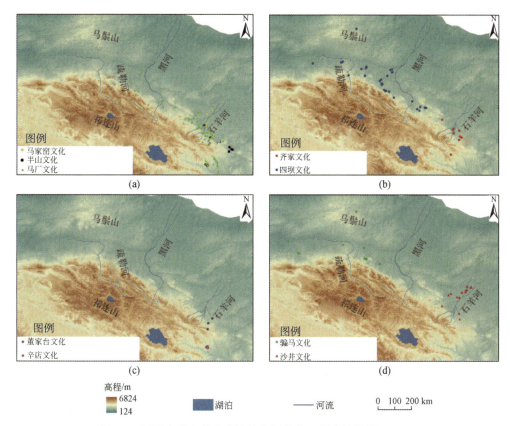

图 4-1 河西走廊史前古遗址的空间分布（据高靖易等，2019）

震碎，经黏结修复好一枚，呈圆锥体，根周径 0.25 m，长 0.56 m；另一枚成碎块无法黏结。1956 年，甘肃省文管会张鲁章在象牙出土地西南方向不远的河滩上采得一件牛角化石，据此可证该地下有化石留存。

河西地区最早的新石器遗址是古浪县的三角城，其属于仰韶文化，且不晚于庙底沟类型，但是仰韶文化是否进入了河西走廊还有待进一步的证据证实。考古认为，河西走廊的史前文化在东部和西部不同：走廊东部的文化序列为马家窑、半山、马厂、"过渡类型"、齐家、董家台、辛店和沙井文化，而西部为马家窑、马厂、"过渡类型"、齐家、四坝和骟马文化。近年来，"过渡类型"被正式命名为西城驿文化（杨谊时等，2019）。

黑河流域地处河西走廊比较居中的位置，而且地域范围十分辽阔，因而兼具东西方文化的特色。目前，考古工作者依据最新考古资料，已经初步建立了黑河流域的史前文化序列，即新石器时代、青铜时代和铁器时代。其中新石器时代包括马家窑文化的马家窑类型、半山类型、马厂类型，青铜时代包括西城驿文化（并存齐家文化）、四坝文化、骟马文化，铁器时代有沙井文化（甘肃省文物考古研究所和北京大学文博考古学院，2011；陈国科等，2014）。

## 4.2.1 新石器时代

马家窑遗址位于甘肃省临洮县洮河西岸的马家窑村麻峪沟口，1924 年，瑞典地质学家兼考古学家安特生发现了这一处远古文化的遗址，定名为仰韶文化马家窑期，并在当地发掘了大量的上古时代的彩陶器皿。马家窑文化是中原仰韶文化向西发展的一种地方类型，出现于距今 5700 多年的新石器时代晚期，历经了一千多年的发展。马家窑文化主要分布在甘肃中南部地区，以陇西黄土高原为中心，东起渭河上游，西到河西走廊和青海省东北部，北达宁夏回族自治区南部，南抵四川省北部。分布区内主要河流为黄河及其支流洮河、大夏河、湟水等。

马家窑文化包括马家窑、半山、马厂三个文化类型，其中，马家窑类型早于半山类型，半山类型早于马厂类型。以往发现的资料表明，半山类型和马厂类型相承、相似的因素很多，关系密切，但马家窑类型和半山类型，过去限于资料太少，学者通常认为它们之间的差异很大。但甘肃省临夏州康乐县边家林、兰州关庙坪出土的陶器，补充了马家窑到半山之间的缺环。这些陶器无论是器型还是花纹都有马家窑类型的一些遗风，而且还反映出了半山类型的一些特色，过渡性的特点非常突出，从而表明半山类型是从马家窑类型演变而来的。

马家窑文化的马家窑类型，主要分布于黄河上游及其支流的两岸，以陇西至青海东北部的黄河流域为分布中心，东北至宁夏南部，西北至酒泉东南部，即主要分布在甘肃中南部和青海东北部、宁夏南部地区的泾、渭水上游，以及白龙江、湟水、洮河、庄浪河和清水河流域。半山类型分布范围基本与马家窑类型相同，但已逐渐西移。马厂类型的分布则更为向西（甘肃省文物考古研究所和北京大学文博考古学院，2011）。

1. 马家窑文化马家窑类型

马家窑文化马家窑类型（5290～4880 aBP）在河西走廊的分布以前认为仅限于武威地区，而且分布稀疏。在黑河流域，马家窑文化马家窑类型的代表性遗址更少，主要有两处，而且都在酒泉肃州区的丰乐乡：一处位于照壁滩；另一处位于东岭岗。酒泉照壁滩遗址发现马家窑文化是河西走廊史前考古调查的重大收获之一，该发现将马家窑文化的分布西界向西推进了近 400 km，远远超出了学界以往的传统认识。以武威旱滩坡、酒泉照壁滩为代表的河西地区马家窑晚期遗存，绝对年代估计在距今 4800 年上下（甘肃省文物考古研究所和北京大学文博考古学院，2011）。

马家窑文化是以农业为主要生业的，西迁至河西走廊的马家窑文化居民也不会轻易改变原有的生活方式，而且河西地区的那些水热条件好，黄土堆积深厚的山前冲积台地也为农业的发展提供了可能。推测迁移至河西地区的马家窑文化先民仍延续着种植粟、黍一类旱地作物的传统。民乐县东灰山一直发现的距今 4500 年左右的碳化小麦和大麦，不能排除当地有麦类种植的可能。河西走廊西部自然条件相对较差，可能是半农半牧的经济形态，如酒泉市照壁滩遗址就发现描绘有羊、鹿等动物形象的彩陶（甘肃省文物考古研究所和北京大学文博考古学院，2011）。

## 2. 马家窑文化半山类型

马家窑文化半山类型（4655～4330 aBP）被视为马家窑文化马家窑类型的继续与发展。半山类型主要分布在河西走廊东部的古浪、天祝两县，且年代较河湟谷地略晚，其中典型的半山文化是在永昌县鸳鸯池发现的 7 座墓葬（蒲朝绂和员安志，1982）。近年在黑河中游地区的民乐县五坝墓地也出土了典型的半山文化彩陶（王辉，2012），测年最早结果为 4450 aBP（Liu et al.，2014）。

五坝墓群位于民乐县六坝镇五坝村八组居民点中心，墓群东西长 85 m，南北宽 75 m，占地面积 6375 $m^2$。2009 年 6 月 24 日，当地群众在开挖自来水管道时发现许多遗骸、陶器、骨器和磨制石器。2009 年 9～10 月，甘肃省考古所在五坝墓群内进行考古，开挖探坑5 个，共清理墓葬 53 座，出土器物有泥质红陶和夹砂红陶两种，装饰分黑彩绘和附加条纹两种，器形有双耳罐、杯、钵、瓮、高领宽耳罐。彩陶器花纹有网格纹、回形网纹、菱形网纹、平行折线纹。彩绘笔法细腻，构图规整，具有典型的马家窑文化马厂类型风格。它的发现对研究河西地区马厂、齐家、四坝等文化类型的演变与关系具有重要价值。

半山文化的遗存分布较少，因而难以对其经济形态做出判断，但估计不会超越马家窑文化，应该延续以农为本的生业方式（甘肃省文物考古研究所和北京大学文博考古学院，2011）。

## 3. 马家窑文化马厂类型

马家窑文化马厂类型（4330～4055 aBP），在河西走廊地区得到了空前发展，遗址数量大增，分布区范围广为扩展，几乎遍布整个河西走廊地区（甘肃省文物考古研究所和北京大学文博考古学院，2011）。在河西走廊东部大量地发现典型马厂文化，以武威东部的古浪和天祝两县分布为主，其中以武威磨嘴子和永昌鸳鸯池为代表，而在河西走廊中部和西部分布相对较少。河西走廊东部马厂文化的典型器物是对河湟谷地马厂文化的继承和发展，而走廊西部的马厂文化明显晚于东部，是东部西进发展的异化产物，代表了马厂文化的晚期阶段（甘肃省文物考古研究所和北京大学文博考古学院，2011）。

黑河流域同样也发现了大量的马厂文化遗址，其中典型的以西城驿遗址为代表（陈国科等，2014）。有关西城驿遗址的详细介绍见后文"西城驿文化"部分。

黑河流域发现的马厂遗址还有：张掖市山丹县清泉镇四坝滩、草场洼墓地；张掖市甘州区大满镇西闸村，乌江乡下崖子，甘浚乡西洼、碱滩、老寺庙农场、安阳、花寨；高台县新坝乡红崖子村直沟沿；肃南县隆畅河北波罗台子和城关区喇嘛坪；酒泉市肃州区清水镇西河滩，下河清乡下河清，丰乐乡高苜蓿地、干骨崖遗址、照壁滩、东岭岗，金佛寺镇西高疙瘩滩，果园乡赵家水磨，总寨镇三奇堡；金塔县金塔乡砖沙窝，大庄子乡二道梁、缸缸洼等。

马厂文化延续了西北旱地农业的传统，但这一时期麦类作物的种植应较前一时期有所发展。由于麦类需要灌溉，可能还有一定的水利建设。这个时期的家畜有猪、羊和牛，而且发现有可能用于盛放奶制品的单把深腹陶杯，畜养业规模也不小（甘肃省文物考古研究所和北京大学文博考古学院，2011）。

除上述而外，位于黑河流域的新石器时代遗址还有：二十里堡墓群，位于山丹县位奇镇二十里堡村北侧，长城内侧二十里堡河岸东西两侧；壕北滩遗址，位于山丹县清泉镇南关村培黎学校农场；高寺儿村彩陶出土遗址，位于甘州区安阳乡高寺儿村一社居民地以北约1.5 km处；六洋坝遗址，位于高台县新坝乡六洋坝村二社南400 m处；陈家沙河遗址，位于肃州区清水镇西湾村六组北，陈家沙河西岸；下河清遗址，位于肃州区下河清乡五坝村西5570 m处；高苜蓿地遗址，位于肃州区丰乐乡大庄村八组西北处；孟家石滩遗址，位于肃州区总寨镇单长村西石滩上；夹梁子遗址，位于肃州区丰乐乡二坝村西丰乐河东岸上；板地井东遗址，位于金塔县羊井子湾乡双古城村东北4.6 km处；窑洞滩东遗址，位于金塔县羊井子湾乡大泉湾村东南7 km处；土墩子东遗址，位于金塔县大庄子乡永丰村东南11 km处。在黑河流域的下游，有巴彦高勒遗址、查勒格尔石器遗址、巴彦陶来遗址等。

## 4.2.2 青铜时代

### 1. 西城驿文化

西城驿文化（4000～3700 aBP），是齐家文化在河西走廊地区与马厂文化融合后产生的一个新的文化遗存（李水城，2014）。西城驿遗址位于甘肃省张掖市明永乡下崖村西北3 km处，是黑河流域中游发现的一处马厂晚期至四坝时期的聚落遗址，是一处以从事旱作农业为主、兼有饲养，并进行冶金等手工业生产的史前聚落址，年代为4100～3600 aBP。2010～2013年，甘肃省文物考古研究所、中国社会科学院考古研究所、北京科技大学、西北大学联合对其进行了连续4年的发掘。在中国社会科学院公布的2013年中国考古六大新发现中，甘肃西城驿遗址榜上有名，这一考古发掘为史前"丝绸之路"文化交流提供了新证。2018年8月，甘肃省文物考古研究所发布河西走廊西城驿遗址考古发掘信息，至此该遗址的发掘已历时8年。

据"金投网"的报道，从目前发掘来看，这处史前聚落的发展可以分为三个大的时期：一期聚落为马厂晚期（4100～4000 aBP），遗迹单位主要有灰坑和房屋两类，房屋主要为半地穴式；二期聚落年代为西城驿文化时期（4000～3700 aBP），遗迹单位主要有半地穴式房屋、地面立柱式房屋、土坯房屋等；三期为四坝文化早段（3700～3500 aBP），遗迹以房屋、灰坑、墓葬为主，房屋仅见地面立柱式和土坯建筑，基本延续了二期的建筑方式及房屋形制。

在历时8年的发掘中，西城驿遗址出土了大量的木本植物木炭和遗物。甘肃省文物考古研究所所长陈国科认为，大量小麦、土坯建筑的发现，表明早在4000年前河西走廊地区已与西方发生了频繁接触。考古界一般认为，小麦和土坯建筑起源于西亚和中东地区，西城驿遗址考古发掘的小麦、土坯建筑是西北地区所见年代最早者，为小麦及土坯建筑进入中国的时间及路径研究提供了新资料。除为史前东西方文化交流提供证据外，西城驿遗址发掘的大量房屋基址还全面展示了河西走廊古代居民的生活场景和建筑风格。已清理出半地穴式建筑 10 座、地面立柱式建筑 38 座、地面土坯建筑 42 座。通过对大量房址的发掘和分析，可清晰看到西城驿聚落的房屋建筑，经历了从半地穴式建筑到地面立柱建筑和地面土坯建筑的演变过程。

早期冶炼遗迹也是西城驿遗址考古发掘的重要成果。大量炉渣、矿石、炉壁、鼓风管、石范等与冶炼相关的遗物不断发现，为中国早期冶金技术研究提供了新资料。西城驿遗址的冶铜活动从马厂晚期出现至四坝早段一直在进行。除铜器外，西城驿遗址还出土了大量的陶器、石器、骨器和玉器。植物方面，从出土已鉴定的木炭来看，主要有 13 种木本植物，有柽柳、柽柳属、沙棘属、枸杞属、杨属、柳属、榆属、云杉属、圆柏属、沙拐枣属、藜科等。另外还出土了绵羊、猪、黄牛、狗、鹿、兔、啮齿动物等动物骨骼。

早在 20 世纪 70 年代，考古人员在武威市凉州区皇娘娘台遗址发现了典型的西城驿文化彩陶，直到西城驿遗址的发掘，才发现了大量的西城驿文化典型遗物。近年在酒泉和张掖还发现了西城驿文化的遗物，特别是在黑河流域也发现了大量该时期的遗址，在黑河下游的金塔县发现大量的与冶金有关的冶炼遗物，为探讨中国早期冶金提供了重要的资料。西城驿遗址与酒泉市肃州区清水镇西河滩遗址的发现，表明齐家文化与马厂文化在河西地区均有共存关系（陈国科等，2014）。潘家庄墓地和民乐五坝墓地也发现西城驿文化陶器和齐家文化陶器的共存，表明西城驿文化与马厂文化和齐家文化有很近的渊源关系（李水城，2014）。甘州西城驿文化遗址、金塔缸缸洼遗址和火石梁遗址大量的发现与冶金有关的遗物，说明河西走廊也由此进入了典型的青铜时代（John et al.，2009）。

甘肃省文物考古研究所和北京大学文博考古学院编著的《河西走廊史前考古调查报告》将西城驿文化列为"过渡类型"，而且认为这种"过渡类型"遗存主要分布在河西走廊的山丹县以西地区，而且发现有内涵单纯的聚落和葬地，表明其分布中心就在河西走廊西部。"过渡类型"在黑河流域发现的主要遗址有：张掖市甘州区西城驿，金塔县砖沙窝、二道梁、缸缸洼、火石梁，酒泉市肃州区清水镇西河滩、三奇堡等。

## 2. 齐家文化

齐家文化是以甘肃为中心地区的新石器时代晚期文化，已经进入铜石并用阶段，其名称来自其主要遗址——甘肃广河县齐家坪遗址。齐家坪遗址 1924 年由考古学家安特生发现，遗址位于广河县齐家镇园子坪村，是黄河上游地区以齐家文化为主的一处文化遗存，保护范围 150 万 m²，重点保护区域 32 万 m²。齐家文化的时间跨度约公元前 2200 年至公元前 1600 年，主要分布于甘肃东部向西至张掖、青海湖一带东西近千千米范围内，地跨甘肃、宁夏、青海、内蒙古等 4 省（区）。据广河县人民政府"齐家文化"网页介绍，齐家文化的分布范围东起泾、渭水流域，西至湟水流域，南达白龙江流域，北入内蒙古阿拉善左旗附近。现已发现的齐家文化遗址有 350 多处，除了齐家坪遗址外，较为典型的还有甘肃省广河县阳洼湾遗址，永靖大河庄、秦魏家、张家嘴遗址，武威的皇娘娘台遗址，临潭磨沟遗址，青海省乐都区柳湾、大通上孙家、贵南尕马台遗址等。这些文化遗存基本展现了齐家文化的内涵特征、葬制葬俗等基本特征，也反映出当时的经济形态、社会性质等多方面内容。

齐家文化的制陶业比较发达，当时已掌握了复杂的烧窑技术。在墓葬中发现的红铜制品反映了当时生产力水平的提高，为后来青铜文化的发展奠定了基础。齐家文化的房屋多为半地穴式建筑，居室铺一层白灰面，既坚固美观，又防潮湿。

齐家文化内涵丰富，经济生活以原始农业为主，生产工具以石器为主，制陶业及家畜饲养业相当发达，是黄河上游新石器时代晚期至青铜器时代早期一支非常重要的文化遗存，展现了黄河上游地区原始氏族公社解体和文明诞生阶段的生产水平，以及社会急剧变化的状况，对研究黄河上游地区的史前社会及东西方文化交流的早期情况具有重要意义。

齐家文化的经济生活以农业为主，各氏族都过着比较稳定的定居生活。聚落遗址一般都发现在便于人们生活的河旁台地上，房子大多是方形或长方形半地穴式建筑，屋内多用白灰面铺成，非常坚固美观。地面中央有一个圆形或葫芦形灶址。这种房屋结构是黄河流域龙山文化时期最普遍的一种形式。

齐家文化的主要农作物是粟，生产工具以石器为主，其次为骨角器。农业生产中挖土的工具主要是石铲和骨铲。有些石铲已经用硬度很高的玉石来制作，器形规整，刃口十分锋利。骨铲系用动物的肩胛骨或下颚骨制成，刃宽而实用；收割谷物用的石刀、石镰多磨光穿孔；石磨盘、石磨棒、石杵等用于加工谷物。总的看来，石斧、石铲、石锛的数量都很少，或许反映农业生产并不十分发达。

作为农业生产的重要补充，畜牧业相当发达。从出土的动物骨骼得知，家畜以猪为主，还有羊、狗、牛、马等。仅皇娘娘台、大何庄、秦魏家三处遗址统计，即发现猪下颚骨 800 多件，表明当时养猪业已成为经济生活的重要内容。与饲养业同时，采集和渔猎经济继续存在，一些遗址中发现了氏族先民捕获的鼬、鹿、狍等骨骼。

手工业生产比马家窑文化有很大发展。制陶技术和纺织业进步明显，青铜冶炼技术开始推广，进入铜石并用阶段。其中制陶技术仍以泥条盘筑法手制为主，部分陶器经慢轮修整，有一些陶罐的口、颈尚留有清楚的轮旋痕迹。制陶工匠已掌握了氧化焰和还原焰的烧窑技术；纺织业有了长足发展，在居址中、墓葬里普遍发现大批陶、石纺轮及骨针等纺织缝纫工具。有的墓葬人骨架上、陶罐上有布纹的印痕。青铜器的制作多采用冷锻法，也有的采用单范铸造与简单的合范铸造，表明黄河上游地区在中原夏王朝统治时期，冶铜业已居各部族的前列。

河西走廊齐家文化是黄土高原齐家文化逐步向西发展演变而来的。早年在武威皇娘娘台发现了典型的齐家文化遗存（魏怀珩，1978），因此早年学术界认为齐家文化分布的西界在武威一线。但是近些年来，在张掖地区发现了齐家文化的陶片，证明齐家文化西进到了黑河流域。张掖西城驿遗址的发掘和民乐五坝墓地的发掘（王辉，2012），对认识黑河流域齐家文化的提供了新资料，特别是发现西城驿文化陶器和齐家文化陶器共存，对认识两种文化的关系提供了线索。

三普资料显示，黑河流域的齐家文化遗址主要分布在民乐县的五坝墓群，甘州区的黑水国遗址，金塔县三个锅庄井东遗址、一个地窝遗址、三个地窝遗址、黄坑沿遗址、二道梁遗址，而且都跟四坝文化共存。

### 3. 四坝文化

甘肃山丹四坝滩遗址位于山丹县城南约 5 km 处的石沟河东岸。四坝文化主要分布在甘肃省河西走廊中西部地区，东起山丹，西至安西（今瓜州）及新疆东部哈密盆地一带，年代为 3900~3400 aBP，相当于夏代晚期和商代早期。

早在 1948 年，山丹培黎学校开挖水渠时偶然在这里发现一批陶器等文物。1956 年中国科学院考古研究所黄河水库考古队开展考古调查，在此又采集到一批遗物。当年，安志敏先生撰文认为，该遗址发现的两批陶器独具特色，以夹砂粗红陶为主，多饰浓重的彩绘且凸起于器表，既不同于马厂类型，也有别于沙井文化，应单独命名为四坝文化。当时未发现共存的铜器，所以推测该文化属新石器时代，但在后来正式发掘的各遗址中普遍出土铜器，因此，学术界才确认这是一支纯属青铜时代的遗存。

1976 年，甘肃省文物工作队在玉门火烧沟进行该文化的第一次正式发掘，清理墓葬 312 座，出土铜器 200 余件，陶器近千件，还发现有精制加工的金、银耳环及玉器等。1987 年，甘肃省文物考古研究所与北京大学、吉林大学考古系联合对酒泉干骨崖、民乐东灰山遗址进行了发掘，清理墓葬 354 座，出土陶、石、骨、铜、金、银、玉器等 1000 多件，较全面地揭示了四坝文化的基本面貌。特别引起农史专家兴趣的是，东灰山文化层中采集到了完整饱满的小麦粒，这是我国境内最早的小麦标本。小麦起源于西亚，东灰山的发现表明，至少在青铜时代我国已开始栽培小麦。2003 年 6 月，西北大学文博学院在酒泉西河滩首次发现了四坝文化的大型聚落遗址，此前的发掘均仅限于墓地。据报道，已发现房址 50 余座、窖穴 60 多座、烧烤坑 350 多座、陶窑 5 座、祭祀坑 20 多座，为了解当时人类居住、生活状况提供了新鲜资料。经过试掘的还有酒泉下河清的两个遗址，重点调查的有民乐西灰山、瓜州鹰窝树、玉门砂锅梁等遗址。

四坝文化内涵丰富，独具特色，是河西走廊最重要的一支含有大量彩陶的青铜文化。它的某些器型与彩绘图案和马厂类型、齐家文化较为接近，说明曾受到了它们的强烈影响，但三角形器盖、砷铜制品的大量存在，以及某些其他特点又与中亚文化接近。陶器质地较粗，多为夹砂陶，器形多样，以罐、壶为主，四耳带盖罐、腹耳壶是其代表性器物，有的造型较奇特。彩陶豆、方鼎、陶坝有强烈的地方风格。彩陶均施紫红色陶衣。彩陶比例较大，如火烧沟墓地彩陶超过半数以上，黑彩居多，红彩偏少，色彩浓重，有凸起感，既有烧窑前绘制的，又有出窑后绘制的，所以部分彩陶的彩已脱落。纹饰有三角纹、折线纹、条带纹、蜥蜴纹、回纹和圆点纹等。

四坝文化的墓葬形制因地而异：火烧沟多为长方形竖穴偏洞墓，有单侧的生土二层台，葬式以仰身直肢单人葬为主；东灰山多为圆角长方形和长椭圆形竖穴土坑墓，多有头龛、脚龛或侧龛，无葬具，流行乱骨葬；干骨崖多为长方形竖穴土坑积石墓，无龛，部分有木质葬具，流行乱骨葬和多人合葬。

房址为半地穴式和平地起建式两种：半地穴式均为长方形，地面经硬化处理，并有 1 至数个烧烤坑和数个储藏坑；平地起建式房址较复杂，多为长方形。西河滩遗址还发现一座主室带三面侧室的"三室一厅"建筑。储藏坑和烧烤坑形制多样。陶窑为 4 座一组，窑室多呈圆形。

四坝文化是河西地区马厂文化经西城驿文化发展而来的青铜文化，该文化类型曾受到齐家文化的深刻影响（甘肃省文物考古研究所和北京大学考古系，2011）。四坝文化影响很广，向西影响到了新疆东部地区，向北在阿拉善高原也发现了典型遗物（水涛，2001），而四坝文化主要分布在黑河流域及其以西的北大河、疏勒河、党河流域。黑河流域典型的四坝文化山丹四坝滩遗址、民乐的东灰山、西灰山遗址都出土了大量的铜器（李水城和水涛，2000），说明四坝文化继承了西城驿文化的冶金技术。四坝文化大量地出土了西亚驯化的大小麦、羊、牛、权杖头等遗物，也发现了一些土坯建筑，说明当时的河西走廊与中亚及北方草原存在广泛的文化交流（甘肃省文物考古研究所，1998）。

根据三普资料，四坝文化在甘肃的分布总共约 82 处，其中在黑河流域的分布 70 多处，除前述金塔县大庄子乡与齐家文化共存的四个遗址外，还在大庄子乡白山堂古铜矿遗址、缸缸洼遗址、缸缸洼西口遗址、碱洼井遗址、黄鸭墩西遗址、火石梁遗址、火石梁西1 号遗址、火石梁西窑址、火石梁西 2 号遗址、小石梁井窑址、黄鸭滩窑址群、三道沙行井南窑址、甘草秧井东遗址、尖顶子井南 3 号遗址、尖顶子井南 2 号遗址、尖顶子井南 1号遗址、黄坑东窑址群、老碱洼井窑址群、三个锅庄井东 2 号遗址、黄鸭墩西 1 号遗址、刺窝子井遗址、三道沙行遗址、碱洼井南窑址群、一个地窝南遗址、一个地窝南 1 号遗址、一个地窝南 2 号遗址、窑洞子井窑址、沙门子井东遗址、沙门子南遗址、芦窝子井东1 号遗址、芦窝子井东 3 号遗址、野麻疙瘩窑址、西三角城东窑址群、西三角城东遗址、三个锅庄井遗址、缸缸洼东遗址、三道沙行井遗址、三道沙行井北窑址群、刺疙瘩井东遗址、刺湾墓群、刺湾遗址、西三角城北窑址群、皮带口子遗址、细腰庙遗址、下破城西窑址、尖顶子西口墓群、羊井子湾乡砖沙窝遗址、板地井东遗址、高沙窝石岗遗址、转嘴子东遗址、窑洞滩东遗址、土墩子井遗址、沙门子井遗址、窑洞滩遗址、火石滩遗址、东坝镇板地井北遗址，金塔镇青沙梁沙窝西遗址、青沙梁东遗址、胡家沙窝遗址、一堵墙城遗址、琵琶头湾西遗址；酒泉市肃州区总寨镇三奇堡遗址，清水镇西河滩、丰乐乡干骨崖、金佛寺镇古坟滩，果园乡赵家水磨；张掖市山丹县清泉镇四坝滩，大马营乡过会台，东乐乡山羊堡滩，民乐县新天镇西灰山等都有分布。

四坝文化时期，河西地区已普遍经营多种谷物栽培，麦类的种植更加普及。家畜饲养业发展甚快，种类齐全，包括猪、牛、羊、马、驴、狗。与中原内地不同，四坝文化豢养的家畜主要为羊和牛。此外狩猎也是重要的经济补充，猎取的动物主要是鹿、麝、黄羊、羚羊等。在条件较好的冲积台地及河流尾闾，农业经济相对发达。在条件较差的荒漠边缘，可能是半农半牧的生业模式，甚至以牧为主（甘肃省文物考古研究所和北京大学文博考古学院，2011）。

### 4. 骟马文化

骟马文化（3500～2950 aBP）是以玉门发现的一批独具特色的陶器遗存命名的。考古调查显示，骟马文化主要分布在玉门、酒泉、金塔、瓜州、敦煌和肃北境内（甘肃省文物考古研究所和北京大学文博考古学院，2011）。2005 年，在玉门火烧沟遗址发掘的骟马文化聚落，其灰坑打破了四坝文化遗存，这说明该文化比四坝文化要晚。骟马文化发现的铃、泡、管銎斧、直銎斧、镞、联珠饰等铜器具有明显北方草原文化的特征。在玉门古董滩还发现了土坯建筑和城址，以及与冶炼有关的遗物。这些情况说明，骟马文化明显受到北方草原文化和河西走廊东部沙井文化的影响。近年在黑河上游山丹的过会台遗址发现了骟马文化遗存，证明骟马文化已经影响到了黑河上游（王辉，2012）。

骟马遗址出土有大麦籽粒及大量家畜骨骼，种类有羊、牛、骆驼、马等，但没有发现猪，一方面说明畜养业非常发达，但另一方面也显示出向畜牧业经济转化的趋势。特别是该文化已经在驯养马、驼一类大型食草动物，这为逐水草而居、居无定所的游牧文化的出现奠定了物质基础。大麦的存在则表明，该文化尚保留部分农业经济成分（甘肃省文物考古研究所和北京大学文博考古学院，2011）。

## 4.2.3 铁器时代

河西地区的铁器时代主要为沙井文化。下面先对沙井文化作一简介，然后对黑河流域内的沙井文化遗址进行简单介绍。

### 1. 沙井文化概述

沙井文化（2850 ~ 2359 aBP）是以甘肃民勤沙井村首次发现而得名的。目前遗址主要集中分布在河西走廊东部的民勤绿洲和永昌盆地一带，核心分布区位于民勤沙井子至永昌三角城（今属金昌市金川区）一带（李水城，2009）。沙井文化是中国青铜时代末期的一种文化，时代大体相当于中原地区东周时期。沙井文化内涵丰富，是甘肃年代最晚的含有彩陶的古文化，也是我国最晚的含有彩陶的古文化。

据"百度百科"介绍，1923 年，安特生的助手在腾格里沙漠边缘地带的民勤县征集到了一批彩陶和铜器，并在沙井东墓地发掘到陶器和铜器。1924 年夏季，为了寻找仰韶文化与青铜文化的缺环，安特生结束了洮河流域的考古调查之后，又继续西行，在民勤柳湖村、沙井子、黄蒿井以及永昌三角城等地进行了详细的考古调查，并在沙井南发掘了 53座墓葬，出土彩陶双耳圜底罐等器物，其中的连续水鸟纹尤为独特，不见于其他彩陶文化。由于此前发现过铜器，安特生将它列为甘肃远古文化"六期"之末，称为沙井期。

岁月沧桑，安特生发现的这些遗址后来大多被流沙覆盖，地面无迹可寻，因此之后的较长时间内沙井文化的研究处于停滞状态。1948 年，裴文中先生带领西北地质考察队赴甘肃、青海考察，调查了民勤柳湖墩、沙井东和永昌三角城等遗址，新发现了一些同类遗存，并首次提出"沙井文化"的命名。

1976 年，永昌双湾乡尚家沟农民在三角城内挖掘灰土施肥时，发现了陶器、铜刀和铜镞等文物。武威地区文化部门曾先后两次派人到遗址现场进行调查了解。1978 年，尚家沟林业站为"上山下乡"的知识青年修建宿舍，在平整地基的过程中发现了蛤蟆墩墓葬，捡拾到青铜刀具和各种青铜联珠饰牌。

1979 年 3 月，甘肃省文物工作队再次复查了三角城遗址和蛤蟆礅墓地，同年 6 月开始发掘上述两遗址，以及西岗、柴湾岗墓地，1981 年 11 月结束了全部工作。这次复查共清理墓葬 585 座，出土陶、石、铜、铁等器物 2000 余件。这是沙井文化命名以来的第一次大规模发掘，为深入探讨沙井文化的内涵奠定了基础。2001 年，永昌西岗柴湾岗墓葬发掘报告公开发表。

除此之外，中华人民共和国成立后曾在天祝董家台、兰州黄河南岸范家坪、杏核台，以及永昌鸳鸯池、永登榆树沟等地也发现了同类遗存。多年来积累的资料表明，沙井文化的中心区域在腾格里沙漠的西部、西南部边缘地带，即武威、金昌一带，向东南延伸可达永登、兰州附近。据碳测年代数据表明，上限为距今 3000 年左右，下限为距今 2500 年左右，大体相当于西周中期至春秋晚期。

沙井文化的房屋为平地起建，呈圆形或椭圆形，门向东或东南，房内有灶、火塘和地炉。房屋附近分布有窖穴，为平底圆筒状。沙井文化的墓葬排列密集，一般大墓位于墓地中心，小墓分散四周。墓的形制以偏洞墓为主，竖穴土坑墓次之，个别为单竖井或双竖井洞式墓。

关于沙井文化的族属，有学者认为，沙井文化的分布范围与古月氏族的原住地相符，但也有人与上述意见相左，认为该文化系乌孙族。高荣认为，沙井文化和骟马文化有可能属于月氏人和乌孙人所存留的遗迹（高荣，2004）。

总之，沙井文化是甘肃也是我国最晚的含有彩陶的古文化。出土物的器型和墓葬中殉葬的牛、马、羊骨，强烈地反映出这一时期的社会经济以畜牧业为主，农业、手工业不占主导地位。

## 2. 黑河流域的沙井文化遗址

根据三普资料，沙井文化在河西地区的遗址现存的有 16 处，分别是武威市民勤县昌宁乡四方墩遗址、大滩乡北新遗址、大滩遗址；红沙梁乡三角城遗址，薛百乡柳湖墩遗址，泉山镇小井子滩遗址，西渠镇火石滩遗址、丰政滩遗址、柴湾遗址，金昌市金川区双湾镇三角城遗址、上土沟岗墓群、西岗墓群、蛤蟆墩墓群；武威市古浪县古浪镇土坝遗址，海子滩镇草原井遗址，泗水镇蓆芨沟遗址。

在黑河流域，沙井文化遗存比较稀少。最新的考古证据表明，张掖农场遗址为沙井文化遗存（陈国科等，2014），说明沙井文化的影响也到达黑河流域。

甘肃省文物考古研究所通过调查，初步明确了张掖农场遗址是一处文化面貌与黑水国遗址截然不同的遗存，其年代晚于黑水国各期遗存，与四坝文化之间有着较大的缺环。抢救发掘的 H1 堆积中出有不少陶片，以夹砂红褐陶为主，器身多饰细绳纹，器耳宽大，呈拱形，可见半月形鋬耳，耳上饰戳印纹，高裆及铲形鬲足较为典型，但不见沙井文化陶器中的紫红陶衣和彩陶，其文化属性尚待进一步认识。但山丹过会台遗址采集到大量陶片，夹砂红褐陶为主，灰陶次之，多素面，少量饰细绳纹，可见紫红陶衣及黑彩。

张掖农场遗址很可能是一处四坝晚期至沙井早期的遗存，这为进一步研究四坝文化的去向和沙井文化的来源提供了信息。

## 4.2.4 分布特征

根据考古资料，将目前黑河流域内发现的史前遗址概括地分为新石器时代和夏商时期两个阶段（国家文物局，2003，2011）。前一阶段包括马家窑、马家窑类型、半山类型、马厂类型、西城驿文化、齐家文化等类型，而后一阶段包括四坝文化、骟马文化、沙井文化等类型。根据三普资料，黑河流域内已发现的史前文化遗址分布如图 4-2 所示。

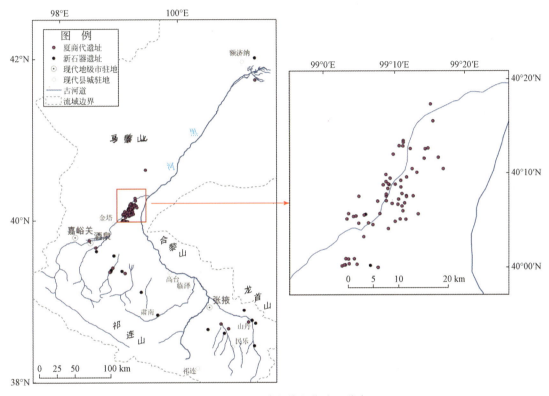

图 4-2　黑河流域史前文化遗址分布

由图 4-2 可以看出，黑河流域的史前文化遗址主要分布在河流沿岸的阶地上，且以支流水系更多，特别是金塔东部的东沙窝一带夏商遗址分布数量最多且最为集中。对比两个时期的遗址分布，发现夏商时期数量远多于新石器时期，尤其在金塔东部更甚。这些遗址中，时间较早的新石器时代的遗址大多位于南部高平原或山前台地，而夏商时期的遗址显著向海拔较低的平原一带转移。遗址的数量增加和分布的迁移，一方面显示了自然环境的变迁，而另一方面也表明了人类生产能力的提高和活动范围的扩大。

黑河流域史前人群的生产方式各异。马家窑文化类型的生业方式以农业为主，同时兼营饲养业（谢端琚，2002），之后生产方式逐渐向牧业过渡，至齐家文化以后发展为以牧业为主、农业为辅的模式，四坝文化是其中的代表（杨富学和陈亚欣，2015）。民乐东灰山遗址曾采集到小麦、大麦、粟等农作物种子（李璠等，1989）。四坝人群以牧业为主的生产模式与青铜文化以游牧为特点的生产模式是一致的（水涛，2000）。由于耕作方式极为原始落后，他们对水资源的利用应该以借助于有利地形的简单引灌为主。鉴于资料的匮乏，目前尚无法估计当时的人口规模。

## 4.3 游牧民族在黑河流域的活动

商代到西周之间（公元前 14 世纪～公元前 771 年），羌、戎等部族活动于河西地区。羌"出自三苗"，原居西南地区，后逐渐迁移，"徙之三危"（即敦煌三危山）（《后汉书·西羌传》）。羌人早期"居无所长，依随水草"（《汉书·西羌传》），主要从事游牧活动。戎也是我国西北地区古老的少数民族之一，其生产方式农牧兼营（杨建新，2003）。东周至汉初（公元前 771～公元前 121 年），乌孙、月氏和匈奴先后崛起，占据了河西走廊及周边的大片地区。

### 4.3.1 乌孙与月氏

乌孙是汉代连接东西方草原交通的最重要国家之一，乌孙人的首领称为"昆莫"或"昆弥"。公元前 2 世纪初叶，乌孙人与月氏（旧读 rùzhī 或 ròuzhī）人均在今甘肃境内敦煌祁连间游牧，北邻匈奴人。乌孙王难兜靡被月氏人攻杀（据《汉书·张骞传》），他的儿子猎骄靡刚刚诞生，由匈奴冒顿单于收养成人，后来得以复兴故国。公元前 177～前 176 年，匈奴冒顿单于进攻月氏，月氏战败后西迁至伊犁河流域。后匈奴老上单于与乌孙昆莫猎骄靡合力进攻迁往伊犁河流域的月氏，月氏不敌，南迁大夏境内，但也有少数人仍然留居当地。

在塞种人与月氏大部南下以后，乌孙人迁至伊犁河流域与留下来的塞种人、月氏人一道游牧。从此乌孙日益强大，逐渐摆脱了匈奴的控制。根据考古学家发现的乌孙古墓群和其他遗迹表明，其政治中心在赤谷城［在今吉尔吉斯斯坦伊塞克湖州伊什提克（Yshtyk）］。乌孙人是受塞种人影响很深的操突厥语的古代民族，乌孙人以游牧的畜牧业为主，兼营狩猎，养马业特别繁盛。南北朝时，乌孙与北魏关系密切。辽代曾遣使入贡（百度百科）。

乌孙最早活动于"祁连、敦煌间"（《汉书》卷 61），生产和生活具有"随畜逐水草"（《汉书·西域传》）的特点，其国为"行国，随畜，与匈奴同俗"，拥有"控弦者数万"（《史记·大宛列传》）。

月氏是匈奴崛起以前居于河西走廊、祁连山古代游牧民族，亦称"月支""禺知"。月氏于公元前 2 世纪为匈奴所败，西迁伊犁河一带，后又败于匈奴支持下的乌孙，遂西击大夏，占领妫水（阿姆河）两岸，建立大月氏王国。月氏西迁伊犁河、楚河时，逐走了原居该地的塞种人（即在亚洲的斯基泰人），迫使塞种人分散，一部分南迁罽宾；另一部分西侵巴克特里亚的希腊人王朝，建立大夏国。后来月氏复占大夏，最后在公元 1 世纪南下恒河流域建立贵霜王朝。

月氏最早也"居敦煌、祁连间",但其活动范围并非局限于此,"凉、甘、肃、瓜、沙等州,本月氏国之地"(《史记·大宛列传》),可见包括黑河流域的整个河西走廊都属于月氏的活动区域(图4-3)。考古人员曾经在黑河流域发掘出土过属于月氏民族的沙井文化遗存,如制作粗糙的陶器、石器等(郭厚安和陈守忠,1989)。

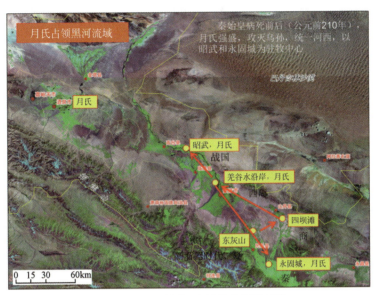

图4-3  月氏对黑河流域的占领及迁移

匈奴势力强大后,匈奴与月氏的冲突十分严重(图4-4)。月氏被"匈奴所破",故而"远去"并西迁(《史记·大宛列传》)。《史记·匈奴传下》中记载,匈奴人在打败宿敌月氏人后,匈奴王用月氏王的头盖骨做成了饮器,与车骑都尉韩昌、光禄大夫张猛"以老上单于所破月氏王头为饮器者共饮血盟"。《后汉书·西域传》:"月氏为匈奴所灭,遂迁于大夏,分其国为休密、双靡、贵霜、肸顿、都密,凡五部翕侯。后百余岁,贵霜……月氏自此之后,最为富盛,诸国称之皆曰贵霜王。"月氏为"行国",其人群"随畜迁徙",亦以游牧为主业(《史记·大宛列传》),其"国多好马、美果,有大尾羊如驴尾,即臧(qi)羊"(《山海经》)。

图4-4  匈奴与月氏的对峙

## 4.3.2　匈奴统治下的黑河流域

匈奴最初是在约公元前3世纪时兴起的一个游牧部族，匈奴帝国的全盛时期从公元前176年至公元前128年。在匈奴建国以前，东北亚草原被许多大小不同的氏族部落割据着。那时的部落和部族联盟的情况是"时大时小，别散分离"；是"各分散居溪谷，自幼军长，往往而聚者百有余，然莫能相一"。当时分布在草原东南西喇木伦河和老哈河流域的，是东胡部落联盟；分布在贝加尔湖以西和以南色楞格河流域的，是丁零部落联盟；分布在阴山南北包括河套以南所谓"河南"（鄂尔多斯草原）一带的，是匈奴部落联盟。此外还有部落集团分散在草原各地。后来的匈奴国，就是以匈奴部落联盟为基础，征服了上述诸部落联盟、部落以及其他一些小国而建立起来的。

自西周起，戎族开始威胁中原王朝，周幽王烽火戏诸侯后，犬戎部落攻陷镐京，迫使平王东迁。战国时林胡、楼烦多次侵扰赵国，赵武灵王胡服骑射驱逐林胡、楼烦，在北边新开辟的地区设置了云中等县。林胡、楼烦北迁融入新崛起的匈奴。在战国末期，赵国大将李牧曾大败匈奴。公元前3世纪匈奴统治机构分为中央王庭、东部的左贤王和西部的右贤王，控制着从里海到长城的广大地域，包括今蒙古国、俄罗斯的西伯利亚、中亚北部、中国东北等地区。今河西地区的黑河流域和石羊河流域，分别被右贤王下的浑邪王和休屠王所据（图4-5）。

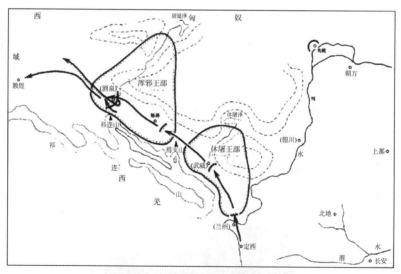

图4-5　匈奴在河西走廊的统治

秦始皇统一中国后，公元前215年，命蒙恬率领30万秦军北击匈奴，收河套，屯兵上郡（今陕西省榆林市东南），"却匈奴七百余里，胡人不敢南下而牧马"（《过秦论》），匈奴被逐出河套及河西走廊地区。蒙恬从榆中（今属甘肃）沿黄河至阴山构筑城塞，连接秦、赵、燕5000余里旧长城，据阳山（阴山之北）逶迤而北，并修筑北起九原、南至云阳的直道，构成了北方漫长的防御线。蒙恬守北防十余年，匈奴慑其威猛，不敢再犯。

自汉武帝元光六年（公元前 129 年）起，匈奴开始受到汉朝军队的攻击。汉武帝元朔六年（公元前 123 年），匈奴将主力撤回漠北地区，至汉武帝元狩四年（公元前 119 年），王庭已经完全退出漠南。东汉时匈奴分裂，南匈奴进入中原内附，北匈奴从漠北西迁河西走廊，中间经历了约 300 年。五凤二年（公元前 56 年），南匈奴呼韩邪向汉称臣归附，匈奴重新回到漠南。建昭三年（公元前 36 年）西域都护甘延寿、副校尉陈汤出击北匈奴，诛杀北匈奴郅支单于。东汉光武帝建武二十二年（46 年）匈奴人受到乌桓人的攻击，北迁前的 80 年间，一直居住在漠南。汉和帝永元四年（91 年），汉军在金微山（今阿尔泰山）大败北单于，北匈奴主力便远走中亚。其后，中国北方的鲜卑族强大起来，逐步占有匈奴故地。五胡十六国时期，内迁中原的南匈奴建立前赵、北凉和夏等国家。

匈奴崛起于流域北部的蒙古高原，军事力量强大，具有"控弦之士三十余万"（《史记·匈奴列传》)，也是"随畜牧而转移"的人群（《史记·匈奴列传》)，主要从事游牧活动，未能建立城市定居并从事"耕田之业"（《史记·匈奴列传》)。

黑河流域优良的自然环境为匈奴发展牧业提供了坚实基础。据估计，汉代以前的匈奴活动时期，全河西地区人口总量在 10 万以下（赵永复，1986）。

匈奴本来就是游牧民族，在取得河西走廊的广袤土地后，畜牧业大力发展。在黑河流域，以祁连山雪水为源的地表水资源丰富，还有一定的地下泉，大河小溪纵横交错，形成了许多优良的牧场，其中包括东亚最大且最适宜放牧的草滩（今山丹马场）。在汉武帝时期，浑邪王采取的诸多治理措施，就充分利用了这里优越的自然条件。

总体上看，由于这一阶段黑河流域基本为游牧民族所据，且人口相对较少，随水草迁移的游牧活动是最主要的生产活动。可以认为，游牧活动对自然环境的扰动较小，黑河流域的绿洲在这个时期基本保持着原始的天然状态。

# 第5章 | 两汉时期的黑河流域

## 5.1 汉朝的开拓与防卫

秦汉之间，黑河流域为匈奴占据。汉代初，匈奴"控弦之士三十余万"（《史记·匈奴列传》），军事实力强大，控制了整个河西走廊，威胁西汉政府安全。匈奴屡屡越过防线，侵略边境，但由于西汉初期国力相对较弱，汉政府一直采取"和亲"的政策来换取边境的和平与安宁。经过几十年的休养生息以后，汉朝的综合国力显著增强。汉武帝时，西汉政府实施"通西域，以断匈奴右臂"的策略，进而"隔绝南羌，月氏"（《汉书·西域传》），开始了对匈奴的讨伐战争。

元狩二年（公元前121年），汉武帝任命霍去病为骠骑将军，于春、夏两次率兵出击占据河西（今河西走廊及湟水流域）地区的浑邪王、休屠王部，俘虏匈奴王5人及王母、单于阏氏、王子、相国、将军等120多人，匈奴"为汉所杀虏数万人"（《史记·匈奴列传》）。同年秋，匈奴内部发生纷争，"浑邪王杀之（休屠王），并其众以降汉"（《史记·匈奴列传》），霍去病奉命迎接率众降汉的匈奴浑邪王，在部分降众变乱的紧急关头，霍去病率部驰入匈奴军中，斩杀变乱者，稳定了局势，浑邪王得以率4万余众归汉。匈奴为此悲歌："失我祁连山，使我六畜不蕃息；失我焉支山，使我嫁妇无颜色。"自此之后，"金城（今甘肃兰州）、河西（河西走廊），西并南山至盐泽（今新疆罗布泊），空无匈奴"（《史记·匈奴列传》）。

汉朝控制了河西地区，为打通西域道路奠定基础。黑河流域也进入了和平稳定的时期，由此为绿洲的垦殖与开发打下了坚实的政治军事基础。为了加强军事防御和对地区的控制，汉政府还修建一系列的军事防御设施，其中最为重要的即修建了汉长城，东西向地穿过黑河流域的中部地区。另外，在黑河流域东南部的山前地区，汉朝也设有较多的烽燧。尤其是在青藏高原进入黑河流域的扁都口到张掖的通道上，设置了一系列烽燧，它们对防御青藏高原地区少数民族的军事入侵具有重要作用。

汉代建立的以长城为主体的军事防御设施，除建设在河西走廊绿洲平原地区北缘外，还将石羊河和黑河流域的下游也包括了进来。在黑河下游，汉政府"使强弩都尉路博德筑（城）居延泽上"（《史记·匈奴列传》），建立了防御体系（图5-1）。该防御系统包含长城、烽燧、障城等军事设施，以及肩水都尉府、居延都尉府等。这些军事设施自会水县沿黑河主干延伸到终端居延地区，自南向北有肩水塞、广地塞、橐他塞、卅井塞、甲渠塞、殄北塞，一直到居延塞（遮虏障）等7个塞障，并在塞障中配置了有相应的候官以进行管理。

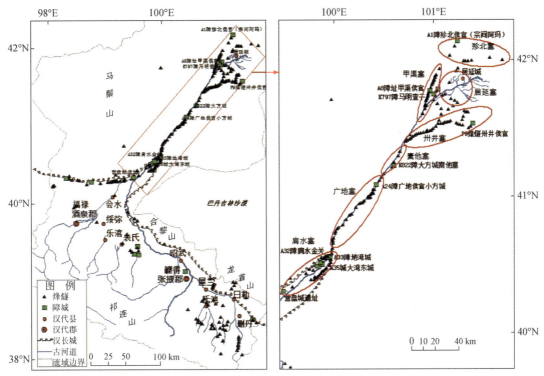

图 5-1　黑河流域汉代军事防御体系示意图

　　黑河流域下游的军事防御设施，在居延城外围形成了"C"形的包围结构。这些塞障管辖周围数量不等的烽燧，形成比较严密的防御体系。在军事级别上，都尉府的权力最高，负责地区的全局防御指挥。其中，肩水都尉府位于 A32 障（肩水金关），管辖橐他塞等南部 3 塞。居延都尉府驻居延县城，即 K710 城，管辖北部珍北塞等 4 塞。都尉府所辖各塞各设有侯官，负责军事指挥。

　　西汉末期，政治腐败，社会矛盾尖锐，经济衰落，危机严重。王莽篡权，建立短暂的新朝（8～23 年），期间首定国家经济政策，立井田制度、奴婢私属、五均赊贷、六筦政策，即把盐、铁、酒、币制、山林川泽收归国有，利用公权力控制市场经济。人民养生嫁娶，官室封国、刑罚、礼仪、田宅车服等仪式皆依周礼。但由于改革步骤太快，无法适应当时的生产力水平，且朝令夕改，百姓官吏不知所从。王莽的政策也鄙视边疆诸国，实行狭隘民族主义政策，削王为侯，致使边疆乱起，不得平息。因此，新政权未能长久即再次陷入乱局。

　　东汉前期，政局逐渐稳定。以窦融为核心的地方统治推进了河西地区的经济发展（吴廷桢和郭厚安，1996）。同时，北部的匈奴也分裂为南北二部，南匈奴归顺汉政府，北匈奴势力再度兴盛，不断突破防线侵扰边境。与此同时，遍布于河湟一带的大量西羌人开始内迁，为民族迁移主体（王力，2004）。由于西羌内迁，民族冲突常有发生。

　　东汉中后期开始，王朝政争迭起，腐败加剧，对地方统辖松弛，从而引起人民起义，社会逐渐动荡。自东汉永初元年（107 年）至建宁三年（170 年），河西地区陆续爆发了长时期的三次大规模的羌族起义（刘先照和韦世明，1980；高荣，1998）。起义的战乱波及黑河流域的酒泉、张掖等地，军士"白骨相望于野"（《后汉书·西羌传》），政府"府努空竭，延及内郡"（《后汉书·西羌传》），给地区经济社会发展、绿洲开发和国力造成重大损失，绿洲开发利用逐渐陷入衰落。

## 5.2 行政建制的初设

历史时期的黑河流域基本上为今张掖和酒泉地区所辖。流域内的建制沿革始于西汉设置郡县，其后历代均在此基础上演变。下面对汉代黑河流域的行政建制及其行政中心分布进行考证分析。

汉代将全国分为"十三部，置刺史"（《汉书·地理志》），河西地区均属凉州刺史部，其下属设有郡、县。张掖和酒泉郡囊括黑河流域大部。其中，张掖郡属"故匈奴昆邪王地"（《汉书·地理志》），建立于太初元年（公元前104年），酒泉郡也在同年设立，两者即形成了流域的最高行政级别。

在建立上述两郡的基础上，设置了县级行政单位，形成郡县两级行政机构。据《汉书·地理志》：①酒泉郡辖县九，禄福（福禄），位于今酒泉市肃州区城区；表氏（是），今高台县城西50 km处之新墩子城；乐涫，今肃州区下河清皇城遗址；天依，今玉门市昌马乡政府东；玉门，今玉门市赤金镇；会水，今金塔县金塔镇东沙窝西古城；池头，今玉门市花海镇毕家滩；绥弥，今酒泉市肃州区临水乡古城村古城；乾齐，今玉门市东南之回回城，又名西域城、古城子；②张掖郡辖县十，觻得，今张掖市甘州区西北黑水国北城，郡治；昭武，今临泽县东北之昭武古城；删丹，今山丹县霍城镇双古城；屋兰，今甘州区碱滩镇之东古城；氐池，今甘州区梁家墩镇梁家墩村一带；骊靬，今永昌县焦家庄乡南古城；番和，今永昌县西之西寨古城；日勒，今山丹县位奇镇五里墩古城；居延，今内蒙古额济纳旗东南34 km处之绿城；显美，今武威市凉州区西之朵浪城。

上述两郡的属县，位于今黑河流域的县有酒泉郡的禄福（福禄）、乐涫、表氏（是）、安弥、会水等5个，分别位于今酒泉肃州区城区、下河清乡皇城遗址、肃南明花乡新墩子城、肃州区三墩镇，以及金塔县东沙窝的会水城遗址；张掖郡的县有觻得、删丹、日勒、氐池、屋兰、昭武和居延等7个，分别位于今天甘州区黑水国北城、山丹县焉支山的寺沟口、山丹县城东二十里堡、民乐县北部菊花地、甘州区东部的东古城遗址、临泽县鸭暖乡昭武村、额济纳旗东部居延城遗址（图5-2）。

从整体上看，酒泉郡"两汉"时期建制变化较小。至东汉时期，张掖郡下无"居延县"的记载，但增设了张掖属国和张掖居延属国，酒泉郡的建制延续西汉时期。

汉代在县以下还设有乡、里组织。汉简显示，河西四郡各县均有完善的乡里建制，如张掖郡觻得县有广昌里，居延县有昌里、阳里、鸣沙里、西道里，屋兰有大昌里，酒泉郡禄福县有慈里、会水县有宜禄里等设置。

郡县行政建制的设立使黑河流域首次纳入中央王朝的统治范围，奠定黑河流域整个历史时期的行政统治基础，也为绿洲的开发创造了良好的条件。

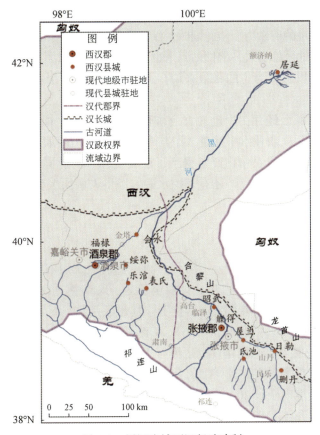

图 5-2　黑河流域西汉行政建制

## 5.3　生产技术的提高与屯田措施

自汉代控制黑河流域起，为了保障丝绸之路的畅通和边境的安全，汉政府陆续在这里实施了移民实边、兴修水利、垦荒屯田等发展农业的措施（吴廷桢和郭厚安，1996；惠富平和王思明，2005；高小强，2010）。

### 5.3.1　移民实边

为了改变黑河流域地广人稀的局面，汉政府在置酒泉郡后，即"徙民充实之"（《汉书·西域传》）。早在元狩四年（公元前 119 年），政府迁移陕西关东一带贫民至"陇西、北地、西河、上郡、会稽"（《汉书·武帝纪》）。尽管记载未提及黑河流域，但分析认为，移民地均为北方和西北地区，"会稽"应为衍文（错漏字），河西走廊的移民亦有存在（葛剑雄，1986）。太初三年（公元前 102 年），汉政府发军队"置居延、休屠"（《史记·大宛列传》和《汉书·李广列传》）以保卫走廊地区。赵俪生（1997）据此推测在当时的张掖和酒泉二郡全境，屯田人数至少为 20 万。移民实边为黑河流域引入了大量的人力资源，为开发绿洲提供了充足的劳动力。与此同时，汉政府调来的戍卒和迁徙的百姓，都是中原地区农业、手工业发达地区的居民，他们的到来也为黑河流域带来了先进的农业生产技术和手工业技能，这对向来以游牧为主的张掖来说，无疑是开辟了一个新的天地，具有划时代的意义。

虽然之前黑河流域已经存在少量的农业耕种，但大多是比较低级的刨荒式农业生产，在汉武帝移民实边之后，农业水平才进入了与中原大致相仿的阶段。用牛代替人力进行耕地，提高了生产效率，使得农作物产量得到了巨大提高。与此同时，在农业生产过程中，还引进了犁等农业生产工具。此外还有开挖水井，以供人畜饮水和农业灌溉。

## 5.3.2　兴修水利

开发绿洲，必然要以水利先行。"河西、酒泉皆引河及川谷以溉田"（《汉书·沟洫志》）。张掖郡的"觻得"条记载"千金渠西至乐涫，入泽中"（《汉书·地理志》），是史上记载的黑河流域最早的一条渠道。觻得位于今甘州区西北，而乐涫属酒泉郡，位于酒泉以东的下河清乡皇城一带（刘兴义，1986）。GIS 量算结果表明，从觻得到乐涫的直线距离达 107 km，足以说明当时水利建设的规模巨大。

关于这条渠，三普资料有比较详细的介绍：皇渠又称三清渠，开口于蓼泉镇唐湾村至下庄村境内，临泽县境内全长 20 km。据《临泽县志》所载，旧有渠，开口于永安境或称其为汉之千金渠。清雍正三年（1725 年）川陕总督府督垦三清湾屯田，其境上接碱泉墩，下连威狄堡，东西百余里。初借小新渠引水。雍正十年五月，浚开三清渠，渠口仰迎黑河，至魏家堡 20 余里，建水闸渡大沙河，经抚彝、双泉境，自鸳鸯湖中直过，越麻黄岗，大墩至渠尾又 25 里，水渠流向由东向西，为土渠，渠口平均宽约 4.5 m，底宽约 3 m，深约 1.6 m，渠岸呈弧形，沿渠有建筑物 8 座。

关于水利方面的更多记录，来源于居延汉简。在始元二年（公元前 85 年），政府发"成田卒千五百人，为驿马田官穿泾渠"（居延简 303.15，513.17）记载了黑河下游居延地区驿马屯田区的灌渠修建事实。不仅如此，居延屯田区有诸多渠道名称记录，如临渠（10.16B）、甲渠（4.8、6.1、67.36）、广渠（75.3）等。

## 5.3.3　垦荒屯田

河西是汉代西北地区规模最大的屯田区，最主要的几个屯田点分别位于令居、番和、武威、居延、酒泉、敦煌等地，其中居延和酒泉屯田位于黑河流域（高荣，2011），而赵俪生认为，汉代在整个河西走廊地区的屯田区域主要分为番和（今永昌县）、武威（今武威凉州区）、居延（今内蒙古额济纳，黑河下游）和敦煌（今敦煌）4 个主要地区（赵俪生，1997）。

居延地处弱水下游，是北通匈奴龙城，南达酒泉、张掖的唯一通道，也是西北边塞的门户之一（高荣，2011）。在夺取河西走廊后，政府即在这一地区"开官田，斥塞（疑为"戍"）卒六十万人戍田之"（《史记·平准书》）。太初三年（公元前102年）汉武帝派往河西的18万戍田卒就主要屯戍于居延。汉简中有很多居延屯田的记载，如"下领武校居延属国部农都尉"、"始元二年戍田卒千五百人为驿马田官穿泾渠"等（高荣，2011）。汉代在居延地区专门设有居延农都尉①，专管屯田事务。居延地区至少存在两个田官区：北部居延屯田区，以甲渠塞、卅井塞和居延泽包围；南部则是有东、西两部塞包围着的驿马屯田区（陈梦家，1980）。

古代行军打仗大部队行动都要依傍河道前进，从祁连山北流的额济纳河理所当然地成为天然通道。以居延为中心东进银川西去哈密，这又是河西走廊丝绸之路以北的一条东西大道，称为草原路。在这十字路口上的居延，地理位置十分重要（杜海斌，2003）。

在长期的远距离征战中，解决粮草问题的长久之计，莫过于就地屯耕。因而，战争也使居延得到相应的农耕开发。汉武帝末年，西汉政府以发明了代田法的赵过为搜粟都尉，"教边郡及居延城，……用力少而得谷多"，说明居延的农耕水平已与内地农业相当。戍守居延张掖的汉军修障塞，开屯田，自汉武帝太初三年（公元前102年）一直延续到东汉。戍军遗存的简牍文书，迄今发现者达三万余枚，显示当地曾设置"田官"和"代田长"来管理屯田，"戍田卒"和"守谷卒"来经营，仅驿马一地的"戍田卒"便有千五百人。还有向官府交租的屯田家，65亩取租大石廿一石八斗或入谷廿六石，屯垦业非常发达，当年的屯田面积达60多万亩以上（杜海斌，2003）。

居延汉简"候粟君所责寇恩事"记载了东汉光武帝建武三年（68年）居延有人去张掖卖鱼的事情，一次交易额三四十万钱（一钱等于一文，就像现在的"元"一样，也是钱的基本单位），说明当时居延的水域中盛产鱼类。同时期，人口也有了明显增长，东汉时张掖居延属国有1560户，4733人，东汉献帝兴平二年（195年）同一区域的西海郡则有2500户。随着北方战事趋于平静，居延的战略地位下降，东汉政府无须也无力支撑居延的人口压力，于是逐渐放弃了这片绿洲，至魏晋以后居延趋于沉寂（杜海斌，2003）。

酒泉屯田虽然不见于文献，但《后汉书》和居延汉简中都有关于酒泉农都尉的记载，说明酒泉地区也有屯田（高荣，2011），而且其规模应该可以与居延地区相提并论。

通过以上措施的实施，汉政府实现了"隔南羌"，以及"断匈奴右臂"（《汉书·西域传》）的国家战略，控制了通往西域的咽喉地带，为丝绸之路的开通和长期繁荣稳定奠定基础。同时，黑河流域的张掖、酒泉等地也成为丝绸之路上重要的城镇和驿站。其后近百余年的时间里，黑河流域处于相对和平和稳定的政治局势下，第一次出现了大规模的农业生产，形成首个绿洲垦殖的高潮。

---

① 《居延汉简（甲乙编）》有"下领五校居延 属国农都尉"（65×18）的记录。应该释读为居延的属国都尉、部都尉、农都尉。见陈梦家《汉简缀述》，中华书局1980年版第40页。

# 5.4　人口与耕地估算

## 5.4.1　汉代人口估算

河西归汉后，汉武帝将匈奴浑邪王及其所率4万余众安置于陇西、北地、上郡、五原、西河五郡塞外，置"五属国"以初之，于是自"金城、河西并南山至盐泽空无匈奴"。为了巩固对河西的统治，汉朝在初置酒泉郡以后，即"稍发徙民充实之"（高荣，2011）。据《汉书》卷二八下《地理志》载，到汉平帝元始二年（2年），河西四郡共有71 270户，280 211人。其中张掖郡户口最多，有24 352户，88 731口；酒泉郡有18 137户，76 276口；武威郡有17 581户，76 419口；敦煌郡有11 200户，38 335口。这是自汉迄唐近800年间河西户口的最高纪录。如果再加上当地的驻军和大量戍田卒，西汉末河西的总人口当不下50万~60万人（高荣，2011）。

根据《汉书·地理志》和《后汉书·郡国志》记载，西汉人口记载定于元始二年（2年），东汉的记录定于永和五年（140年），其数据如图5-3所示。其中，酒泉郡在西汉和东汉均领10县，而张掖郡在西汉时领10县，东汉领8县，另有张掖和张掖居延属国。因此，汉代人口数量的估算按这些行政区划单位进行。

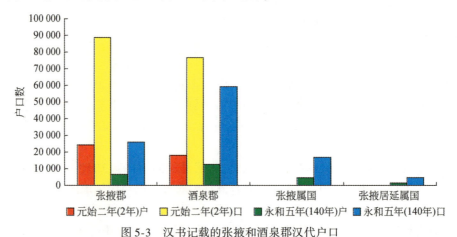

图 5-3　汉书记载的张掖和酒泉郡汉代户口

《后汉书·郡国志》酒泉只载户数，无口数，图中数字为根据后汉时凉州的每户平均数 4.67 口

及同时期酒泉户数 12 706 户加以推算得出

史书上记载的户数为户籍口数，此外，西汉时期有大量发往该地区屯田的戍田卒未加记载。事实上，在行政建制初设时，政府移民到"……西河、河西"开垦屯田，并"斥塞卒六十万人戍田之"（《史记·平淮书》）。类似记载为太初三年（公元前102年），"益发戍甲（疑为"田"）卒十八万"（《史记·大宛列传》和《汉书·李广列传》）。据此推测，在当时河西地区的张掖和酒泉2郡（此时敦煌和武威郡还未设立），屯田人数至少为20万人，并且主要屯田区分为番和、武威、居延和敦煌4个主要地点（赵俪生，1997）。同时据估计，休

屠屯田（今武威民勤县，属番和屯田）人口不会少于总屯田人数的 1/3（刘光华，1988）。姜清基（2008）估计，西汉时河西地区迁入屯田卒为 40 万。根据两次移民的记载，可以保守估计河西地区应在 60 万×1/4+18 万=33 万。随着汉代屯田规模增加，屯田卒数量也处于增加趋势，至西汉末元始二年（2 年）有近百年发展，屯田卒数量为 40 万数据较为可信。根据主要存在的 4 个屯田点的记载，即使 4 地平均分配，至少也应有屯田卒约 10 万人位于黑河流域。实际上，居延屯田作为边境地带防御作用而开垦，实际人数应比敦煌等地多。

汉代的黑河流域包含酒泉郡九县中的五县，以及张掖郡十县中的七县。为了获得位于黑河流域的人口数量需要对全郡的数据进行分离，此处基于现代人口数据所估计的集聚假设（程弘毅，2007）。考虑到现代城市集聚度因商业而更高，认为历史时期中心城镇（郡治所）所在地人口数为其他城镇的 2 倍是可取的。据此，估算得到张掖郡和酒泉郡在黑河流域内的民户人口为 88 731×8/11≈64 532 和 76 726×6/10≈46 036，合计 110 568 口，加之屯田卒的人口，合计人口数为 210 568。按同样的方法可分离户数，分别为 17 711 和 10 882。

东汉永和五年（140 年），东汉在张掖郡分张掖属国并在居延地区置张掖居延属国，则依据相同的计算方法，获得张掖和酒泉郡在黑河流域范围内的人口数量结果为 26 040×7/9≈20 253 和 59 337×6/10≈35 602，分估计相应户数位 5096 和 7624。计入张掖属国和张掖居延属国的数量，其官方记载的在黑河流域内人口应为 77 540 人，户数为 18 936。同样，除此之外依然还有大量屯田卒人口未列入统计。

东汉后期，整个河西地区陷入羌叛引起的战乱，"叛羌为害大甚"（《后汉书·五行志》），致使地区发生频繁的战乱，"兵连师老，不暂宁息"（《后汉书·西羌传》）。同时，黑河流域的边塞军事意义减退，交通时断时续，屯田规模随之缩小而罢止。因此，屯田卒数量亦有减少，暂按西汉数据折半计入，为 5 万人。此外，还有少量从事农业活动的少数民族，可以认为黑河流域除官方所载人口外，应有不下 5 万的屯田卒人口，估算永和五年黑河流域人口约为 13 万口，相比西汉下降显著。

根据正史资料原始记录，分别计算张掖和酒泉郡，以及两郡合计三种人口变化率以比较人口变化情况。据文献记录可以计算获得张掖和酒泉郡人口分别下降 46.2% 和 22.66%，合并两郡计后计算人口下降率为 35.3%，则以该下降比率计算，以元始二年（2 年）的人口估计结果为基础，据下降率估计永和五年（140 年）流域内人口总量为 136 237 口，与估计结果近似，由此认为估算结果较为可信。

## 5.4.2　汉代耕地规模估算

据《汉书·赵充国传》载："田事出，赋人二十亩。"知汉代"军屯"达 20 亩（汉代单位）。汉代以"二百四十步而一亩"（《盐铁论·未通篇》），汉代尺折合现代 0.231 m（梁方仲，1980），且以"六尺为步"（《汉书·食货志》）。因此其"亩"大小为（0.231×6）×（0.231×6×240）=461.04 m²，即今 0.691 56 亩。这与前人的估计结果是一致的（万鼎国，1958）。则汉代军屯 20 亩折算结果为 9220.8 m²。"民屯"史料无载，则据全国人均面积 13.88 汉代亩计入（梁方仲，1980），折合为 6399.2352 m²。

对于汉代的粮食单产和年人均占有原粮量，根据河西走廊地区资料所估算的汉代河西地区粮食单产分别为 110 市斤/市亩。据研究，秦汉时期 1 斤约重 240 g，约等于今 0.48 市斤（万鼎国，1958；李并成，1992）。《居延新简》和敦煌《疏简》中存在关于流域及其附近地区的粮食产量记载，可据其估算粮食产出。汉《居延新简》载："第四长安亲，正月乙卯初作，尽八月戊戌，积二百口（廿）四日，用积卒二万七千一百卅三人。率日百廿一人，奇卅九人。垦田卌一亩卌四亩百廿四步，率人田卅四亩，奇卅亩百廿四步。得谷二千九百一十三石一斗一升，率人得廿四石，奇九石。"（编号 72·E·J·C：1）（赵俪生，1982）。同时敦煌《疏简》615 号简记载："入二年粟百五十六石口田二顷七十亩 卌一石十月戊寅仓佐……"（吴礽骧等，1991）。另知汉代以"三十斤为钧，四钧为石"（《汉书·律历志》），即汉代 1 石为 120 斤。据此，计算《居延新简》的记录，粮食产量为 2913×120×0.24 = 83 894.4 kg，面积换算为 4144×461.04 = 1 910 549.76 m² （191.055 hm²）。因此，可知单产为 83 894.4/191.055 ≈ 439.0 kg/hm²。同样，可据《疏简》记载加以估计，结果如表 5-1 所示。

**表 5-1　汉简中所载黑河流域及其周边地区粮食产量**

| 资料 | 屯田面积 | 面积折算/hm² | 产出/石 | 产出折算/kg | 单产/（kg/hm²） |
|---|---|---|---|---|---|
| 居延新简 | 41 顷 44 亩 | 191.1 | 2 913 | 83 894.4 | 439.0 |
| 敦煌疏简 | 2 顷 70 亩 | 12.4 | 197 | 5 673.6 | 457.5 |

根据上述估计和计算结果，得知黑河流域及其附近地区粮食单产为 448 kg/hm²。通过分析居延新简，认为汉代每人月均粮食消耗为 1.2 ~ 1.54 石（34.56 ~ 44.35 kg）（宁可，1980）。考虑到军屯的国家行为强制特性，粮食易保证，而一般民屯则难以得到保障。因此，以 34.56 kg 粮食保守推算，人均年消耗粮食为 414.72 kg。

根据上述分析，基于前面推算的军屯和民屯人口数据，分别估计军事屯田和民屯的耕地面积，其结果分别为 100 000×0.922 = 9.22 万 hm² 和 110 568×0.64/100 ≈ 7.08 万 hm²，合并军屯和民屯的耕地后获得 2 年耕地规模总量为 16.3 万 hm²。同样，依据人口的粮食需求总量计算的耕地面积为 210 568×414.72/448 ≈ 19.49 万 hm²。依据同样方法可估计东汉永和五年（140 年）流域耕地面积分别约为 9.57 万 hm² 和 11.8 万 hm²。可见，西汉和东汉时期的耕地规模分别约为 1630 ~ 1949 km² 和 957 ~ 1180 km²。

## 5.5　历史遗迹及其分布

汉代对黑河流域数百年的经营，留下了古城址、古墓葬、古灌渠、古耕地和军事防御方面的古长城、古烽燧等众多历史遗迹。除第 3 章介绍的部分汉代古城址外，黑河流域的重要古遗址，还有长城、墓葬、渠道、交通线等其他遗址，它们是绿洲重建的重要参考依据。

根据第三次文物普查资料，我们对黑河流域汉代的历史遗迹进行了汇总，结果如表 5-2 所示。需要注意的是，该表仅包括走廊平原地区与绿洲重建有密切关系的遗址，其他如烽燧遗址（长城沿线）、交通驿站（大斗拔谷）、岩画（位于嘉峪关山区）等参考价值不大的遗址已被略去。略去的汉代烽燧遗址共 240 处，其中额济纳旗 156 处，酒泉市金塔县 24

处，嘉峪关市 4 处，张掖市民乐县 28 处，山丹县 15 处，肃南县 7 处，临泽县 2 处，甘州区 2 处，高台县 2 处。长城和城障遗址虽然数量少，但参考意义较大，因而予以保留。

表 5-2　黑河流域汉代古遗址一览表（据三普资料，不含烽燧）

| 类别 | 具体类别 | 所在市（盟） | 所在县（市、区、旗） | 名称 |
|---|---|---|---|---|
| 古建筑 | 城垣城楼 | 张掖市 | 甘州区 | 东古城城楼 |
| | 堤坝渠堰 | 张掖市 | 临泽县 | 皇渠 |
| 古墓葬 | 普通墓葬 | 阿拉善盟 | 额济纳旗 | 拉里乌素东墓葬、温都格南墓葬、温都格北 1 号墓葬、温都格北 2 号墓葬、红庙西墓群、红庙东墓群、红庙东南墓葬、黑城东墓葬群、绿城西南墓葬群、绿城西墓葬群、绿城东墓葬群、绿城东南墓葬群、绿城北墓群、额日古哈拉南墓群 |
| | | | 金塔县 | 尖顶子西口墓群、甘草秧井墓群、黄蒿子井墓葬、三道沙行井西墓群、刺疙瘩井南墓群、新地南墓群、新地北墓群、胡家沙窝墓群、青沙梁北墓群、长沙窝北墓群、红沙井墓群、下新坝墓群、转嘴子墓群、芦窝子井北墓群、孤孤洼墓群、三道沙行东口 1 号墓群、龚家岗墓群、一溜山墓群、天泉寺墓群、大坡梁墓群、板滩墓群、解放村墓群、臭芦草窝墓群、琵琶头湾墓群、青沙梁墓群、驴尾巴梁墓群、古墩子墓群 |
| | | 酒泉市 | 肃州区 | 仓门街墓群、东关内墓群、西关墓群、西关路南墓群、西关路北墓群、和平电影院墓群、东坝庄东滩墓群、东坝庄墓群、黄土疙瘩墓群、大拐弯墓群、黄沙窝墓群、大仰坝墓群、三坝湾墓群、窑房子墓、羊圈地墓、荒地滩墓、果园砖厂墓群、余家坝汉墓、丁家坝湾墓群、边湾滩墓群、小坝沟墓群、观山汉墓、天乐城墓群、黄家台子墓群、井架滩墓群、古坟滩墓群、新墩子东南滩墓群、双古堆墓群、新墩子北滩墓群、鸳鸯池墓群、东关外墓群、窦学诗院内汉墓、卯家山口墓群、梁家山墓群、临水岔路口汉墓、西沙汉墓、东湾东滩墓群、青沙梁墓群、沙河坝墓群、野猪沟墓群、上坝村双古堆墓群、小沟墓群、红沙河墓群、天乐湾墓群、荒凉墩墓群、新上林场墓群、新上六组小石滩墓群、水塔南墓群、红桥墩墓群、石庙子墓群、尊水地墓群、马营东滩墓群、大校场汉墓、神树湾墓群、三百户墓群、侯家沟墓群、土坝槽墓群、淌沟墓群、三坝窑洞墓群、崖底下墓群、李家杏园子墓、马家古堆墓、下河清车站墓、老爷庙墓、五六坝夹滩墓群、北沙滩墓群、北干渠西滩墓群、下河清南滩墓群、照壁庄墓群、机井房墓、楼庄七组王敬贵宅西墓、楼庄七组王敬煊老宅院墓、楼庄四组王前儒耕地内墓、楼庄五组王华儒耕地内墓、上乱古堆墓群、上乱古堆南滩墓群、下河清农场墓群、机场大水窖墓、下河清机场墓、五坝墓群、烘干炉墓、下河清农场二队东墓群、紫金城东北隅墓、紫金汉墓、紫金四组汉墓、王家崖墓群、崔家渡槽汉墓、陶家庄墓群、乱古堆墓群、红墙关墓群、单墩子滩墓群、陈家沙河墓群、黑坝沿墓群、西湾墓群、官北沟一组墓群、蒲来沟墓群、北干渠东滩墓群、西峰寺墓群、苜场沟四组南石滩墓群 |

续表

| 类别 | 具体类别 | 所在市（盟） | 所在县（市、区、旗） | 名称 |
|------|----------|--------------|------------------------|------|
| 古墓葬 | 普通墓葬 | 嘉峪关市 | 嘉峪关市 | 新城墓群、宏丰葡萄园墓群、新城村十组墓群、新城村四组墓群、安远沟村三组墓群、嘉峪关村三组墓群、嘉峪关村一组墓群、野麻湾村墓群、西罗湾墓群、长城村三组墓群、长城村七组墓群、黄草营村墓群 |
| | | 张掖市 | 肃南县（仅明花乡） | 西五个疙瘩墓群、上深沟墓群、草沟井墓群、上井墓群、明海林场墓群 |
| | | | 高台县 | 红山嘴墓群、骆驼城东南墓群、骆驼城西南夯土台式墓群、三个疙瘩墓群、大石落墓群、新沟墓群、许三湾西南墓群、五道梁墓群、马营冈墓群 |
| | | | 临泽县 | 红沟墓群、刘家墩子墓群、黄家湾林场墓群、黄家湾滩墓群、工区防洪坝墓葬、杨家坟墓群、羊路口墓群、野沟湾墓群、南坂滩墓群、南沙窝墓群 |
| | | | 甘州区 | 王阜庄墓群、朝元寺墓群、什信村墓群、上寨墓群、下寨墓群、八号村北滩墓群、西洼滩墓群、四角墩墓群、上堡村墓群、保安墓群、高庙古墓、上游墓群、甘城二号墓群、黎明村一号汉墓、黎明村二号汉墓、甲子墩墓群、燎烟村墓群、乱河湾墓群、永和墓群、兔儿坝滩墓群、红沙窝林区墓群、新建村墓群、双墩子滩墓群、五个墩墓群、小河墓群、坂滩墓群、甘城墓群、王家崖墓群 |
| | | | 民乐县 | 卧马山墓群、新庄墓群、高崖山墓群、张满墓群、破山咀墓群、北滩墓群、石岗墩墓群、铨将墓群、羊湖滩墓群、乳头山墓群、孤山子墓群、牛毛寺墓群、闫城墓群、韩庄墓群、西张庄墓群、石蹄子墓群、宗家寨墓群、砖包墩墓群、毛桑坡墓群、钱寨墓群、上姚庄墓群、王什墓群、八卦营墓群、干巴山墓群、永固墓群、乱疙瘩墓群、草场坡墓群 |
| | | | 山丹县 | 羊路洼墓群、彭家山湾墓群、山羊堡滩墓群、七里桥墓群、西屯大墩滩墓群、车家湾古墓、驼铃山汉墓、一对墙子墓群、孙庄墓群、独峰顶古墓、尖沟岸古墓群、壕北滩古墓、白墩子洼墓群、营盘洼墓群、汪庄古墓、白疙瘩洼墓群、二十里堡墓群 |

续表

| 类别 | 具体类别 | 所在市（盟） | 所在县（市、区、旗） | 名称 |
|------|----------|--------------|----------------------|------|
| 古遗址 | 城址 | 阿拉善盟 | 额济纳旗 | K688 城、K749 城、K710 城、A35 城址、K824 大湾城遗址、二塔东城址、查干波日格城址、绿城遗址 |
| | | 酒泉市 | 金塔县 | 黄鸭墩城址、下破城城址、北三角城遗址、双城子遗址、营盘城遗址、一堵墙城址、下长城坞障遗址、会水城遗址、南破城遗址、三角城遗址、一堵墙城遗址 |
| | | | 肃州区 | 盛家地湾城址、皇城遗址 |
| | | 张掖市 | 肃南县（仅明花乡） | 草沟井下城遗址、上深沟城遗址、明海城遗址 |
| | | | 高台县 | 骆驼城遗址、许三湾城遗址、羊蹄沟城遗址 |
| | | | 甘州区 | 滚家庄村城堡遗址、黑水国遗址（南）、黑水国遗址（北） |
| | | | 民乐县 | 岔家堡古城遗址、八卦营古城遗址、永固城遗址 |
| | | | 山丹县 | 鸾鸟城遗址、双湖古城址 |
| | 聚落址 | 酒泉市 | 金塔县 | 缸缸洼东遗址、刺疙瘩井南 3 号遗址、三道沙行遗址、黄猫头井遗址、三道沙行井遗址、三道沙行井西 2 号遗址、黄猫头井东遗址、刺疙瘩井南 1 号遗址、土墩子 2 号遗址、沙窝旋南遗址、刺疙瘩井南 2 号遗址、独草窝遗址、琵琶头湾东遗址、颈干子芦窝遗址、板地井南遗址、西三角城遗址、圆故堆沙窝遗址、双庙湾北遗址、破城南沙梁遗址、破城北遗址、东窑洞滩西遗址、秃疙瘩南遗址、秃疙瘩北遗址、东窑洞滩南遗址、双庙湾南遗址、黄刺梁北遗址、三角城北遗址、毛刺坑东遗址、双庙湾遗址、刺湾遗址、三个锅庄井遗址、刺疙瘩井东遗址、刺窝子井遗址、青沙梁沙窝西遗址、砖沙窝遗址、高沙窝石岗遗址、青沙梁东遗址、胡家沙窝遗址、琵琶头湾西遗址、转嘴子东遗址、窑洞滩遗址、窑洞滩东遗址、板地井北遗址、刺墩遗址、板地井遗址、驴尾巴梁遗址、沙门子南遗址、板地井东遗址、地窝墩遗址、下长城滩遗址、黄沙芦梁遗址、骆驼刺湾西遗址、西沙槽井遗址、破城东遗址、沙门子井遗址、皮带口子遗址、土墩子井遗址 |
| | | | 肃州区 | 大树台子遗址 |
| | | 张掖市 | 山丹县 | 山羊堡滩遗址 |

| 类别 | 具体类别 | 所在市（盟） | 所在县<br>（市、区、旗） | 名称 |
|---|---|---|---|---|
| 古遗址 | 军事设施遗址<br>（仅城障、<br>长城） | 阿拉善盟 | 额济纳旗 | A1 障、A10 亭址、F84 障、K797 障、A8 障址、K822 障、A32 障、A33 障址、另有烽燧 60 个（名称略） |
| | | 酒泉市 | 金塔县 | 双线段长城遗址等共 15 处、石门坎坞障遗址、马庄子城址、东大湾城遗址、地湾城遗址、肩水金关城遗址、营盘坞障遗址、石营子坞障遗址 |
| | | 张掖市 | 高台县 | 骆驼城西南城障遗址、黄河湾汉代城障遗址、许三湾西南城障遗址 |
| | | | 甘州区 | 尹子堡堡址 |
| | | | 山丹县 | 西屯壕堑 3、4、5、6 段遗址、帽葫芦山烽燧与古营盘遗址、柳沟列障、山丹汉代长城、独峰顶汉代壕堑长城、红寺湖汉代长城、山丹中牧军马场 |
| | 矿冶遗址 | 阿拉善盟 | 额济纳旗 | 楚伦昂高茨采石场 |
| | 水利设施遗址 | 张掖市 | 高台县 | 骆驼城南防洪坝遗址、南华防洪坝遗址、许三湾南防洪坝遗址第 1、2、3、4、5 段 |
| | | | 甘州区 | 余家城村涝池 |
| | 寺庙遗址 | 阿拉善盟 | 额济纳旗 | 金庙高台遗址 |
| | | 张掖市 | 临泽县 | 羊台庙遗址 |
| | 窑址 | 阿拉善盟 | 额济纳旗 | 绿城窑址、大同城东窑址 |
| | | 酒泉市 | 金塔县 | 黄坑窑址群、尖顶子井南窑址群、尖顶子井东窑址群、碱洼井窑址、破城北 1 号窑址、三个锅庄井东 3 号窑址群、三个锅庄井东 1 号窑址群、破城北窑址、西沙井北窑址、石坡子井北窑址、石坡子井窑址、西沙井窑址群、石坡子井南窑址、西沙井东窑址、三道沙行井西 1 号窑址、黄蒿子井东窑址、板地井南窑址群、胡家沙窝南窑址、胡家沙窝北窑址、青沙梁沙窝东窑址、沙枣树岗北窑址、独窝窑窑址、转嘴子北窑址、西三角城南窑址群、窑洞滩东窑址群、西三角城南窑址、东窑洞滩窑址群、圆故堆沙窝南窑址、双庙湾窑址群、破城窑址群、土墩子井窑址群、转嘴子东窑址群、转嘴子南窑址群、青沙窝北窑址群、青沙窝西窑址、横沙窝窑址群、下破城西窑址、三道沙行井北窑址群、西三角城北窑址群 |
| | | | 肃州区 | 将台东滩砖窑址、黑坝沿窑址 |
| | | 张掖市 | 高台县 | 五座窑遗址 |
| | | | 临泽县 | 西柳古窑遗址、西山洼窑遗址 |
| | | | 甘州区 | 五里墩砖窑遗址 |
| | 其他古遗址 | 酒泉市 | 金塔县 | 三个地窝北遗址、沙窝旋遗址、西大湾城遗址、芦窝子井遗址、芦窝子井东遗址、芦窝子井东 2 号遗址、刺湾墓群、西三角城东遗址、芦窝子井东 3 号遗址、沙边子井遗址 |

据文物遗址资料统计，黑河流域范围内有汉代遗址 694 处，分布遍布自中游到终端的沿河地带。其中，集中分布地如图 5-4 所示。

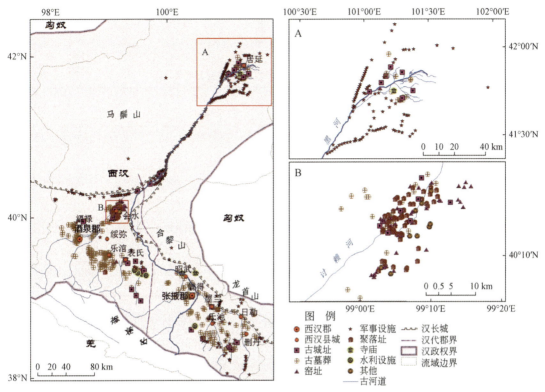

图 5-4　黑河流域汉代遗址分布

一是黑河干河中段，特别是干流与其他河流的交汇地带，如黑水国北古城、南古城（甘州区西北）。其中与绿洲开发直接相关的历史遗迹——三清渠就位于本区。皇渠（千金渠），又称三清渠，开口于蓼泉镇唐湾村至下庄村境内，临泽县境内全长 20 km。据《临泽县志》所载，旧有渠，开口于永安境，或称其为汉之千金渠。清雍正三年（1725年）川陕总督府督垦三清湾屯田，其境上接碱泉墩，下连威狄堡，东西百余里。初借小新渠引水。雍正十年五月，浚开三清渠，渠口仰迎黑河，至魏家堡 20 余里，建水闸渡大沙河，经抚彝、双泉境，自鸳鸯湖中直过，越麻黄岗，大墩至渠尾又 25 里，水渠流向由东向西，为土渠，渠口平均宽约 4.5 m，底宽约 3 m，深约 1.6 m，渠岸呈弧形，沿渠有建筑物 8 座。这些记载表明汉代的千金渠后来演变成立清代的三清渠，其位置仍是原来的位置。

二是黑河最大支流讨赖河沿岸的肃州-金塔盆地，如会水县城等。

三是马营河、摆浪河、丰乐河终端一带，如骆驼城（高台县西南）、草沟井、明海（肃南明花乡）、新墩子、高老庄等古城址。

四是黑河干流下游的额济纳盆地一带，如居延城（K710）、BJ2008 城、温都格城（K749）、甲渠候官、红城等分布在该区域。

为了进一步分析不同类型遗址的空间特征，据遗址所在区位，将全流域遗址划分为山丹河与洪水坝河（山丹和民乐）、干流中游（甘州、临泽、高台北部）、讨赖河中游（肃州西部、嘉峪关）、丰乐河沿岸（肃州东部）、马营河与摆浪河沿岸（高台南部、肃南明花）、讨赖河下游（金塔）和干流下游（额济纳旗）七个片区。表5-3是按照这七个片区对遗址数量的统计。

**表 5-3 黑河流域汉代遗址的数量与分布情况** （单位：处）

| 地区 | | 古城址 | 古墓葬 | 聚落址 | 窑址 | 军事设施 | 寺庙 | 水利设施 | 其他 | 合计 |
|---|---|---|---|---|---|---|---|---|---|---|
| 中游 | 山丹河与洪水坝河 | 5 | 43 | 0 | 1 | 47 | 0 | 1 | 0 | 97 |
| | 干流中游 | 3 | 40 | 1 | 2 | 10 | 1 | 1 | 0 | 58 |
| | 讨赖河中游 | 1 | 43 | 0 | 0 | 3 | 0 | 0 | 0 | 47 |
| | 丰乐河沿岸 | 1 | 66 | 1 | 1 | 0 | 0 | 0 | 0 | 69 |
| | 马营河与摆浪河沿岸 | 8 | 15 | 0 | 2 | 9 | 0 | 7 | 0 | 41 |
| 下游 | 讨赖河下游 | 11 | 27 | 57 | 40 | 51 | 0 | 0 | 10 | 196 |
| | 干流下游 | 9 | 14 | 0 | 2 | 160 | 1 | 0 | 0 | 191 |
| 合计 | — | 38 | 248 | 59 | 48 | 280 | 2 | 9 | 10 | 694 |

可以发现，汉代军事遗址数量众多，达280处，占到遗址总量的40%，大部分集中分布于金塔北部，以及金塔与至额济纳一带的黑河沿岸，说明金塔至额济纳一带军事地位的重要性，这与历史文献中类似"益发戍甲（疑为"田"）卒十八万，酒泉、张掖北置居延、休屠，以卫酒泉"（《史记·大宛列传》和《汉书·李广列传》）的记载是一致的。

由于黑河流域东为巴丹吉林沙漠，西为干燥的马鬃山，自然环境十分恶劣，水源难以保证，沿黑河流域的南北向通道就成了当时匈奴从北部进入内陆河西走廊的主要通道。为此，汉政府沿马鬃山南部、跨黑河并沿着巴丹吉林沙漠南缘修建了长城，并在黑河干流与长城交叉处设肩水金关和肩水都尉府等指挥机构，重点防御匈奴沿黑河进入内地的入侵。

汉代张掖郡居延都尉所辖边塞上的烽燧和障塞等遗址，北起居延泽，南至毛目。居延都尉所辖烽燧障塞分属三个侯官：三十井侯官塞自布肯托尼到博罗松治，塞墙大部分存在；甲渠侯官塞从塞汗松治（A2）至T20，侯官治所在破城子（A8）；殄北侯官塞在居延都尉防区的最北端，从宗间阿玛（A1）到T29之间，成为一弧形地带，侯官治所在宗间阿玛。

这些设施自北向南按级别高低分别驻有不同的军事行政长官，而下游的额济纳（居延）地区在汉代作为阻止匈奴的第一道军事防线而存在，其外围地区也存留有大量军事设施遗址（图5-4）。此三角防御区在汉与匈奴对抗战略上起到了非常重要的作用。

此外，古城址作为人类活动的集中地域，除了中游张掖、酒泉等核心地区至今仍在使用外，大部分分布在河流终端。干流终端的居延地区，支流讨赖河、摆浪河、马营河的终端所分布的城址占总量约70%，表明河流终端区域在这一时期人类活动集中，超过了沿河地区，绿洲的开发也集中在上述区域。

# 5.6　垦殖绿洲重建

遥感影像解译结果表明，汉代垦殖绿洲分布的范围遍及中游和下游的沿河平原与三角洲地区，其中中游地区的张掖黑水国、酒泉城周围、摆浪及马营河终端，为核心垦殖区。这些地区分布有大量古城址，如黑水国南、北城等，实地考察亦见城址周围存留有绿洲垦殖的遗迹。除此之外，中游其他地区分布零散，部分为现代绿洲所覆盖。下游额济纳（居延）地区北部居延泽附近的屯田区的耕地面积广大，成为主要的绿洲垦殖区。

遥感影像解译和$^{14}$C测年表明，许多兴建于汉代的渠系由西向东进入居延城、雅布赖城等各垦区（蓝利等，2009）。同时，影像解译表明，讨赖河下游金塔盆地（会水）亦为另一大规模垦区。据额济纳旗王爷府的展板材料，额济纳绿洲地区古代垦区在两汉屯田总面积280万亩。基于古遗迹的分布，参照20世纪60年代的锁眼卫星影像特征，在GIS平台下绘制出的绿洲边界如图5-5所示。

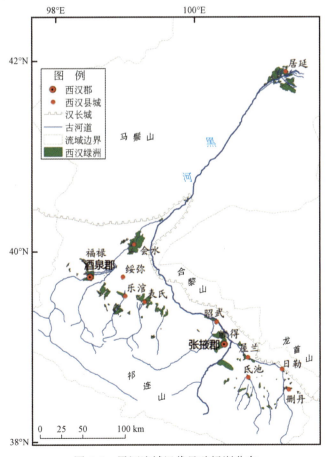

图 5-5　黑河流域汉代垦殖绿洲分布

利用 GIS 进行面积量算，可以获得垦殖绿洲面积约为 1703 km²。与古遗址分布类似，黑河流域汉代的垦殖绿洲遍及中下游的大部地区。在黑河干流和山丹河汇合处，干流和讨赖河汇合处，讨赖河沿岸的酒泉城周围，丰乐、马营、摆浪河的中下游及干流下游居延（额济纳）地区，绿洲的规模较大。表 5-4 为主要几块绿洲的面积估计。在野外考察中，发现在金塔东部的东沙窝一带、下游额济纳旗东部一带存留大量的古代耕地遗迹，这些耕地遗迹包围着古城址、古聚落等遗迹，是农业活动存在的"铁证"。

表 5-4　黑河流域汉代主要垦殖绿洲面积

| 项目 | 黑水国绿洲 | 骆驼城绿洲 | 草沟井 | 金佛寺 | 下河清 | 总寨 | 酒泉 | 会水 | 居延 |
|------|-----------|-----------|--------|--------|--------|------|------|------|------|
| 面积/km² | 178 | 95 | 113 | 66 | 35 | 96 | 114 | 291 | 345 |
| 所属县 | 觻得 | 表氏 | 表氏 | 酒泉 | 乐涫 | 酒泉 | 酒泉 | 会水 | 居延 |
| 流域位置 | 干流中游 | 摆浪河下游 | 马营河下游 | 丰乐河中游 | 丰乐河下游 | 洪水坝河下游 | 讨赖河中游 | 讨赖河下游 | 干流下游 |

总之，汉代第一次在黑河流域大规模地发展了灌溉农业，开启了该区域农业开发的新纪元，使黑河流域逐渐成为我国西北边疆稳定的绿洲农业区之一。随着农业经济的发展，本地区的原始的天然绿洲大规模地转化为垦殖绿洲，其范围遍及了中段和终端地区，干流中游的觻得县（黑水国）、终端居延、最大支流讨赖河的中游福禄县及下游会水县周围、马营河和摆浪和下游，丰乐河中下游及酒泉东南部小河冲积扇的总寨一带均出现了大规模的垦殖绿洲。此外，在山丹和民乐（氏池）等地势较高地区，也在山丹河和洪水河等主要河道周围出现了零散的规模较小的绿洲。

这些绿洲中，位于河流下游尾闾地区的面积达 975 km²，占全流域垦殖绿洲面积的 57.2%；位于河流中游的黑水国、酒泉、金佛寺绿洲的总面积为 358 km²，占全流域垦殖绿洲面积的 21.0%。这表明这一时期绿洲开发地点中下游兼存，下游开发的规模更大。这样的绿洲分布也在一定程度上反映了流域水资源充沛，能够满足绿洲开发的需求。西汉末到东汉时期，因地区战乱增加、交通地位衰落，人口规模开始缩减，绿洲开始有局部撂荒和废弃的现象。

# 第6章 魏晋南北朝时期的黑河流域

## 6.1 频繁更迭的割据政权

东汉末年，政局不稳。光和七年（184年），"黄巾起义"爆发并在全国陆续扩大，其后，东汉政权名存实亡。各地军阀以镇压起义为名，趁机扩张势力，出现了军阀割据的情况。在此期间，黑河流域为以凉州为中心的马腾势力所控制，"备受民族间兵戎纷扰之害"（《三国志》），之后曹魏（220～266年）立国并兼并北方，黑河流域短暂稳定。司马氏取代曹魏建立西晋（266～316年）并逐渐统一全国后，黑河流域内维持相对安定的局势。

290年，晋惠帝执政后政权腐败，继而爆发了"八王之乱"的争斗（291～306年）。"八王之乱"尽管对河西地区影响较小，但对西晋的政权造成了严重打击，极大地动摇了西晋的统治基础。与此同时，东汉以来的民族迁移更加频繁，主要有匈奴、羯、氐、羌及鲜卑五族，史称为"五胡"。此后，各民族与中原王朝对立频发。在"八王之乱"的内患和来自少数民族的外忧共同作用下，继而发生了"永嘉之乱"，最终致使西晋于建兴四年（316年）在匈奴人刘曜的军事打击下灭亡。而后，司马睿在建康（南京）建立东晋，北方中国分裂政权陆续演替，进入与东晋并存的十六国时期。从此，黑河流域也进入了政权林立、多次易主的阶段，先后为前凉、后凉、北凉、西凉等割据政权所统治。

早在"永宁（301～302年）中，张轨为凉州刺史，镇武威"（《晋书·地理志》）。由于北方中原一带陷入混乱，"元帝徙居江左，轨乃控据河西，称晋正朔，是为前凉"（《晋书·地理志》）。"前凉"成为形式上的地方割据政权，直至376年为前秦所灭。在前凉张氏数十年统治下，黑河流域政治局势相对和平，来自中原地区避乱者较多，成为"士马强壮，刑清国福"（《晋书·张轨传》）之地，为地区发展和绿洲开发创造了重要条件。

376～386年，前秦政权基本统一了北方，黑河流域随而进入前秦政权的统治范围。383年，败落于"淝水之战"的前秦，国力衰落。统治下的各少数民族又再度建立割据政权，纷争不断。期间，黑河流域首先属氐族的后凉政权（386～403年），军事上东征西讨，战乱不断，生灵涂炭。

紧随其后是匈奴的北凉、汉族的西凉和鲜卑族的南凉并存。"武昭王为西凉，建号于敦煌，秃发乌孤为南凉，建号于乐都。沮渠蒙逊为北凉，建号于张掖"（《晋书·地理志》）。期间，北凉、西凉两大割据政权基本分割了黑河流域，北凉统治着东部的张掖地区，酒泉和额济纳（居延）属西凉。此外，南凉势力也伸及东南部的山丹一带少数地区。

为了扩大领土，北凉与南凉多次发生战争。西凉战和兼用，"深慎兵战，保境安民，俟时而动"（《魏书·李嵩传》）。其后，南凉和西凉依次为北凉政权消灭。420年，刘裕即篡夺东晋建立南朝宋；440 年，北魏统一北方中国。自此，中国进入南北朝对峙时期（440~589 年），统治黑河流域的"五凉"政权结束。五凉前后持续近 140 年。

西魏（535~556 年）和北周（557~581 年）都先后以长安为国都，并自山西西部的黄河和河南洛阳一线与东魏和北齐分界。期间，西魏和东魏为了吞并对方而不断战争，但长时间处于僵持对峙局面，未能统一。北齐和北周同样也为统一而发动战争。黑河流域属北朝统治，相继为北魏、西魏和北周所统治。在北魏（440~535 年）时期，黑河流域基本处于统一的政权管理下，社会环境安定。正光四年（523 年），北魏的边境爆发"六镇起义"，莫折大提（莫折太提）和万俟丑奴领导的起义波及甘肃的河西走廊一带。576 年北周建德五年统一了北方，581 年隋朝又取代北周，南北朝阶段结束。

总体看来，黑河流域只在曹魏、西晋、前凉等统辖时期内保持过短暂的政治稳定，后来的北凉、西凉、南凉等政权的割据和斗争使得流域的局势动荡不已。频繁的政权更替无法为绿洲开发提供长期稳定的政治和社会环境。

## 6.2 行 政 建 制

三国和西晋时期的行政建制基本延续汉代的格局，黑河流域先后有"张掖郡，西郡，酒泉郡，西海郡"（《晋书·地理志》）四郡设立，其中张掖郡、西郡、西海郡的全部及酒泉郡的五县（福禄、会水、安弥、乐涫、表氏）属于黑河流域范围（图 6-1）。另外，南部祁连山区属西羌牧地，东北部属鲜卑势力。

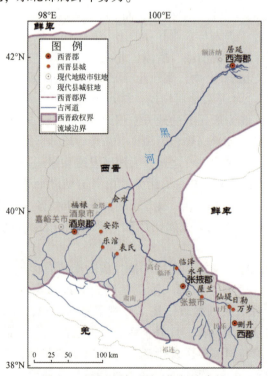

图 6-1 黑河流域西晋时期行政建制

十六国时期，黑河流域内政权变更频繁，行政建制较为混乱，许多城镇因军事需要随时设立，随建随废，故址今天难以考证。不少割据政权为虚张声势，将"境土屡分"，有时"一郡一县"，甚至将一个郡"割成四五"（《宋书·州郡志》），造成了区域内建制数量急剧增加。根据相关资料，黑河流域在"五凉时期"的主要行政建制如表6-1所示。这一时期行政建制的基本情形是，前凉与前秦时期增置了"祁连郡""临松郡"和"建康郡"，后凉又增设"西安郡"，北凉与西凉时期又增设了"凉宁郡""金山郡"和"临池郡"等。大部分郡存在属县，但也有部分没有，而且许多郡县的位置今天也无从考证了。

**表 6-1 黑河流域"五凉"（东晋）时期行政建制**

| 时期 | 主要郡 | 所辖县 | 说明 |
|---|---|---|---|
| 前凉、前秦<br>（316～386 年） | 张掖郡 | 永平（觻得）、临泽（昭武）、屋兰 | 与西晋同 |
| | 酒泉郡 | 福禄、会水、安弥 | 与西晋同 |
| | 西郡 | 删丹、日勒、仙提、万岁、兰池 | 与西晋同 |
| | 西海郡 | 居延 | 与西晋同 |
| | 建康郡 | 表氏、乐涫 | "前凉张骏置建康郡，属凉州"；"张氏分乐涫属建康郡"（《读史方舆纪要》卷63） |
| | 祁连郡 | 汉阳、祁连 | "永兴中，置汉阳县以守牧地，张玄靓改为祁连郡"（《晋书·地理志》） |
| | 临松郡 | 临松 | 张天锡又别置临松郡"（《晋书·地理志》） |
| 后凉<br>（386～397 年） | 张掖郡 | 永平（觻得）、临泽（昭武）、屋兰、金泽（无考）、丘池（无考） | "金泽县移属张掖，当是后凉始也"（《十六国疆域志》）；"太元十四年（389年），张掖督邮傅曜考核属县，而丘池令尹兴杀之"（《晋书·吕光载记》） |
| | 酒泉郡 | 福禄、会水、安弥 | 与前凉、前秦同 |
| | 西郡 | 删丹、日勒、仙提、万岁、兰池 | 与前凉、前秦同 |
| | 西海郡 | 居延 | 与前凉、前秦同 |
| | 建康郡 | 表氏、乐涫 | 与前凉、前秦同 |
| | 祁连郡 | 汉阳、祁连 | 与前凉、前秦同 |
| | 临松郡 | 临松 | 与前凉、前秦同 |
| | 西安郡 | — | "后凉吕光置西安郡"（《读史方舆纪要》63） |
| 北凉与西凉<br>（397～439 年） | 张掖郡 | 永平（觻得）、临泽（昭武）、屋兰 | 与前凉、前秦同 |
| | 临池郡 | — | "业以蒙逊为镇西将军、临池太守"（《宋书·氐胡传》） |

| 时期 | 主要郡 | 所辖县 | 说明 |
|---|---|---|---|
| 北凉与西凉<br>（397～439年） | 西安郡 | 无考 | "业筑西安城，以其将臧莫孩为太守"（《晋书·沮渠蒙逊载记》） |
| | 西郡 | 删丹、日勒、仙提、万岁、兰池 | 与前凉、前秦同 |
| | 建康郡 | 表氏、乐涫 | 与前凉、前秦同 |
| | 祁连郡 | 汉阳、祁连 | 与前凉、前秦同 |
| | 临松郡 | 临松 | 与前凉、前秦同 |
| | 金山郡 | 无考 | "以从弟成都为金山太守"（《晋书·沮渠蒙逊载记》） |
| | 西海郡 | 居延 | 与前凉、前秦同 |
| | 酒泉郡 | 福禄、会水、安弥 | 与前凉、前秦同 |
| | 凉宁郡 | 无考 | "酒泉、凉宁二郡叛降李玄"（《晋书·沮渠蒙逊载记》） |

# 6.3　农业生产的发展

三国（220～280年）初期，黑河流域的政治局势依然动荡，生产发展缓慢，许多耕地遭到废弃。曹魏控制流域后，社会环境逐步稳定，为农业生产创造了条件。统治者不仅招怀流民、归降羌胡，为绿洲开发提供人力基础，而且劝课农桑，开展垦殖（陆庆夫，1987；李并成，1990c；高荣，2011）。这些政策实施后，"旬月之间，流民皆归"（《三国志·苏则传》）。由于气候干旱，徐邈在黑河流域绿洲"广开水田，募贫民佃之"（《三国志·徐邈传》）。不仅如此，地方官员"亲自教民耕种"，结果"其岁大丰收"，自此"归附者日多"（《三国志·魏书》）。因此，"家家丰足，仓库盈溢"（《三国志·徐邈传》），绿洲开发有一定程度的恢复。

西晋时期（265～316年），全国短暂统一。政府采取了休养生息、发展生产、释放奴婢、开展军屯等措施（吴廷桢和郭厚安，1996）。西晋"励志于稼穑"（《晋书·食货志》）。泰始二年（266年），政府号召"并力垦殖"以推进农业开发，"欲全农功益登，耕者益劝"（《晋书·食货志》）。280年，政府发布"占田、课田令"，允许自行占田。太康年间（280～289年），经济发展最为繁荣，"赋税平均"（《晋书·食货志》），"牛马被野，余粮栖亩"（《晋纪·总论》）。但随后的291年起，西晋爆发了持续16年的"八王之乱"，引发了亡国和近300年的大动乱。期间，少数民族大举入侵内迁，与西晋王朝冲突升级。311年的"永嘉之乱"，使西晋王朝衰落继而灭亡。

西晋后，黑河流域陷入"五凉"割据。各割据政权权力更替频繁，各政权之间相互争夺土地和人口的战争屡屡发生。此间，黑河流域为前凉、后凉、北凉、西凉等割据政权所统治，其中仅前凉时期由于政权相对稳定，自中原地区来避乱的人"日月相继"（《晋书

·张轨传》），统治者"课农桑，拔贤才"（《十六国春秋·前凉录》）以推进绿洲的农业垦殖，绿洲出现短期繁荣。后凉时期，政府忽视农业发展，吕光甚至还"徙西海郡人于诸郡"，而后又迁到"西河乐都"（《晋书》载记第22），使居延绿洲垦区更加衰落。其后，北凉与西凉并立对峙，绿洲垦殖仅有小规模开展。

# 6.4　人口情况

西晋时，（凉州）统八郡，县46，户30700（包括金城郡和西平郡）（《晋书·地理志》）。酒泉郡9县下有5县，张掖郡3县，西郡5县，西海郡1县属黑河流域。《晋书·地理志》仅有各郡户数记载，无口数：张掖郡县3，户3700，西郡县5，户1900，酒泉郡县9，户4400，西海郡（原属张掖，东汉末置）县1，户2500。按中心城镇的人口集聚假设，酒泉郡位于黑河流域的户数应为$4400×6/10=2640$户。因此，黑河流域的总户数大约为$2640+3700+1900+2500=10\ 740$户。

记载表明，在统一时代，中国历史上户均人口数约为5口（梁方仲，1980）。如以此推算，西晋泰康年间（280～289年）黑河流域人口为53 700人。与东汉中后期动荡局势下官方记载78 119口有明显下降，下降近1/3（31%）。由于魏晋时期封建依附关系有很大发展，存在隐匿户口，有学者指出，依附在户籍下的佃客等无户籍荫户人口，可能是户籍记载人口数倍之多（李剑农，1963）。此外，西晋继承曹魏的兵户制度，区域内依然存在大量兵户。因此实际人口应数倍于史书所载数据。限于资料，此处我们无法进行更详细的分析，若按两倍保守计算，则应有人口约107 400人。

# 6.5　历史遗迹及其分布

根据第三次文物普查资料，黑河流域三国至南北朝时期的遗址点见表6-2。表中的绝大部分遗址从三国延续的晋，只有少数几个遗址延续到南北朝时期（名称后作了标注）。

表6-2　黑河流域三国、晋时期古遗址一览表（据三普资料，含烽燧）

| 类型 | 具体类型 | 所在市 | 所在县（区） | 遗址名称 |
|---|---|---|---|---|
| 古墓葬 | 普通墓葬 | 嘉峪关市 | — | 野麻湾村墓群、西罗湾墓群、长城村三组墓群、长城村七组墓群、新城墓群（三国-南北朝）、宏丰葡萄园墓群（三国-南北朝）、黄草营村墓群（三国-南北朝） |
| | | 酒泉市 | 金塔县 | 龚家岗墓群、一溜山墓群、天泉寺墓群、大坡梁墓群、板滩墓群、解放村墓群、臭芦草窝墓群、琵琶头湾墓群、青沙梁墓群、驴尾巴梁墓群、古墩子墓群 |

| 类型 | 具体类型 | 所在市 | 所在县（区） | 遗址名称 |
|---|---|---|---|---|
| 古墓葬 | 普通墓葬 | 酒泉市 | 肃州区 | 陶家庄墓群，乱古堆墓群，红墙关滩墓群，单墩子滩墓群，陈家沙河墓群，黑坝沿墓群，西湾墓群，蒲莱沟墓群（晋），北干渠东滩墓群（晋），砖厂墓群，北闸沟六组墓群，陶家地湾墓群，丁家闸西石滩墓群，七疙瘩石滩墓群，丁家闸林场墓群，丁家闸南滩墓群，高闸沟路槽墓群，佘家坝墓群，西石滩墓群，上闸地墓群，半截墩南滩墓群，将台墓群，东沙梁墓群，杨正勇耕地内墓，双疙瘩墓群，土疙瘩地墓群，墩疙瘩山坡墓，中寨村林场墓群，半截墩北滩墓群，钻洞沟墓群，天乐村三组墓群，营尔四组墓群，马营村五组北墓群，沙山村东南滩墓群，沙山林场北墓群，沙山墓群，科技示范农场三站北墓群，单闸南滩墓群，沙格楞三、四组北石滩墓群，单长五组西小石滩墓，茅庵河滩墓群，蕙家崖湾墓群，二分干水管所南石滩墓群，沙格楞七组南石滩墓群，沙格楞三组南石滩墓群，沙格楞下林场南墓群，沙格楞一组西石滩墓群，沙格楞一组南小石滩墓，狄家石滩魏晋墓，卢家蒿湾墓群，孔家鄂博墓群，马趟地墓葬，崔家庄南石滩墓群，崔家南湾墓群 |
| | | 张掖市 | 甘州区 | 王阜庄墓群、朝元寺墓群、什信村墓群、上寨墓群、甲子墩墓群、燎烟村墓群、乱河湾墓群、永和墓群、兔儿坝滩墓群、红沙窝林区墓群、新建村墓群、双墩子滩墓群、五个墩墓群、小河墓群、坂滩墓群、甘城墓群 |
| | | | 高台县 | 红山嘴墓群、骆驼城东南墓群、马营冈墓群、骆驼城西南夯土台式墓群、许三湾西南墓群（三国-南北朝）、五道梁墓群（三国-南北朝）、地埂坡墓群、明水墓群、南华墓群、许三湾东墓群 |
| | | | 山丹县 | 白疙瘩洼墓群 |
| | 其他古墓葬 | | 临泽县 | 南沙窝墓群 |
| 古遗址 | 城址 | 酒泉市 | 金塔县 | 西古城址、一堵墙城遗址 |
| | | | 肃州区 | 盛家地湾城址 |
| | | 张掖市 | 甘州区 | 滚家庄村城堡遗址（三国-南北朝）、黑水国遗址（南）、黑水国遗址（北） |
| | | | 高台县 | 骆驼城遗址、许三湾城遗址 |
| | | | 民乐县 | 永固城遗址 |
| | | | 山丹县 | 仙堤古城址 |
| | | | 肃南县 | 高老庄城址、西五个疙瘩下城遗址 |

| 类型 | 具体类型 | 所在市 | 所在县（区） | 遗址名称 |
|---|---|---|---|---|
| 古遗址 | 聚落址 | 酒泉市 | 金塔县 | 白刺墩遗址、板地井遗址、驴尾巴梁遗址、地窝墩遗址、下长城滩遗址、黄沙芦梁遗址、骆驼刺湾西遗址、西沙槽井遗址、破城东遗址、板地井北遗址、青沙梁东遗址、胡家沙窝遗址、琵琶头湾西遗址、转嘴子东遗址、窑洞滩遗址、沙门子井遗址、皮带口子遗址、土墩子井遗址、窑洞滩东遗址 |
| | 军事设施遗址 | 张掖市 | 甘州区 | 滚家城村烽火台遗址、东山寺烽火台遗址、尹子堡堡址 |
| | | | 高台县 | 骆驼城西南城障遗址 |
| | 水利设施遗址 | 张掖市 | 甘州区 | 余家城村涝池 |
| | | | 高台县 | 许三湾南防洪坝遗址第1、2、3、4、5段（三国-南北朝），骆驼城南防洪坝遗址（三国-南北朝），南华防洪坝遗址（三国-南北朝） |
| | 窑址 | 酒泉市 | 肃州区 | 将台东滩砖窑址、黑坝沿窑址 |
| | | 张掖市 | 高台县 | 五座窑遗址（三国-南北朝） |
| | 驿站古道遗址 | 张掖市 | 民乐县 | 大斗拔谷古道遗址 |

据文物考古和野外考察资料，黑河流域在魏晋时期的遗迹分布十分广泛（图6-2），其中，主干河道中段（鱳得或永平）、讨赖河的中游（福禄）和下游（会水）、洪水坝及其毗邻的小河（福禄东南），马营河、摆浪河下游（表氏）、丰乐河下游（乐涫）为主要集中分布区。

魏晋时期的古遗址尽管总体上延续了汉代的分布格局，但数量减少了，分布范围也缩小了，尤其以黑河干流下游（居延）和讨赖河下游（会水）最为明显。最为显著的是，下游的居延（额济纳）地区遗址无存，仅有"西海郡，统县一，居延"（《晋书·地理志》）的记载。遗址分布表明，魏晋时期的人类活动范围基本继承了汉代的格局，但干流下游的居延一带人类活动因军事屯田的终止而急剧衰退，另外讨赖河下游（今金塔县的东沙窝地区）也有显著的衰退。

为了进一步分析流域内不同区域古遗址的分布差异，将全流域的遗址按古城址、古墓葬等类型划分，并统计其在全流域内的分布情况如表6-3所示。

表6-3表明，西晋时期遗址数量大幅度减少，总量仅有197处。尤为突出的是，干流下游的额济纳（居延）一带遗址无存，表明居延地区的军事地位降低后，人类活动也大幅度衰退；但《晋书·地理志》记载表明西海郡及所属居延县犹存，表明仍有人类活动存在。存留的遗址中超过半数（107处）分布于讨赖河中游和下游一带，即酒泉和金塔地区。而小支流马营河与摆浪河沿岸一带分布数量达45处，占总量的近1/4。干流中段、民乐的山前冲积扇水系沿岸分布数量较少。

据前面的城址分析，大部分流域中部的民用性质城址得到了沿用，废弃或停用的多为

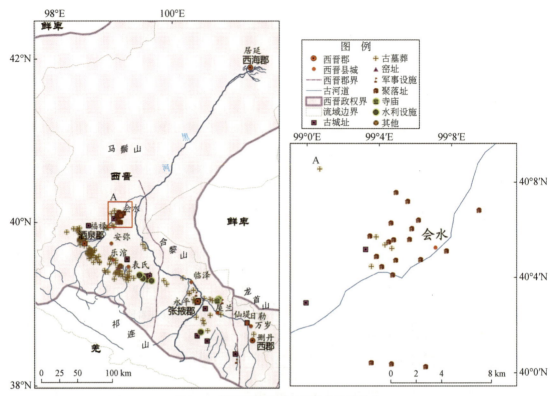

图 6-2　黑河流域魏晋时期的古遗址分布

军事城址或障城，新建城址极少，典型的有仙堤城，为西晋一县。

表 6-3　黑河流域晋代遗址分布数量　　　　　　　　（单位：处）

| 地区 | | 城址 | 墓葬 | 聚落 | 窑址 | 军事设施 | 寺庙 | 水利设施 | 其他 | 合计 |
|---|---|---|---|---|---|---|---|---|---|---|
| 中游 | 山丹河与洪水坝河 | 4 | 2 | 0 | 0 | 2 | 0 | 1 | 0 | 9 |
| | 干流中段 | 3 | 20 | 0 | 0 | 2 | 2 | 0 | 0 | 27 |
| | 讨赖河中段 | 3 | 71 | 0 | 1 | 0 | 0 | 0 | 0 | 75 |
| | 丰乐河沿岸 | 0 | 9 | 0 | 0 | 0 | 0 | 0 | 0 | 9 |
| | 马营河与摆浪河沿岸 | 4 | 27 | 1 | 4 | 2 | 0 | 7 | 0 | 45 |
| 下游 | 讨赖河终端 | 2 | 11 | 19 | 0 | 0 | 0 | 0 | 0 | 32 |
| | 干流下游 | 0 | 0 | 0 | 0 | 0 | 0 | 0 | 0 | 0 |
| 合计 | — | 16 | 140 | 20 | 5 | 6 | 2 | 8 | 0 | 197 |

# 6.6　垦殖绿洲重建

魏晋时期，黑河流域下游的居延地区仅存在居延一县，表明该地区汉代开发的垦殖绿洲由于军屯的废止而遭大面积废弃。中游会水、表氏等县周边地区遗址仅在沿河地区有少量分布，南部的氐池县城这时也被废弃，表明这时期黑河流域的绿洲规模不会很大。但是，也不排除该时期的绿洲开发存在短暂的繁荣时期，酒泉、嘉峪关一带的魏晋墓中发现的大量有关农业生产的壁画和画像砖，就是当时绿洲农业发展的明证。

根据古遗址的分布，利用锁眼卫星影像并结合地形坡度，可以判定并绘制这一时期的垦殖绿洲分布（图6-3）。GIS的量算结果表明，这一时期绿洲的规模为1115 km²，相比汉代而言，已经显著缩小，但绿洲总体分布格局与汉代类似。主要的绿洲区位于黑河流域中游的干流和支流的讨赖河沿岸，在马营河、摆浪河下游地区也有较广泛的分布，而干流下游居延地区的绿洲大幅度萎缩衰落。在居延地区，这一时期未能发现任何有代表性的古遗迹，足见绿洲开发萎缩的程度。这时期应该仅在居延县城周围有小规模的绿洲分布。

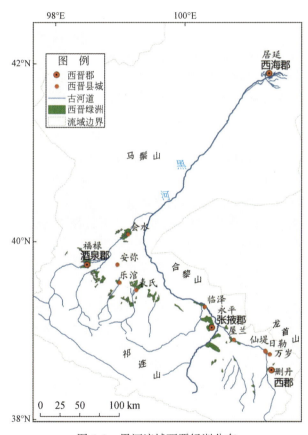

图6-3　黑河流域西晋绿洲分布

对主要绿洲斑块统计如表6-4所示。从表6-4可以看出，魏晋时期位于下游地区的主要绿洲面积规模达290 km²，位于河流中游（中段）地区的主要绿洲面积为456 km²，两者合计为746 km²。可见，这一时期绿洲主要地处主干河、讨赖河中段，以及讨赖河、马营、摆浪河的终端地区。相比汉代而言，下游地区绿洲衰落显著，特别是干流下游的额济纳（居延）地区的绿洲因军屯废弃而大幅度衰减，仅保留县城周围较小的区域；讨赖河下游的会水县附近虽然仍有绿洲存在，但规模相比汉代也显著退缩。

**表 6-4　黑河流域西晋主要垦殖绿洲面积**

| 位置 | 黑水绿洲 | 张掖南绿洲 | 草沟井 | 金佛寺绿洲 | 下河清绿洲 | 总寨绿洲 | 酒泉绿洲 | 会水绿洲 | 合计 |
|---|---|---|---|---|---|---|---|---|---|
| 面积/km² | 180 | 101 | 55 | 60 | 23 | 101 | 115 | 111 | 746 |
| 所属县 | 觻得 | 觻得 | 表氏 | 酒泉 | 乐涫 | 酒泉 | 酒泉 | 会水 | — |
| 所在流域位置 | 干流中段 | 干流中段 | 马营河下游 | 丰乐河中段 | 丰乐河下游 | 洪水坝河下游 | 讨赖河中段 | 讨赖河下游 | — |

西晋（265~316年）的短暂统治灭亡后，黑河流域便进入十六国时期。这一时期，仅在前凉时期（301~376年）相对安定，加之大量中原地区人口前来避乱，农业生产有所发展，绿洲的开发利用在稳中推进。自后凉开始，政权割据、战乱不断、民不聊生，战争与动荡使人口大量损耗和逃亡，农业生产几乎停滞，绿洲废弃扩大，沙漠化进程加剧。这与魏晋南北朝时期的沙漠化过程具有一致性（李并成，2003a）。

北魏于485年颁布"均田制"和"三长制"（邻长、里长和党长），实施计口授田并强化对地方的统治。北魏为鲜卑族人所建，以畜牧业为主，但统一北方后，一方面北魏重视黑河在内的河西走廊农业生产，"取州郡户十分之一为屯田"（《魏书·李彪传》）。不仅实施屯田，还如全境其他地区一样推广"均田制"（闫廷亮，2005），"课农桑"以发展农业垦殖，这些措施促进了土地的开垦，推动了农业生产发展，一定程度上有利于绿洲的开发与利用。但另一方面，北魏"徙凉州民三万余家于京师"（《魏书·世祖纪》），将人口迁到内地，区域人口减少，绿洲开发因人力基础削弱走向衰败。

西魏时，其统治者宇文泰提出"中兴永式法"新制及"六条诏书"，继续实行均田制，推进农业生产和水土资源开发，在户口管理方面实施"正长制"（"正"即间正、族长，"长"指保长。保、间、族为地方基层组织）。这些措施不仅限制了贪污、减少了官员，而且促进了屯田，发展了绿洲垦殖。

北周时期，统治者鼓励农桑，进一步推广均田和屯田。由于北朝间文献资料的缺失严重，人口、耕地等情况难以估计，且古遗址、相应时代的垦殖遗迹存留极少，导致南北朝时期的垦殖绿洲重建难以进行。

# 第7章 | 隋唐时期的黑河流域

## 7.1 民族政策

隋唐时期的统治者与边疆的少数民族既有军事对抗，也有和平交往，民族关系的主流是友好往来和经济文化交流。当时黑河流域主要的少数民族有突厥、吐谷浑、羌等。隋初，突厥强大，有军40万，不断入侵内地。隋朝被迫修长城，驻重兵，加强防守。开皇三年（583年），隋军大败突厥。不久，突厥分裂为东、西两部，东、西突厥相互对立，两部内部各派也互相攻战。

吐谷浑，原是鲜卑族慕容部一支的首领的名字，原居今辽宁一带，西晋末西迁至今甘肃、青海之间，后来以吐谷浑为姓氏建立国家，其官制、衣服、器用都仿效中原王朝，并使用汉文，隋初经常入侵内地。开皇十六年（596年），隋文帝以光化公主嫁于吐谷浑可汗。开皇十九年（599年），东突厥突利可汗战败降隋。隋朝封他为启民可汗，并以宗女义成公主嫁之。大业四年（608年），隋炀帝派军大败吐谷浑，在其地设河源（今青海兴海东南）、西海（今青海湖西）、鄯善（今新疆若羌）、且末（今且末西南）四郡。大业七年（611年），西突厥处罗可汗亦降隋。突厥与隋的政治、经济关系日益密切。

隋代在黑河流域发生过的一个重大事件就是隋炀帝的西巡。《隋书·炀帝纪》称："大业五年（609年）六月，炀帝循着法显的足迹西巡，经大斗拔谷，……，丙午次张掖。"是年，隋炀帝率大批军队、文武百官、宫廷后妃、僧尼道士及乐舞百戏计十万人从京都出发，沿渭水西行，过扶风（今陕西凤翔），越陇山，到天水郡，过陇西（今甘肃陇西），到狄道（今甘肃临洮），渡洮河西行至临津关（又名积石关，今甘肃炳灵寺石窟西），渡黄河西进至西平郡（今青海乐都），又西行至长宁谷（今西宁北川），北上越星岭，过琵琶峡（今青海门源），穿祁连山大斗拔谷（今甘肃民乐县扁都口），最后到达张掖。隋炀帝西巡中曾入吐谷浑控制地，征讨获胜，将青海大部分地区正式纳入中原王朝的行政区域。隋炀帝还在黑河流域的焉支山接受了西域20多国使节的参见，并举行了持续六天之久的国际性商品交易活动，故后人将此次盛会称为"万国博览会"（樊锦诗，2016）。

隋炀帝西巡，在黑河流域的祁连山中留下了"娘娘坟"的墓葬。传说隋文帝的乐平公主、炀帝的姐姐杨丽华（北周宣帝宇文赟的天元皇后）同行至此，因天气突变，"风雨晦暝，与从官相失，士卒冻死者大半，"染疾而亡，葬于此，故称"娘娘坟"。娘娘坟位于民乐县南丰乡炒面庄村南扁都口国道 227 线 232 km 处西侧的山坡上。该墓葬在当年修建公路时被挖去了南面部分封土，有红陶残片出露，是隋代在黑河流域遗留下来的为数不多的墓葬。

南北朝到隋唐，是入侵游牧民族汉化刚刚完成汉化的时期，作为皇族的杨、李二氏都是数代与胡姓通婚，如独孤氏、窦氏、长孙氏虽然都已成为汉姓，但他们原来均属胡姓。在这种条件下，大多数统治者（个别者除外，像隋炀帝）"非我族类，其心必异"的观念就大为淡薄了，"严夷夏之防"的思想亦不十分严重，这就为减少民族隔阂、增加少数民族的向心力创造了氛围，《新唐书》特置《诸夷蕃将》类传，就是证明。唐太宗"自古皆贵中华，贱夷狄，朕独爱之如一，故其种落依朕如父母"的观点，很有代表性。唐初名将李靖"天之生人，本无番、汉之别，然地远荒漠，必以射猎为生，故常习战斗。若我恩信抚之，衣食周之，则皆汉人矣"的观点，充分体现了唐人的民族观。这种颇具远见的民族意识，又自然地促进了开明的民族政策的形成。天宝之前，唐朝不断出兵征服四境各族，对于这些被征服者，唐朝大多采取安抚政策，如唐太宗征辽东，掳得高句丽百姓一万四千口，本当分赏将士，"上愍其父子夫妇离散，命有司平其直，悉以钱布赎为民。欢呼之声，三日不息。"此外，唐朝对于非汉族人才也大胆地予以重用。开元、天宝之际，非汉族将帅甚至成了唐军主力的组成部分，安禄山、哥舒翰还晋升为王爵。

隋唐时期开明的民族政策，得到了周围番邦国家的认可和拥护，故隋文帝被西域诸邦称为"圣人可汗"，唐太宗得到了"天可汗"的美誉。虽然唐朝宽松的民族政策带来了中西方文化和经济方面交流的便利，但在军事上过于依赖胡人的缺陷，也为后来的动乱及没落埋下了伏笔。

## 7.2 突厥与吐蕃的侵扰

581 年，隋朝（581～618 年）建立。589 年隋朝灭南陈实现了全国的统一，隋朝立国虽然短暂，但却结束了魏晋南北朝以来的混乱分裂局面，开启了以盛唐为代表的第二个繁荣时期，具有承上启下的意义。期间，黑河流域的边境地区政治局势发生了极大变化。首先，青藏高原地区的吐谷浑部落自北周时期开始便逐渐强大，不断侵扰流域的张掖等地；其次，北部的蒙古高原一带的突厥势力迅速崛起，对流域造成了强大的军事威胁。隋朝采取"远交而近攻，离强而合弱"（《隋书·长孙览附弟晟传》）的政策，离间突厥势力并以"战""和"兼用的方式征服了吐谷浑。然而好景不长，自 610 年起，由于隋炀帝不断用兵，加之赋税和徭役繁重，致使以瓦岗起义为代表的隋末农民起义在全国蔓延开来。由此，全国的局势开始动荡，造成了人口的减少和耕地的荒芜。与此同时，突厥势力在北部崛起，并日渐强盛，对内地的威胁日益严重。

618 年，唐朝建立。唐初，由于隋末的战乱，"河西民庶，镇御藩夷，州县萧条，户口鲜少"（《贞观政要·安边》）。唐朝中前期，政治局势稳定，国力日渐强盛，在多次对突厥的军事斗争胜利后，突厥势力的威胁逐渐得到缓和并解除，为河西地区的绿洲开发创造了稳定的政治条件。唐政府在稳定边境后于 640～648 年开始了对西域诸国的战争，将河西一带作为后方基地。除了北部突厥势力外，青藏高原一带吐蕃政权逐渐崛起，成为吐谷浑后又一强大的游牧民族政权，其常由祁连山的大斗拔谷（扁都口）进入侵扰河西地区。景云元年（710 年）起，唐政府在沿边一带设置节度使，建"军"制，驻军设防，黑河流域由河西节度使管辖。

安史之乱（755 年）爆发后，"吐蕃乘虚取河西、陇右，华人百万皆陷于吐蕃"（《旧五代史》卷 138）。吐蕃占据整个黑河流域近一个世纪，使黑河流域倒退至奴隶制社会。848 年，沙州（今甘肃敦煌）人张议潮在沙州发动起义并逐渐占甘州与肃州等地，称为"瓜沙归义军"。到了五代时期，吐蕃势力衰落，"回鹘、党项诸羌夷分侵其地"（《旧五代史》卷 138）。至 9 世纪晚期，来自蒙古高原的回鹘势力逐渐控制黑河流域的大部分地区，并以"甘州为回鹘牙帐"（"牙帐"即"首都"的意思）（《旧五代史》卷 138），黑河流域进入"甘州回鹘"统治时期。归义军曾与甘州回鹘在黑河流域发生多次战争，但未能成功收复甘州、肃州等地。自 960 年开始，回鹘政权与中原的北宋政权并存，直到被党项所建立的西夏所取代。

唐代时，有志之士把他们的愿望大多寄托在出塞赴敌、征战疆场的梦想里，于是有了"欲逐将军取右贤，沙场走马向居延"的志向。王维曾奉命出使居延，留下了"居延城外猎天骄，白草连天野火烧。暮云空碛时驱马，秋日平原好射雕"的诗篇。又有《使至塞上》："单车欲问边，属国过居延。征蓬出汉塞，归雁入胡天。大漠孤烟直，长河落日圆。萧关逢候骑，都护在燕然。"展现的是一幅平静、壮美、动植物繁茂的边关画面。当然，也有风沙侵吞、黄云沙暴的诗作："怜君此去过居延，古塞黄云共渺然。沙阔独行寻马迹，路迷遥指戍楼烟"；"还汉功既薄，逐胡策未行。徒嗟白日暮，坐对黄云生"；"紫电花骢白玉鞭，远从都护出居延。清秋不辨龙城色，一片黄云瀚海前。"描绘了一片黄沙迷漫的景象（杜海斌，2003）。

## 7.3  行政建制的更替

隋文帝"开皇三年（583 年），遂废诸郡"（《隋书·地理志》），但"炀帝嗣位"统治后，"并省诸州，寻即改州为郡"（《隋书·地理志》）。其中，张掖郡在"西魏置西凉州，寻改曰甘州"，酒泉郡在隋代初遭废弃，但"仁寿（601～604 年）中以置肃州"，大业（605～618 年）再度废弃，而乐涫县也"寻废"（《隋书·地理志》）。经过裁撤，黑河流域仅有张掖郡设置，"张掖郡统县三：张掖、删丹、福禄"（《隋书·地理志》）。

唐代建立后，初期将郡改为"州"，下辖县，形成州、县两级制。但由于唐代统辖地域范围急剧扩大，州数激增，造成管辖不变，故而其后又将国土"分为十道"（《旧唐书·地理志》），形成了"道"的一级行政区划，黑河流域为陇右道所辖。

唐朝在道下实行州（郡）、县两级建制。黑河流域内设甘、肃二州。甘州为"隋张掖郡"，唐武德二年（619年），"置甘州"；同年，"分隋张掖郡置肃州"。甘州"旧领县二：张掖，删丹"，后州郡交替改变，但建制延续。其中，肃州原有玉门、福禄、玉门三县，后贞观年间"废玉门县"。酒泉县为"汉福禄县"，即讨赖河中段今酒泉；福禄为"汉乐涫县地"（《旧唐书·地理志》），县址在今肃州区下河清皇城。

此外，由于面临突厥以及吐蕃的军事威胁，686年，唐朝开始在黑河流域驻军设防。至唐中期，在"边境置节度"，黑河属河西节度使。其中，内有两"军"建制守捉：建康军"在甘州西二百里"的骆驼城遗址，"宁寇军，在凉州东北千余里"（《旧唐书·地理志》）的大同城。另有大斗军防守大斗拨谷（今扁都口），但其驻军守捉并不位于黑河流域范围，而位于"凉州西二百里。本是赤水军守捉"（《元和郡县图志》卷40），据唐代里程，1尺约为今0.3 m（胡戟，1980），而唐代以"五尺谓之步……三百有六十步谓之里"（《李文公集·平赋书》），则估算其守捉位于凉州西约108 km，应位

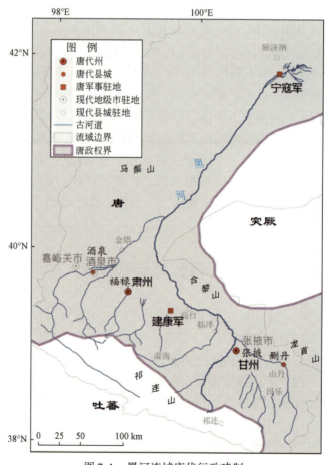

图7-1 黑河流域唐代行政建制

于今永昌县西南部地区，近山丹界。这与前人的估计是一致的（李文才，2012）。上述建制均为前代延续，无新建城址。

居延地区在隋唐时期来自北面的威胁主要是突厥人。突厥贵族经常带领骑兵，在东起幽州西至河西一线进行侵扰。隋文帝开皇年间，突厥犯塞，段文振"以行军总管击破之，遂北至居延塞"。这时的居延被隋朝政府叫作"大同城镇"。武德八年（625年）唐与突厥恢复互市。颉利可汗在位期间（620～630年），边塞稍安，住在居延一带的是白人，"其君长臣突厥颉利可汗为俟斤，贞观中再来朝，后列其地为窴颜州，以别部为居延州，即用俟斤为刺史，显庆五年授酋长含珠为居延都督。含珠死，弟厥都继之。后无闻焉"（杜海斌，2003）。唐高宗总章二年（669年）改瀚海都护府为安北都护府，后在居延设同城守捉。元和十五年（820年），居延曾一度归属吐蕃。唐后期的居延，处在中央政府与边境民族的交替控制中（杜海斌，2003）。

根据这些记载，唐代行政建制如图7-1所示。

唐天宝十四年（755年），安史之乱爆发，唐调集河西军队前往内地平叛，吐蕃乘机占领了包括黑河流域的整个河西地区，统治时期近100年。同时，回鹘也于840年前后开始进入黑河流域。唐宣宗大中二年（848年），张议潮收复凉州后，黑河流域进入归义军时期。期间，行政建制恢复唐代局面（郑炳林，2002）。至五代时期，甘州回鹘设牙帐于甘州，形成甘州回鹘政权。

## 7.4 农业政策

隋文帝在刚刚建国时，也曾考虑在河西地区推广农耕，但司马苏威建议，河西地区常受吐谷浑与突厥的侵扰，常遇到"卒逢践暴"，因而在此处的"屯田之所获少费多"（《隋书·贺娄子干传》），得不偿失，农业收获并不会理想。因此，政府要求"勒民为堡，营田积谷"（《隋书·贺娄子干传》）。同时，他向隋文帝阐明，河西地区历来是少数民族的优良牧场，尊重少数民族的风俗习惯，既能安抚边民，又可以提供军事所需战马，实乃两全其美。隋文帝采纳了苏威的建议，不再在河西地区推广农耕。

唐代自立国之初就实行屯田政策，因对西域用兵的需要，河西地区的农业发展受到重视。例如，在对高昌的军事行动中，褚遂良指出如果"张掖尘飞，酒泉烽举，陛下岂能得高昌一人菽粟而及事乎？"（《旧唐书》卷84）。可见河西地区是唐代重要的军事中继地带，军、州边防镇如果粮食补给不足，"则设屯田以益军储"（《唐六典》卷7）。除了军事屯田外，包括黑河在内的河西地区还存在民屯垦殖（张泽咸，2003）。在屯田过程中，政府在中央机构设"屯田郎中、员外郎"掌管屯田政策，在地方机构，"凡屯皆有屯官、屯副"（《唐六典》卷7）。

唐时，曾出使过居延的陈子昂在《为乔补阙论突厥表》中，提出了屯田垦荒、加强边防的建议："臣比住同城周观其地利，又博闻谙知山川者莫不悉备，其地东西及北皆是大碛，碛并石卤，水草不生，突厥尝所大入，通莫过同城。今居延海泽接张掖河，中间堪营田处数百千顷，水草畜牧供巨万，又甘州诸屯犬牙相接，见所畜粟麦积数十万田，因水利种无不收，运到同城甚省工费，又居延河海多有鱼盐，此可谓强兵用武之国也。"陈子昂力主开发经营，他眼中的居延是"边地无荒树，莺声忽听新"的一派柳浪闻莺的景象（杜海斌，2003）。

安史之乱（755 年）后，河西陷于吐蕃，吐蕃残酷的奴隶制统治和人口掠夺使农业发展受到极大破坏，人们"生为戎奴婢，田牧种作"（《沈下贤文集》卷 10）。河西走廊的甘州等地均"雉堞雕残"（《张淮深变文》）（王重民等，1957），耕地遭到撂荒或废弃，垦殖绿洲面积也迅速萎缩。

唐末及五代时期（9 世纪晚期至 960 年），回鹘在删丹地区设立牙帐，实施以畜牧为主的经济政策，频繁的政权交替和重视畜牧的传统使绿洲开发处于停滞状态，因而，就整个唐代而言，黑河流域政局由中前期的稳定到后期的混乱割据，陷入少数民族控制，绿洲开发也从规模扩大逐步走向衰落甚至消亡。正如元朝学者马端临所评述的：河西走廊"自唐中叶以后，一沦异域，顿化为龙荒沙漠之区，无复昔之殷富繁华矣"（《文献通考》）。

# 7.5  人口情况

史书关于隋代的人口记载较少。《隋书·地理志》有张掖郡大业五年（609 年）户数记载：张掖郡，统县 3，户 6126。该年份是"隋氏之盛"（《资治通鉴》卷 181）。根据史书所载户数，按每户 5 人计算，则除大同城地区之外的黑河流域人口为 30 630 人。可见，由于魏晋南北朝时期的战乱而使得人口大量逃离家园，人口损耗严重。但是，这个估计肯定是偏少的，因为当时的地主有隐匿户口的现象。限于资料，有关隋代人口的准确数据难以估测。

唐代以开元（713 ~ 741 年）和天宝（742 ~ 755 年）时期最繁荣。《旧唐书·地理志》和《通典》均记录了天宝年间的人口，通典记录甘州有 6639 户，22 304 口，肃州有 1758 有户，7912 口。《旧唐书·地理志》载天宝年间，张掖郡（甘州）领县 2，有 6284 户，人 22 092 口，酒泉郡（肃州）领县 2，有户 2330，人 8476 口。两文献记载数据比较接近，此处以正史《旧唐书》的数值为准。甘州全为黑河流域。"贞观（627 ~ 649 年）中，废玉门"，"天宝（742 ~ 756 年）领县 2"（《旧唐书·地理志》），即福禄和酒泉，人口全为黑河流域。据此，估算黑河流域户均人口约为 3.50，相比全国同时期的户均 5.94 口的值偏低（梁方仲，1980）。据研究，唐代记载人口因户口隐匿而与实际差异较大，隐匿户口估计占记载户籍总数的半数以上"（冻国栋，1993）。按此计算，则流域内隐匿人口约为 30 568×1/2 = 15 284 口。合并记载人口和隐匿人口，估计流域民户人口 45 852 口。

此外，黑河流域内还有节度使所辖的从"军"人口，其中，建康军和宁寇军在黑河流域内。建康军"管兵五千三百人"（《旧唐书·地理志》），天宝二年（743 年）起，宁寇军管"兵八千五百人"（《资治通鉴》）。开元年间军屯为"甘州 19 屯，建康 15 屯，肃州 7

屯"（《唐六典》）。除了建康军人口可考外，甘州和肃州的军屯人口缺载。军屯制度严格，若依建康军人口，可估计甘州、肃州一带军屯人口约为（19+7）×（5300/15）≈9200口。则流域内军屯人口总量为 23 000 口。合并民户和军户的人口总量为 65 674 口。事实上，唐代是继汉代后的一次人口高峰阶段（吴廷桢和郭厚安，1996）。黑河流域作为丝绸之路通往西域的核心路段，居留的人口应该比较多。

## 7.6  耕 地 情 况

关于唐代的人均耕地面积，有"两汉每户所垦田不过七十亩"（《通典》）的说法。若按全国范围内每户平均人口 5.94 口（梁方仲，1980），则人均耕地 11.78 亩。按敦煌天宝时期户籍和敦煌写卷，平均每户获得耕地的规模为 60～70 亩（铃木俊，1977；汪钱，1981）。关于军屯耕地，政府提供戍边的人员"十亩以供粮"（《新唐书·食货志》）。唐代以"五尺为步，广一步，长二百四十步为亩，百亩为顷"（《旧唐书·食货志》），而唐代尺合今 0.28～0.316 m（梁方仲，1980），若取均值为 0.298 m，则唐代亩面积为 532.824 $m^2$，即折合今 0.799 23 亩。如此，换算唐代民屯和军屯的人均规模为现代 9.42 亩（0.628 $hm^2$）和 7.99 亩（0.5327 $hm^2$）。因此，暂按人均 0.628 $hm^2$ 估计民屯规模，按人均 0.5327 $hm^2$ 计算军屯面积。此外，根据《新唐书》记录甘州军屯有"四十余屯"，因田地优良，每年收获达"二十万斛"，这还是"人力寡乏，未尽肯发"的记录。《通典》中唐制："隶州镇诸军者，每五十顷为一屯"，屯田规模为 2000顷（200 000 唐代亩）。又知宋代及以前，"一斛之重为一石"（《梦溪笔谈·辩证一》），故可估算其单产为 1 石/亩。又知唐代 1 斤合今 596.82g（1.1936 斤）（梁方仲，1980），1 石为 120 斤。则 1 石/亩折合今 1×120×596.82/0.799 23≈179 斤/亩（或1335.8 $kg/hm^2$）。

利用军事和民户人口估计结果，分别估算流域内军屯和民屯耕地规模，得出的结果分别为 0.5327×23 000≈1.23 万 $hm^2$ 和 0.628×45 852≈2.88 万 $hm^2$，合并军屯和民屯耕地总量为 4.11 万 $hm^2$。若依粮食消耗进行重建，其结果为 68 852×725.5/1335.8≈3.74 万 $hm^2$。最终，估计唐代黑河流域的耕地面积为 374～411 $km^2$。

## 7.7  历 史 遗 迹

根据三普资料，隋代黑河流域仅嘉峪关市和张掖市有遗址分布，共 17 处，除去对绿洲重建意义不大的 6 处岩画后，为 11 处。唐代古遗址共 25 处，除去的 6 处岩画后，剩余19 处。隋唐时期的古遗址情况具体见表 7-1。

表 7-1　黑河流域隋、唐时期古遗址一览表（据三普资料，含烽燧）

| 类型 | 具体类型 | 所在市（盟） | 所在县（市、区、旗） | 名称 |
|---|---|---|---|---|
| 古遗址 | 城址 | 张掖市 | 甘州区 | 滚家庄村城堡遗址（隋、唐），黑水国遗址（南）（唐），黑水国遗址（北）（唐） |
| | | | 高台县 | 骆驼城遗址（隋、唐），许三湾城遗址（隋、唐），羊蹄沟城遗址（唐） |
| | | | 民乐县 | 永固城遗址（隋、唐） |
| | | | 肃南县 | 明海城遗址（唐） |
| | | 酒泉市 | 肃州区 | 皇城遗址（唐） |
| | | 阿拉善盟 | 额济纳旗 | K789 城（大同城）（唐） |
| | 军事设施遗址 | 张掖市 | 甘州区 | 滚家城村烽火台遗址（隋、唐），东山寺烽火台遗址（隋、唐） |
| | | | 高台县 | 骆驼城西南城障遗址（唐） |
| | 水利设施遗址 | 张掖市 | 甘州区 | 余家城村涝池（隋、唐） |
| | 驿站古道遗址 | 张掖市 | 民乐县 | 大斗拔谷古道遗址（隋、唐） |
| 古墓葬 | 普通墓葬 | 嘉峪关市 | 嘉峪关市 | 新城墓群（隋、唐），宏丰葡萄园墓群（隋、唐），黄草营村墓群（隋、唐） |
| | | 张掖市 | 山丹县 | 山丹一中唐墓（唐） |

隋代遗址中，城址总共有 4 个，分别为永固城、骆驼城、许三湾城和滚家庄村城堡。墓葬总共有 3 处，均位于嘉峪关市，其中以新城墓群规模最大，共有 1282 个墓葬；黄草营村墓群第二，为 123 个墓葬；宏丰葡萄园墓群第三，共有 7 个墓葬。军事设施有两处，张掖市甘州区的滚家城村烽火台遗址和东山寺烽火台遗址。水利设施有 1 处，为张掖市甘州区余家城村涝池。

唐代遗址中，城址总共有 9 处，分别为黑水国遗址（南）、黑水国遗址（北）、骆驼城遗址、羊蹄沟城遗址、许三湾城遗址、永固城遗址、明海城遗址、皇城遗址、K789 城。其中以黑水国遗址（南）的规模最大，其次为永固城，再次为皇城遗址，其他城址的规模都比较小。

张掖市甘州区的甘州古城墙，是唐代修建的。肃南县明花乡境内的明海城在唐代时仍在使用。甘州区黑水国遗址，唐代在此设巩笔驿，吐蕃、回鹘沿用。高台县新坝乡的羊蹄沟城遗址在唐代为"祁连戍"，是为走廊出入青藏高原的一个关口。骆驼城是唐代建康军遗址。许三湾城城周曾暴露有大量汉唐时期的灰陶片、白陶片等遗物，20 世纪 50 年代曾出土有"部曲督印""部曲将印" 2 方，并采集到"五铢""大泉五十""货泉"和"开元通宝"等钱币和大量的铜箭镞,古城四周亦分布有大面积的风蚀弃耕地。酒泉地区酒泉古城门又称福禄城南门,据考证,系前凉酒泉郡福禄县城南门,唐宋元时沿用并有修茸。皇城遗址,据唐《元和郡县志》和《新唐书》记载,为西汉酒泉郡所辖乐涫县城遗址。唐武德二年(619年)于此置福禄县城,属肃州酒泉郡。

居住址方面,有五松园遗址,位于张掖市甘州区新墩镇青松村。据《张掖市志·文物卷》记载,五松园遗址原为唐代平章知事赵彦昭别墅,因园中有五棵青松得名,现仅存松树遗址可见。

墓葬方面,有大大长岭唐墓,位于肃南县马蹄乡的大长岭山梁,具体位于祁连山北麓的山坡上。墓主人是武骑尉韩胤胄,第一次葬于670年,第二次葬于690年,室内共有四具尸体。黄沙地墓群,位于酒泉市肃州区果园乡西沟村六组,其中有一个墓葬经北大考古系教授宿白先生考证,确定为盛唐时期墓葬。果园-新城墓群,位于酒泉市肃州区果园乡丁家闸村、佘家坝村、西沟村,根据行政区划包括酒泉市肃州区和嘉峪关境内部分,其中的西沟1~3号为唐代模印砖画墓,西沟4、5号为魏晋壁画砖墓。该墓群占地面积广,分布集中,从已有发掘状况和实地调查分析,本墓群时代跨度大,属晋-唐墓群。

寺庙遗址方面,吉祥寺遗址位于张掖市甘州区安阳乡高寺儿村,现仅存砖塔一座,为当地原吉祥寺附属建筑之一。该寺民间传说为唐代所建,其建筑风格类似西安大、小雁塔,每层塔檐均为仿唐式木构建筑风格。童子寺石窟位于张掖市民乐县民联乡翟寨子村东南,壁面残留北魏、唐、宋、明、清佛教壁画五层。创建于北周的万寿寺(木塔寺),在隋代进行重建,唐朝进行过重修。另外,张掖市甘州区钟鼓楼上的铜钟,据研究也为唐代所铸造。

交通方面,有大斗拔谷古道遗址自汉至唐一直是汉、羌、匈奴、回鹘、突厥、吐谷浑、吐蕃等民族相互联系的重要通道,也是古丝绸之路的必经之道,后多次拓改,但古道尚存。张骞出使西域,霍去病远征匈奴,隋炀帝西巡,均经过大斗拔谷。

与绿洲垦殖直接相关的是修建于唐代的两条至今还在使用的大渠:盈科灌渠和大满灌渠。此二渠据《张掖市志·水利卷》载:"据幕少堂《新西北·甘州水利溯源》考证:张掖县南部黑河上的盈科渠、大满渠……加官渠等,皆为唐代所修。"

根据甘肃和内蒙古文物地图集(国家文物局,2003,2011),全流域内存留的隋唐时期遗址稀少,仅有29处(图7-2)。目前,流域内存留的唐代遗址大部分延续前代,集中分布于干流中游(甘州),讨赖河的中游(肃州),摆浪河的下游(建康军),下游的额济纳地区仅有宁寇军所在的大同城遗址。存留的遗址极少的原因可能与地区人类活动程度有关,即人类活动范围相对魏晋南北朝时期有较显著的缩小,另外也可能与隋唐时期不重视丧葬的风俗有关。值得注意的是,原本在汉、魏晋时期遗迹遍布的讨赖河下游一带(今金塔东沙富地区)已经无任何建制和人类活动痕迹。

历史文献表明,隋唐时期许多郡县进行了进一步合并裁撤,一方面,人类活动范围逐渐减少,只保留了甘州、肃州及其下属县等最核心地区的行政建制;另一方面,遗址发现极少可能也与这一时期文物存留较少有关。

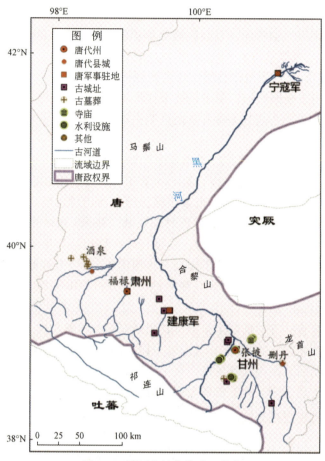

图 7-2　黑河流域唐代遗址分布

## 7.8　垦殖绿洲重建

　　唐代长期的屯田政策使得绿洲开发有了很大程度的提高。仅文献所载的黑河流域早期屯田就有"甘州一十九屯，建康一十五屯，肃州七屯"（《唐六典》卷7）。为了支持屯田，水利建设也同时开展。绿洲开发后，发挥区域优势，"稻收丰衍"（《新唐书》卷60《郭元振传》）。由于"屯田广远，仓畜狼藉"，以至于河西走廊的瓜州、肃州等地都"仰食甘州"（《陈子昂集》卷8），说明此时甘州周围的农业开发垦殖活动十分兴盛。甘州南部的大满、小满、盈科、大官、永利、加官等6条灌渠建于唐代，灌溉面积达 465 400 多亩（约 310 km²）[①]。但事实上，流域内的农业开发利用活动并非仅限于此。在这里，我们以耕地面积、遗址存留为参考，重建了唐代垦殖绿洲分布范围（图7-3）。

---

　　①　慕少堂. 甘州水利溯源. 新西北，1940，3（4）. 转引自张掖地区行政公署水利水电处编《张掖地区水利志》，1993 年 . 448-455 页。

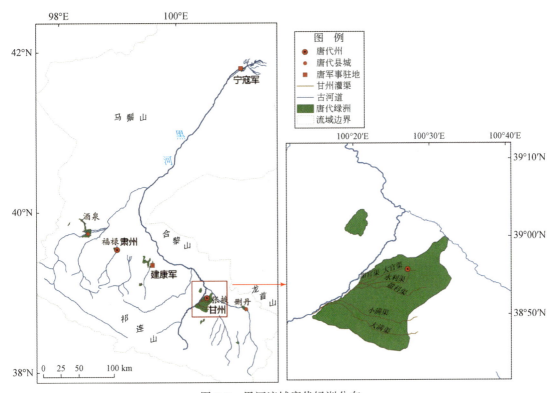

图 7-3　黑河流域唐代绿洲分布

　　量算结果表明，绿洲面积约为 629 km²。以重建结果表明，黑河流域唐代绿洲总面积为集中分布于主要城镇周围，张掖南部地区面积广大，达到 316 km²，成为该时期绿洲垦殖的主要区域。下游的居延绿洲显著缩小，仅有少量军屯存在，面积仅有约 48 km²。另外，在酒泉城、丰乐河终端的下河清（福禄县）、马营河和摆浪河下游的骆驼城（建康军）、干流下游大同城（宁寇军）一带也有绿洲垦殖。

# 第8章 宋、西夏时期的黑河流域

## 8.1 频仍的战乱

"安史之乱"之后，中原地区战乱丛生，唐朝政府不得不将原来驻守在河西地区的军队东调平叛，致使河西地区的兵力空虚。广德二年（764年）10月，凉州陷于吐蕃，河西节度使杨志烈不得不率军民退守甘州，并在此抵抗吐蕃长达16年之久。在此期间，虽然唐朝已平息了"安史之乱"，但是却无力从吐蕃手里夺回原有的西北地区的土地。为了西北边境的安宁，唐朝提出向吐蕃议和，而吐蕃人为了在谈判中获取更多的利益，于建中二年（781年）对甘州和沙州发动了大规模的攻击。次年，唐朝统治者不得不屈辱地将河西、陇右的大片土地以条约形式割让给吐蕃，黑河流域从此归于吐蕃的统治之下。

后来，吐蕃内部由于发生了分裂，国中动乱，无力顾及黑河流域，"张掖人张议潮，募兵击走吐蕃。唐国以议潮为节度使"。张议潮于大中四年（850年）在沙州起义时，回鹘已进入黑河流域，虽然双方也产生过摩擦，但总体上关系融洽。情势在后梁乾化四年（914年）急转直下，沙州长史曹义金代替张氏成为归义军节度使。回鹘乘此机会攻占甘、肃二州，并以其强大的军事实力插手沙州的归义军政权。

此后，党项羌迅速崛起，并很好地平衡了与宋、辽的关系，制定了"亲辽和宋"的政策，大力发展自身实力。宋仁宗天圣六年（1028年），党项元昊"独引兵袭破回鹘夜洛隔可汗王，夺甘州"（《宋史》卷485《外国传》），甘州回鹘政权灭亡。

1028～1227年，党项军队先后占领了黑水城、肃州和甘州，西夏政权成为与东部宋朝并立的割据政权。虽然宋、辽、西夏、金等曾屡次发生冲突，战争不断，但由于黑河流域处于西夏境西部，位置比较偏远，局势相对稳定。

## 8.2 西夏的统治

宋仁宗天圣六年（1028年），甘州为西夏攻克。景祐三年（1036年）7月，元昊攻占瓜、沙、肃等州，黑河流域归属西夏。至1226年蒙古取得该地区止，西夏共统治该地区近200年。

西夏为了加强在黑河流域的统治，建立了"郡"和"府"的行政建制："以肃州为蕃和郡；甘州为镇夷郡，置宣化府"（《西夏书事》卷12）。为了加强军事防御，西夏还"置十二监军司"，"委豪右分统其众"（《宋史·夏国传上》），制定了完善的军事制度。

其中，在黑河流域内设有"甘州甘肃，黑水镇燕"两个军司（《宋史·夏国传下》），分别驻甘州和黑城。其中，"右厢甘州路三万人""以备西蕃、回纥"（《宋史·夏国传上》），黑水镇燕军司驻军的数量虽然缺载，但应该与甘肃军司的不差上下。据此，可确定西夏时期黑河流域的建制分布如图8-1所示。

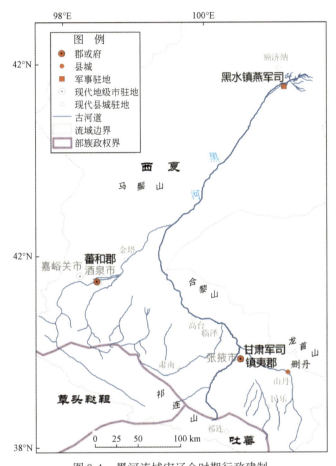

图 8-1　黑河流域宋辽金时期行政建制

据陈列于内蒙古阿拉善盟额济纳旗王爷府的展板介绍，西夏和元代是额济纳地区继汉之后又一空前发展的时期。宋真宗景德年间（1004～1007年），居延地区为西夏领地。哈拉浩特——这座通常被人们称作"黑城"的遗址便是西夏王朝"黑山威福军司"驻守的威福军城。西夏之前，这里就移入大批居民，在绿洲中游牧耕织，繁衍生息。西夏建都后与强大的辽国为邻，为防备辽国夺占绿洲威胁西夏领地，因此黑山威福军司就驻守在居延地区。随着漠北蒙古力量的日益强大，"黑山威福军司"成为守卫西夏的劲旅，由地位很高的王公戍守。

## 8.3　发展农业的政策

宋代建立后，其势力未及河西地区，黑河流域为党项人所建立的西夏所统辖。党项族以畜牧业为主，与汉族共居后，逐步兼营农业。西夏建立后，黑河流域的甘州和肃州农牧业均得到发展。甘、凉等地"以诸河为溉"，引水非常便利，因此"岁无旱涝之虞"，农业产出高，"饶五谷，尤宜稻麦"（《宋史·夏国传》）。西夏大力提倡荒地开垦，制定和发布了《天盛年改定新律》，即用条令的方式鼓励垦荒，保护了土地所有权，一定程度上有利于绿洲资源的开发垦殖。

西夏为了发展农业，采取了许多措施：首先是迁徙人口，增加劳力；其次是实施民族平等的政策；最后是设置农牧机构，发展生产（吴廷桢和郭厚安，1996）。西夏建国之初，即有"农田司"（《宋史·夏国传》）的设置以管理垦殖，发展农业时注意疏通渠道。同时，政府制定条例以促进垦殖。西夏实行"全民皆兵"的策略，军队成为主要的农业生产者，这样保证了充足的发展农业的劳动力，农业生产取得显著成效。

关于西夏时期的水利建设，由于当时留下的文字资料极少，而且我们也未能检索到其他与绿洲开发利用相关的文献记载；同时，中游地区的人类活动遗迹也非常稀少。因此这一时期的水利建设情况难以估计，只能根据有限的零散资料作有限推断。考古资料表明，黑河流域甘州地区原有的大满、盈科渠等水利设施在这一时期仍延续使用（图 8-2）。另据史料记载，全西夏境内有 68 条或大或小的渠道，灌溉面积达 9 万顷（约相当于今51 000 hm$^2$）（周春《西夏书》卷9），据此可以推断唐代所建立的甘州南部的垦区，在这一时期仍在部分的延续利用。

西夏时期，居延地区最为繁华的地区是在黑城及其周边。1908 年，俄国探险家科兹洛夫在黑城遗址进行过发掘，所获甚丰。1909 年，他又第二次进入黑城，获得完好无缺、数量达 2400 卷之多的各类刻本抄本和 300 余幅"好得不能再好"的绘画。后来，英国的斯坦因、美国的兰登·华尔纳和霍勒斯·杰恩、瑞典的斯文·赫定、法国的哈尔德等先后潜入黑城进行发掘考察，都是满载而归。从他们的发掘报告和考察日记中，我们可以感觉到当时寺院里的香火之盛，也正说明西夏时代黑城的繁华喧闹和经济文化发展水平之高（杜海斌，2003）。

## 8.4　历史遗迹分布

宋、西夏时期黑河流域的古遗址比较少，根据三普资料，主要有城址、聚落址、水利设施遗址、寺庙和祭祀遗址、石窟寺、窑址和冶金遗址、军事设施遗址等。

城址主要有黑河中游的黑水国遗址、张掖古城、酒泉故城、山丹古城等，下游的额济纳地区的黑城遗址、绿城遗址、浩日海图布勒格城、乌兰白兴城址、乌兰圐圙城址等共 9处。黑水国遗址的寺院遗址中，有较多的宋至明代的瓷器残片，遗散在地表。黑水国唐代设巩笔驿，吐蕃、回鹘、西夏沿用。张掖古城，始建于魏晋，北凉建都，回鹘设牙帐建汗国，西夏设镇夷郡宣化府。酒泉故城门，系前凉酒泉郡福禄县城南门，唐宋元时沿用并有修茸。山丹古城，始建于西夏，扩建于明代。

聚落址有 47 处，集中分布于黑河下游的额济纳地区，分别为查干陶勒盖遗址、德日森套海遗址、额日古哈拉 1~37 号遗址、戈壁白兴遗址、红庙东北 2~5 号遗址、红庙东房址和绿城东南 1~2 号遗址。

水利设施遗址主要有著名的昔喇渠。昔喇渠位于张掖市临泽县板桥镇土桥村至壕洼村，全长 58.1 km，流向由东向西，西夏、明时期使用。1208 年，西夏李元昊派人疏浚高崖子至赵家闸渠段，又自赵家闸开创一渠，经红桥湾引水过壕洼，至于今平川一工城以西，总称"昔喇渠"。明嘉靖二十八年，巡抚右佥都御使杨博、分巡副使石永创议疏浚，渠首移至智家崖，经新沟境，过西小口子，高家崖入板桥境。赵家闸下疏浚至壕洼一带，称"昔喇下坝渠"，南闸称"板昔喇渠"。而渠首段始终称作"昔喇渠"。昔喇渠对历史上和现代板桥一带农业的发展起了不可估量的作用。

寺庙和祭祀遗址主要分布在黑河下游的额济纳地区，共有祭祀遗址 4 处，分别为本肯苏海擦擦塔、额日古哈拉塔址、绿城双塔和西土塔；寺庙遗址有 7 处，分别为额日古哈拉 1~3 号庙址、红庙东庙址、红庙遗址、辉煌舍利塔和绿城塔庙等。

石窟寺主要有童子寺石窟、文殊山石窟前山千佛洞与万佛洞、文殊山石窟古佛洞和千佛洞等。童子寺石窟位于民乐县民联乡翟寨子村东的崖壁上，开凿于北魏时期，分布在南北两个崖面上，壁面残留北魏、唐、宋、明、清佛教壁画五层。文殊山石窟前山千佛洞与万佛洞位于肃南县祁丰乡文殊村北面山坡上，两窟相距 200 m，属十六国、北魏、西夏、元、明、清时期的石窟寺，遗址四壁壁画为西夏重绘，内容为水月观音、万佛和经变图。在西夏壁画的底层发现的开窟时的原作壁画。文殊山石窟古佛洞和千佛洞位于肃南县文殊山后山沟内，在西夏时期沿用。

窑址和冶金遗址主要有 4 处。西武当瓷窑址位于甘州区龙渠乡龙首村委会以南的西武当山北麓，窑场规模较大，分布范围南北长 2 km，东西宽 1 km，经初步鉴定时代从西夏一直延续至清代晚期；额日古哈拉窑址位于黑河下游的额济纳地区。流域内供发现矿冶遗址 2 处，均在黑河下游，分别为额日古哈拉冶炼址和乌兰白兴采石场。

军事设施遗址总共 23 处，均位于黑河下游的额济纳地区，分别是乌哈西泊障址、哈敦呼休障址、呼伦川吉障址、乌兰川吉障址、库仑西泊障址、乌林百兴西泊障址、珠斯冷海日很西泊障址、安东烽火台、敖勒苏台烽火台、宝都格烽火台、查干川吉烽火台、查干川吉烽火台、查干德日布井烽燧、川吉图库勒烽火台、达楞图如川吉烽火台、哈日川吉烽火台、乔宁塔塔拉烽火台、桃来哈夏烽火台、陶来乌素烽火台、乌兰川吉烽火台、乌兰川吉烽火台、乌兰川吉烽火台和乌兰圐圙烽火台等。

另外，黑河流域还有古墓葬、岩画和其他古遗址若干处。古墓葬 1 处，为额日古哈拉火葬址，位于下游的额济纳地区。有岩画 2 处，分别为嘎顺扎德盖岩画和呼布音哈日岩画，也位于下游的额济纳地区。箭台遗址，位于临泽县鸭暖乡小鸭村二社，原遗址呈长方形，为利用自然沙石加工而成，占底面积 504 m²，据判断为其他古遗址，属宋代遗存。

　　将基于文物考古资料所得到的文物遗址位置标注于地图上，其结果如图 8-2 所示。可以发现，这一时期中游地区遗址很少且多集中甘州（张掖）周围，摆浪河等支流小河的末端的城址也已经废弃。不同于隋唐五代时期下游较为萧条的局面，这一时期干流下游地区发现遗迹较多，是主要分布地区。

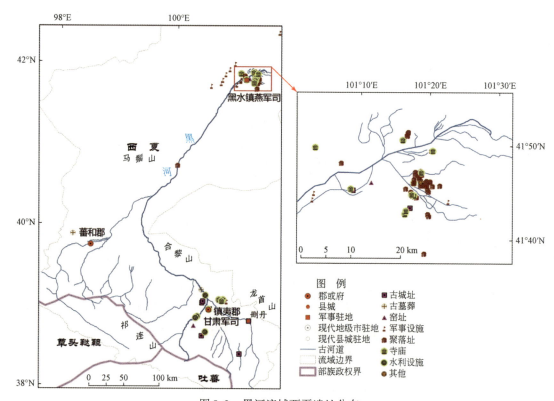

图 8-2　黑河流域西夏遗址分布

　　中游甘州一带的遗址大多延续唐代，如黑水国南北城、山丹故城等。下游的遗址中最为著名的黑城即始建于这一时期，曾发现大量文书。黑城东南部的绿城在宋辽金时期也是人类活动集中地区。在黑水镇燕军司的外围西部分布有烽燧，表明处于割据时期的宋辽金时期，额济纳一带依然具有重要的军事和交通地位。进一步依据遗址所在河流，对其进行分区分类汇总如表 8-1 所示。

表 8-1　黑河流域宋辽金（西夏）遗址分布数量　　　　　（单位：处）

| 地区 | | 城址 | 墓葬 | 聚落址 | 窑址 | 军事设施 | 寺庙 | 水利设施 | 其他 | 合计 |
|---|---|---|---|---|---|---|---|---|---|---|
| 中游 | 干流中段 | 6 | 1 | 0 | 1 | 3 | 5 | 4 | 0 | 20 |
| | 讨赖河中段 | 0 | 1 | 0 | 0 | 0 | 0 | 0 | 0 | 1 |
| 下游 | 干流终端 | 2 | 1 | 47 | 1 | 15 | 10 | 0 | 1 | 77 |
| 合计 | — | 8 | 3 | 47 | 2 | 18 | 15 | 4 | 1 | 98 |

相比汉代的干流下游地区，宋辽金时期不仅遗址数量减少显著，其主要类别也发生改变。在烽燧等军事设施大幅度减少的同时，聚落、寺庙等遗址显著增加，反映宗教在这一阶段的发展与兴盛。（李逸友，1991；杜建录，2009）。此外，相比汉代遗址遍布的格局，这一时期遗址主要集中在河道南部。

## 8.5 垦殖绿洲情况

根据全西夏境内有 68 条或大或小的渠道、灌溉面积达 60 万 hm$^2$ 的记载，以及甘州地区原有的大满、盈科渠等水利设施在这一时期仍延续使用的情况，可以推断，唐代所建立的甘州南部的垦区，在这一时期仍在部分延续利用，而酒泉地区蕃和郡建制的存在，虽其位置和范围无法得知，但肯定存在绿洲垦殖活动。在干流下游地区，根据古遗址的判定，大规模的垦区位于河道南部的绿洲和黑城周围地区，但相比于汉代，其范围显著萎缩。据额济纳旗王爷府的展板材料介绍，西夏、元时期额济纳的垦区有 60 余万亩。

总体而言，宋辽金时期的黑河流域农业垦殖，主要集中在张掖南部、酒泉周围和居延三角洲的南部。除下游的额济纳三角洲绿洲垦殖活动有所增强外，其他地区格局基本与唐代类似。但由于资料所限，无法对垦殖绿洲的范围予以定量重建。

# 第9章 元时期的黑河流域

## 9.1 政治军事形势

蒙古攻占西夏，给当地人民造成了深重灾难，以致"败卒旁流，饥民四散"，"国经兵燹，民不聊生，耕织无时，财用并乏"（《西夏书事》卷42）。战乱中，西夏人遭到蒙古军队的残酷屠戮，"兵士四出抄掠，民间窖积皆尽"（《西夏书事》卷42）。作为西夏陪都的凉州被攻克时，人民几乎尽被屠杀，以至于在《元史》中甚至无法找到关于凉州人口的记载。攻克肃州时，肃州遭屠城，生存下来的仅"百有六户"（《元史》卷1，卷122）。攻打甘州时，大量人口遭遇同境，最终"止罪三十六人"（《元史·察罕传》），包括黑河流域的河西地区人口遭到大量减耗，社会经济停滞甚至倒退。直到忽必烈时期（1260～1294年），河西地区的政治局势才逐渐稳定。

元朝末年，政治腐败，土地兼并严重，政治趋于动荡。此外，元朝统治集团分裂，朝廷内部夺权斗争异常惨烈。随后，多地爆发起义，政局动荡。至正十七年（1351年），红巾军起义爆发。该起义动摇了元朝统治，使元朝最终于1368年灭亡。元朝灭亡后，其军事力量并未被完全解除，仍控制着蒙古高原北部。

## 9.2 行 政 建 制

元代于1226年控制西夏全部区域，在流域维持统治140余年（1368年止）。元朝统一全国后，我国继唐代后又进入了大一统时期。元代首设行省，全国"立中书省一，行中书省十有一"（《元史》卷58《地理一》），成为省级区划基础。行省以下行政建制"有路、府、州、县四等"，各行政级别既有路直接"领州、领县"，也有"路领府、府领州、州领县"的情景，而府与州也存在"直隶省"的情况（《元史》卷58《地理一》）。可见，行省以下建制除县级为最低等外，路、府、州的建制存在多种隶属关系，级别存在交叉重叠现象。

对黑河流域而言，元代属甘肃行中书省所辖。该行省下"为路七、州二、属州五"（《元史》卷60《地理三》）。期间，黑河流域设有"甘州路""肃州路""亦集乃路"以及"山丹州"（《元史》卷60《地理三》），属于"阿只吉大王分地"。上述路或州驻地分别位于今甘州区城区、肃州区城区、额济纳旗黑城遗址和山丹县城，其分布如图9-1所示。

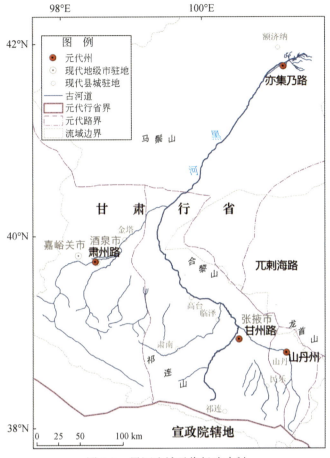

图 9-1 黑河流域元代行政建制

据额济纳旗王爷府展板介绍，元朝时期，居延设立了亦集乃路总管府，管辖西宁、山丹两州，是北走哈拉赫林，西抵哈密，南通河西，东往银川的交通要冲，也是政治、经济中心。明洪武五年（1372 年），大将冯胜统兵攻克亦集乃路。

## 9.3  农业政策与措施

元代前期由于饱受战乱，民生凋敝，元政府在统治稳定后逐步重视农业发展，认为"民以食为本，衣食以农桑为本"（《元史·食货志》），进而在河西地区采取了"抚治救恤、迁徙人口、发展屯田、鼓励垦荒、建设水利"等措施发展农业生产（吴廷桢和郭厚安，1996；高荣，2011）。至元年间（1264 ~ 1294 年）的 30 年，黑河流域内的农业发展达到很高水平。

元政府通过下拨银两、救济灾民、减免租息等方式招徕流民。例如，中统二年（1261年），因甘肃地区"新罹兵革"，政府"遣阿沙、焦端义往抚治之"（《元史》卷4）；中统四年（1263 年），"偿河西阿沙赈赡所部贫民银三千七百两"（《元史》卷 5）；至元三十一年（1294 年），又提供瓜、沙等地移民甘州的屯田的人民"牛价钞"（《元史》卷 18）。其次，为了改变人烟稀少的局面，元政府还向流域内移民以支持农业开发。例如，至元七年（1270 年），迁"怀孟新民千八百户"往河西走廊（《元史》卷 7）。在此基础上，元政府鼓励发展农业垦殖并实施屯田。至元元年（1264 年），在甘肃下属州垦地"为水田若干"，并且还对垦殖者"授田种，颁农具"以提供生产资料（《元史》卷 148）。至元二十九年（1292 年），政府将"沙州、瓜州民徙甘州"，并"画地使耕"，对贫困者则"给以牛具农器"（《元史》卷 17）。

元灭西夏后，在居延地区设置亦集乃路（也作额济纳路）。"至元间额齐纳总管忽鲁多言所部有田可以耕作，乞以新军三百人凿哈济渠于额齐纳地并以傍近西僧余户助其力，从之，计屯田 90 余顷"（雍正《甘肃通志》卷 22《古迹》，《文渊阁四库全书》本）。蒙古族是游牧民族，在元朝初年，其原有的游牧经济对北方的影响仍然很大。额齐纳总管既然在当地开渠种田，至少说明当地的水源充沛，土壤肥沃，生态环境和谐稳定。威尼斯人马可·波罗曾从张掖出发走了 16 天到达亦集乃城，在他的《东方见闻录》里留下了这样的记载："亦集乃城在北方沙漠边界……持农业牧业为生……其地产鹰甚众。……离此亦集乃城后，北行即入沙漠"（杜海斌，2003）。

# 9.4　人口与耕地规模

蒙古攻占西夏时，曾大肆杀戮，以至于党项族基本灭亡。攻克肃州时，肃州遭屠城，仅"免死者百有六户"（《元史》卷 1，卷 122）。在对甘州的作战中，"帝欲尽坑之"，实际存留仅有"三十六人"（《元史·察罕传》）。因此，元初黑河流域的人口曾大量耗减。有研究表明，元代中国的户籍人口从 1.1 亿～1.2 亿人锐减到 6000 万（麦克法夸尔和费正清，1998）。

根据历史文献，至元年间（1264～1294 年）"甘州路，1550 户，23 987 口，肃州路，1262 户，8679 口"（《元史·地理志》），无亦集乃路和山丹州的记载。细辨可以发现，甘州路户均人口超过 15 人，可见记载存在疏漏。另外，估计亦集乃路的从事农业活动人口为 5000 口（吴宏岐，2002）。山丹州的情况难以估计，鉴于其面积较小，暂按亦集乃路所估计的 5000 人考虑。

除编户人口外，黑河流域还存在军事屯田人口，但文献对这些人口的记载仅有零星记录。例如，至元十八年（1281 年），"调太原新附军五千屯田甘州"（《元史》卷 11），又在"甘州黑山子、满峪、泉水渠、鸭子翅"等地开展垦殖屯田，有户 2290，为田 1166.64 顷。军屯户均人口相比民户要少，参照明代户均 2.3 口计算（据明代卫所户均人口），则估计军事人口为 5000+2290×2 = 9580 口。合并民户和军户人口，黑河流域实有人口合计为 47 246 口。

关于耕田面积，元代为少数民族统治，文献资料本身比较匮乏，而且对于度量衡几乎没有任何记载，只能根据只言片语进行推测。据估计，元代的"尺"大约折合今长度

34 cm（丘光明等，2001）。因此，据"五尺为步，广一步，长二百四十步为亩"，可以估计，元代亩大小约为 $0.34 \times 5 \times (0.34 \times 5 \times 240) = 693.6 \ m^2$。

根据元代的砝码，估计元代每斤折合今约 0.608 kg（丘光明等，2001）。关于粮食单产，元代的《牧庵集》卷 9 中的载有："今有田一亩，率以夏秋入止一石"。表明元代粮食产量约为 1 石/亩，折算现代为 $1 \times 120 \times 0.608/0.069 \ 36 \approx 1051.903 \ kg/hm^2$。根据人均原粮取 728.9 kg（卜风贤，2007），则利用人口和原粮占有量估计的耕地面积为 $47 \ 246 \times 728.9/1051.903 \approx 3.27$ 万 $hm^2$，即 327 $km^2$。鉴于人口记录缺乏严重，粮食生产数据较少，估计结果存在误差在所难免。

## 9.5　发达的交通网

众所周知，元时期的版图是世界上最大的：它东到今朝鲜，西到两河流域的巴格达，南到西藏，北到贝加尔湖，西北到基辅。如此辽阔的疆域，如果没有发达的交通网，中央的指令是无法及时下达到各汗国的，边疆的战报也无法及时传递到中央。元代在驿传［也就是在站赤（"驿传"的蒙文译名）方面］是颇费心机的。

元朝设置站赤的方针，一是利用旧道，将原来的丝绸之路（河西道）北（草原丝路）、南（羌中道）都充分加以利用，设置站赤。据至顺二年（1331 年）成书的《经世大典》统计，共有站赤 1500 余处。二是开辟新驿道。曾首开山丹至阿里麻力（今新疆伊犁）的"察合台驿道"后，又开钦察汗国的塔纳（今顿河河口南岸）至大都的"钦察驿道"，不久又开了用于军机急需的"甘肃纳怜道"，这些旧道、新道交织在一起，组成了发达便捷的驿传网。

每条驿道上都设有站赤，其间的距离按一定的里程设置。《马可波罗游记》中记载："由肃州至甘州，甘州较之肃州尤大，中有九站。"查《甘镇志》《甘州府志》和《重修肃州新志》等地方史志可以发现，肃州与甘州之间恰为九个驿站，也就是元时的九个站赤。

可见，处在河西走廊中心的黑河流域，是西部和东部相通的咽喉之地，又是丝路中段的十字路口，是交通的枢纽，元代统治者将甘肃的行政中心设在甘州，也是为了方便加强对河西及西域的控制，使站赤畅通无阻。

## 9.6　宗教与民族政策

元朝疆域辽阔，治下的百姓也是多民族混居。为了统治不同的民族，元统治者采取了兼容并蓄的政策，这种政策在河西地区现得尤为突出。佛教、基督教、伊斯兰教、道教等都各行其道。由于蒙古人信奉噶举派的缘故，藏传佛教较之其他教派略占优势。但是，成吉思汗对道教情有独钟，曾邀请全真教的领袖丘处机问道。不过随着成吉思汗的逝世，道教的影响力也有所下降。

尽管如此，元代统治者仍旧采用极端的民族歧视政策。它将全国人民分为蒙古人、色目人、汉人、南人四等。元代的政令是全国性的，甘肃行省是元代用以控制河西诸郡的中心，甘州又是行省、行院、行台及路的治所，更是中心的中心，元代残酷的民族歧视政策，更是严格贯彻执行。黑河流域虽然历来是少数民族和汉族杂居的地区，但是毕竟农耕文化也已经渗透到各个角落，汉族人口也占了总人口的绝大多数，而这些人就在元朝的严酷统治下挣扎了 100 多年，直到明王朝建立。

# 9.7　历史遗迹

根据三普资料，黑河流域元代的古遗址主要有古城址、聚落址、古墓葬遗址、寺庙遗址、水利设施遗址、军事遗址等。

古城址，主要有甘州古城、黑水国、张掖古城、酒泉古城、威虏城、砖包月牙城、皇城、皇城北城、庙沟三角城、柳沟城、黑城、绿城等城址。甘州古城墙，位于甘州区马神庙街北端北环路东 200 m 处，今张掖城始建于唐代，元大德中扩建，至大二年（1309 年）重修。黑水国遗址，在元代为刺哈孙驿、西城驿。张掖古城，元代为甘肃行中书省会所在地。《甘州府志》等史料载，元大德三年（1299 年）扩筑张掖城，将周长 5480 m 的旧城扩展为 7032 m，面积由 1.86 km² 扩展至 3.08 km²。酒泉古城系前凉酒泉郡福禄县城，唐宋元时沿用。威虏城遗址，位于金塔县古城乡头号村西北，据《金塔县志》记载，故城初建于元代。砖包月牙城遗址，位于金塔县中东镇上三分村西南，考为元代建筑。关于这些城址的详细介绍，请参见第 2 章和第 3 章相关内容。

聚落址 56 处，集中分布于黑河流域下游，分别为查干陶勒盖遗址、德日森套海遗址、额日古哈拉 1~37 号遗址、戈壁白兴遗址、红庙东北 1~5 号遗址、红庙东房址、绿城东 1~2 房屋遗址、绿城东南 1~3 号遗址、绿城西 1~5 号遗址等。

古墓葬遗址主要在流域下游有 3 处，分别为额日古哈拉火葬址、黑城北墓葬群和伊斯兰墓群。

寺庙遗址有 16 处，祭祀遗址有 8 处，基本均位于流域下游的额济纳旗；石窟寺遗址 3 处，位于肃南县的祁连山前山地区。寺庙遗址分别为额日古哈拉 1~3 号庙址、额日古哈拉北庙遗址、额日古哈拉南庙遗址、黑城东塔、哈日白兴庙址、红庙东庙址、金庙高台遗址、金庙遗址、拉里乌素庙址、绿城东庙、绿城塔庙、绿城西庙址、绿庙遗址和小庙遗址。另外在肃南县的祁连山前山地区，有文殊寺。祭祀遗址分别为东土塔、额日古哈拉塔址、绿城双塔、绿城一塔、西土塔、一塔、二塔和五塔等。文殊寺位于张掖市肃南县祁丰乡文殊村境内。元代，太宗窝阔台皇子阔端曾于 1244 年带领其侄子八思巴及恰那多吉到文殊山朝圣，化布施修建了文殊菩萨殿。1326 年，察合台汗国第六代汗位太子喃答失朝圣文殊山，见殿宇倾颓，遂发善心重修，并立碑以记此事。元末，萨迦派衰落，格鲁派兴起，文殊寺变为黄教寺院。文殊山石窟前山千佛洞与万佛洞，文殊山石窟古佛洞和千佛洞也都在元朝延续建造使用。

水利设施遗址，主要有鸭翅渠。鸭翅渠位于张掖市临泽县鸭暖乡小鸭村至野沟湾村二社，全长 18.7 km（图 9-2）。元世祖至元十八年（1281 年），四川宣尉司都元帅刘恩奉旨浚开。清郭人英《鸭子翅渠》"控边上策是开屯，厚俗吞膻草有运，敷泽祗今五灌口，酬恩淮晓赛刘恩",即是咏此。渠成开坝试水时,河中戏水的数只野鸭顺流入于渠中,于是命名"鸭子渠"。鉴于该名称太俗,便以渠道水流的形态命名"鸭翅渠"。渠口位于永安(今小鸭),至野沟湾。1976年上流与葫芦渠合并,另辟渠线,至1979年告竣,辖支渠5条,沿渠有各类建筑物15座。"鸭翅渠"对研究元代临泽农田水利状况和经济状况具有重要意义。

图9-2 张掖市临泽县鸭翅渠(干渠)走向(局部)

另外,元代在黑河流域有军事设施遗址有3处,分别为K676烽火台、查干德日布井烽燧和扎格图纳林遗址等;有窑址2处,分别为额日古哈拉窑址和黑城北窑址群;矿冶遗址1处,为额日古哈拉冶炼址;古建筑1处,为宝日敖包。这些遗址均位于黑河下游的额济纳旗。

元代,黑河流域以下游的额济纳故居延地区的遗址分布最为集中。为了比较详细地展示这一地区的遗址分布情况,我们制作了该地区的遗址分布图如图9-3所示。

元代的古遗址分布格局与西夏时期类似,依旧呈现下游分布集中,中游分布稀疏的格局(图9-4)。干流中游的张掖地区相对集中分布着城址、水利设施等遗址,这些遗址大多延续前代,如黑水国南北城,以及盈科、大满灌渠等水利设施。下游的额济纳地区遗址分布较为密集且数量较多,其主要以黑城和绿城为中心分布在三角洲的西南部地区。相比宋辽金时期,西部的河道北侧增加了多处寺庙遗址,还有,在黑城的城墙上所发现的佛塔和在城外所发现的伊斯兰清真寺。据额济纳旗王爷府展板介绍,1983年9月内蒙古考古队在靠近清真寺东部、南部和西部发现300余座伊斯兰墓葬,经试掘出土五具干尸,其中两具认定为阿拉伯人。这些遗迹表明,当时的亦集乃路一带宗教兴盛,是多民族共同居住的地区。这一结果与黑城文书考证结论具有一致性(李逸友,1991;杜建录,2009;陈玮,2010)。

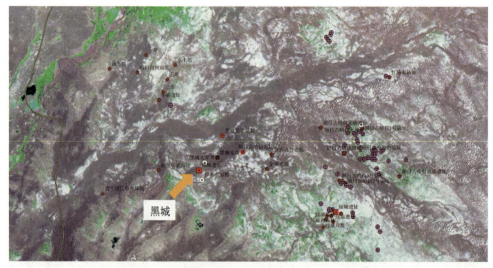

图 9-3　额济纳古居延地区三普文物点分布（TM 影像背景）

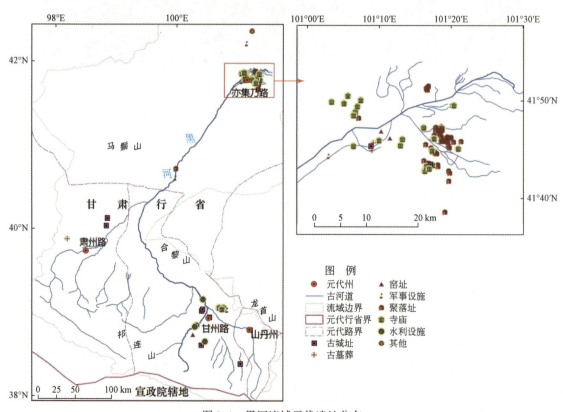

图 9-4　黑河流域元代遗址分布

对这些遗址分类分区统计如表9-1所示，其中，额济纳旗境内的古遗址达89处之多，占流域总数的80%以上。发现的遗址中以小规模的聚落址为主，此外寺庙遗址也比西夏时期有所增加，而军事设施非常稀少。这表明这一时期社会稳定，不同部族之间的军事冲突已经减弱或消失，发展生产和保障生活成为这一阶段的主题。绿城、黑城是这一时期下游的中心城址。在中游地区，第4章所提及的黑水国、甘州古城等极少数城址还在继续利用着。

表 9-1　黑河流域元代遗址分布数量　　　　　　　　（单位：处）

| 地区 | | 古城址 | 古墓葬 | 聚落址 | 窑址 | 军事设施 | 寺庙 | 水利设施 | 其他 | 合计 |
|---|---|---|---|---|---|---|---|---|---|---|
| 中游 | 山丹河与洪水坝河 | 3 | 0 | 0 | 0 | 1 | 0 | 1 | 0 | 5 |
| | 干流中段 | 3 | 0 | 0 | 1 | 2 | 3 | 3 | 0 | 12 |
| | 讨赖河中段 | 0 | 1 | 0 | 0 | 0 | 0 | 0 | 0 | 1 |
| 下游 | 讨赖河终端 | 2 | 0 | 0 | 0 | 0 | 0 | 0 | 0 | 2 |
| | 干流终端 | 2 | 3 | 56 | 2 | 3 | 24 | 0 | 1 | 91 |
| 合计 | | — | 10 | 4 | 56 | 3 | 6 | 27 | 4 | 1 | 111 |

## 9.8　垦殖绿洲重建

基于对元代遗址分布的分析，这一时期绿洲开发主要围绕甘州、肃州、亦集乃路周围展开。文献记载也表明政府在肃州等地"置立屯田"，在"甘州黑山子、满峪、泉水渠、鸭子翅"等地区屯田。其中，"鸭子翅"为鸭翅渠，遗迹位置可考，位于甘州西北（图9-5）。而依《甘肃通志稿》和《甘肃新通志》记录，相比唐代，元代的甘州地区还营建了大古浪渠、小古浪渠和塔儿渠，进一步加密了唐代的甘州南部垦区（图7-3）。在河道终端的亦集乃路，（至元）二十三年（1286年），又发新军200人"鉴合即渠于亦集乃地……计屯田90余顷"（《元史》卷60）。据此，在亦集乃路成立初期，元政府就开凿了合即渠。黑城出土文书记载的有名称的渠道就包括合即渠、合即小渠等16条（吴宏岐，2002），可灌溉约33 km²的耕地面积（徐悦，2008）。85处元代遗址及影像上可观察到的遗址周围灌渠遗迹，表明下游的亦集乃路农业开发兴盛（图9-4）。

根据遗址、部分灌渠的定位并结合锁眼卫星影像，可重建元代的绿洲如图9-5所示。

基于GIS的量算结果表明，元代绿洲垦殖面积约为614 km²。除甘州、肃州周围的主要垦区外，干流下游垦区面积有所扩大，规模达178 km²，表明亦集乃路是元代重要的活动地区之一。元贞元年（1295年）以后，黑河流域农业衰落，绿洲垦殖规模萎缩。

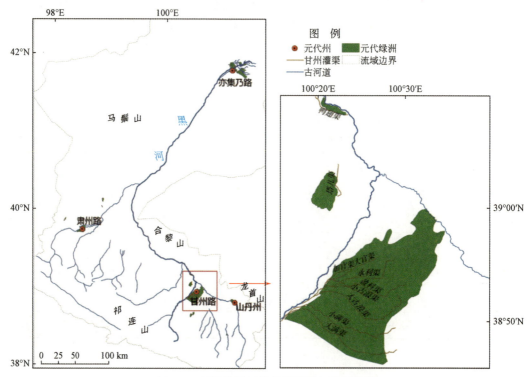

图 9-5　黑河流域元代甘州灌渠与绿洲分布

# 第10章 明时期的黑河流域

## 10.1 卫所的设立

1368 年正月，朱元璋在应天（今江苏南京）称帝，开启了明朝的统治。当年 8 月，明朝军队攻下元朝大都（今北京），标志着明朝夺取了蒙古在中原的政权。元朝作为少数民族全国性政权和我国历史上一个重要的大一统封建王朝最终灭亡，但逃窜到北方草原地区的北元残余势力仍拥有强大的军事力量，不断进行反扑，对明朝的安全造成了巨大威胁。

洪武五年（1372 年），征西将军冯胜至甘肃。明军攻打黑城，屡攻不下，就在黑水河上（额济纳河）筑坝断水，迫使黑城守将卜颜帖木尔献城投降。水对于沙漠中的绿洲就意味着生命，失去水源的黑城在人为的生态灾难中毁灭，而后明军退守嘉峪关，额济纳和敦煌都被放弃，黑城也就彻底结束了它辉煌一时的历史（杜海斌，2003）。

洪武十年正月，置陕西行都指挥使司于庄浪（今甘肃永登），后徙于甘州。洪武二十年，命都督宋晟为总兵，其西凉、山丹诸卫军马凡有征调，悉听节制。洪武二十八年六月，肃王就国（毛雨辰，2019）。明代在北部长城沿线设置了"九边"，九边中的延绥、宁夏、甘肃、固原四镇是明代在西北的四大军事重镇，而其中甘肃镇则是这四大军事重镇最为紧要的节点，并与其他三镇构成明代的重要军事体系，形成西北对中原的藩屏。河西是西北地区的边防要冲，明廷始终加强对河西的边备建设，以此来维护明朝的政治稳定，是明朝国防体系建设的重要组成部分（毛雨辰，2019）。

在黑河北部，尽管蒙古势力退居蒙古高原并逐渐分裂为瓦剌和鞑靼两部，但其军事势力依然强大并经常侵扰边境。鞑靼为"故元后"（《明史·外国（八）》），瓦剌地处"鞑靼西"（《明史·外国（九）》），瓦剌"数侵掠邻境"，甚至"欲徙居肃州"（《明史·西域传（二）》）。为了加强北边防御，明政府动用了大量人力物力修筑了穿过黑河流域中游的庞大的长城边墙防御系统，并在西端置嘉峪关，这是黑河流域自汉代以来第二次大规模修建边墙防御体系。自此，黑河流域下游金塔和额济纳地区即沦为蒙古游牧地。

在黑河流域以西，14 世纪初，蒙古的察合台汗国分裂为东、西两部，东部占据新疆。洪武三年（1370 年），帖木儿在中亚建立了帖木儿帝国，并不断向东部扩张。永乐元年（1403 年），明政府得知帖木儿将"率兵东"，命令"甘肃总兵官宋晟儆备"（《明史·西域传（四）》）。最后，蒙古军的东征因帖木儿病逝而终止。为此，明政府在黑河流域嘉峪关外设置"安定……沙州诸卫"（《明史·西域传（二）》）。其后于永乐四年（1406 年），又增加了"哈密卫"(《明太宗实录》卷52)。明代中期后,东察合台汗国势力日渐衰落,后改为"亦力把里"。1432年,该政权分出了东部吐鲁番和南疆的叶尔羌政权。其中,吐鲁番与黑河流域相邻,吐鲁番为了扩大生存空间,与明朝进行了多次战争。至1472年,嘉峪关外卫所消亡或沦陷,"吐鲁番复据哈密,逼处关(嘉峪关)外"(《明史·西域传(二)》),给明政府造成了强大的军事压力。

在青藏地区,虽然明政府设立了朵甘宣慰司,为"唐吐蕃地"(《明史·西域传(三)》)。然而,实际上由于部族众多且处于涣散状态,明政府统治并不稳固。更为重要的是,青藏地区居民与蒙古地区居民均信奉藏传佛教且多为游牧民族,心理上有趋同性,容易形成统一的敌对势力。

明初的河西地区,地处极边,三面迎敌,是明朝重要的边防要塞。同时,由于地广人稀,经济落后,河西地区在人口、经济上的规模远远达不到设置府州县的标准。为巩固边防,随着军事行动的推进,明朝以嘉峪关为界,以西将元代以来活跃在这一地区的察合台出伯系诸王集团转化为羁縻卫所,以东的河西地区则裁撤了元代的甘肃行省及其下辖路、

图 10-1 明代黑河流域行政建制与形势

州，改设属于军事系统的甘州五卫、凉州卫、永昌卫等十卫三所，从而使河西地区成为特殊的军管型政区（张磊，2019）。

在明代，明政府在黑河流域仅限于明长城以南和祁连山麓以北，除东部与内地连接外全邻少数民族。政府在关键的边境要害地区设置"卫"和"所"，建立了卫所制度，取消了州（郡）县设置，实施军政一体化的管理体制。卫所制度是明太祖朱元璋模仿北魏隋唐的府兵制，又吸收元朝军制的某些内容而制定的，是明朝军队中最为重要的一项制度。一卫有 5600 人，长官为指挥使。一卫辖属 5 个千户所，一千户为 1120 人，长官为千户。一个千户所辖属 10 个百户所，一百户为 112 人，长官为百户。百户下又分为两总旗和十个小旗，每总旗辖 50 人每小旗辖 10 人。此外，还有堡和哨。各卫所分属于各省的都指挥使司，统由中央的五军都督府分别管辖。期间，黑河流域属陕西行都司所辖，设有甘州五卫（同城）、山丹卫、镇夷千户所、高台千户所和肃州卫（据《明史·兵二卫所》），其分布见图 10-1。

## 10.2　屯田政策和措施

明朝统治者认为，发展屯田并防守要地是"驭夷之长策"（《明太祖实录》卷 50），而开展农业垦殖可达到"纾民力，足兵食"（《明太祖实录》卷 179）的效果。因此明政府将屯田作为守卫边境、保卫国家的良策。为保证军队的兵源及供给，同时又推行了军户和屯田制度。凡军士都是世袭的，单独编户籍，叫作军户。凡各地卫、所皆实行屯田，以保证军饷的供应。

军士分为屯田的与守城的两部分：屯田者专事耕垦，供应军粮；守城者专务防守操练。军士守城与屯种的比例大致是边地三分守城、七分屯种，内地二分守城、八分屯种。在黑河流域，明政府实施了"以军隶卫，以屯养军"（《明史·兵志二》）的军事屯田政策，驻军人员"三分守城，七分屯田"（《明史·食货》）。明初一个时期之内几乎无军不屯，军队大体能够屯田自养，屯田的收入成为军饷的主要来源，这就使国家免去养兵之费，大大减轻了人民的负担。遇有战事发生，则由兵部奉旨调卫、所之兵，临时任命将领担任总兵官，发给印信，统兵出征。战事结束，总兵官交还印信，兵士回到卫、所。这样将不专军，军无私将，而军权集于中央。

到明中叶，屯田多被军官吞蚀，军士破产逃亡，所存无几，且缺乏战斗训练，仅供地主、军官役使，不能担任防卫职责，遂被募兵代替。明代后期，吏治腐败，国力日渐衰微，封闭的小农经济日益凋敝。自正统时期（1436～1449 年）后，"屯政稍弛"，其后"屯田多为内监、军官占夺"（《明史·食货一》），对农业造成极大的影响。宁夏、甘肃地区的肥力较高的土地被"镇守官及各卫豪横官旗所占"（《明宣宗实录》卷 76），屯田制度遭到破坏并衰落。

虽然明朝对河西的经营可圈可点，但是随着明朝中期"土木堡之变"的发生，明朝将边疆的首要防御对象定位为北方的瓦剌和鞑靼，对河西走廊地区已经是力所不能及了。虽然明朝在沙州设有七卫，但是西域的吐鲁番常年频繁的骚扰，使得明政府不厌其烦，终于决定将沙州、瓜州等地的居民内迁至嘉峪关内经营耕种，同时敕令关闭嘉峪关，封锁边境，使得丝绸之路运营又一次进入了低谷。

有明一代，河西地区一直驻防着数以万计的军队，使得该地区成为一个庞大的军事消费区。为保障军队的粮食供给，明初形成了以屯田、民运粮、纳粮开中、京运物料为主的军粮供应体系。明中期，在边饷转运制度难以为继和赋役货币化的背景下，民运粮、纳粮开中、京运物料皆出现了由"本色"向"折色"的转变。但由于西北地区商品经济发展滞后，白银的流通极为有限，百姓难以获得白银。同时，河西地处极边，三面迎敌，承担的国防压力极大，本色米粮的储备尤为重要。因此，河西地区民运粮改征白银的时间要远远晚于九边的其他地区。

在边饷折征物料和白银的过程中，边地米粮市场也随之应运而生，并随着边饷总额中折银率的提高而扩大，从而减轻了河西及周边地区军民运输税粮的沉重负担。但河西地区农业基础较差，遇到灾年和战争之时，就难免出现通货膨胀、粮价飞涨的情况。为保障河西地区的粮食供应，在全国范围屯粮、科粮征纳物货币化的情况下，河西地区屯粮、科粮的征收仍然坚持征收本色米粮。直到隆庆（1566~1572）初年，陕西诸府向河西地输送的民运粮才正式改征折色。即便在屯田几近崩溃的万历（1573~1620）初年，甘肃镇屯田粮食的征收仍然可以保持在 20 万石左右的水平，在整个军粮供应体系中仅次于民运（张磊，2019）。

## 10.3 人口情况

明朝政府规定了卫所的基本编户，其规格是每卫 5600 人、每千户所 1120 人（据《明史·兵二卫所》）。明代的人口记载散见于地方志中。《重修肃州新志·户口》和《重刊甘镇志·岁计》较系统，《甘州府志》等有也存有少量记载，主要人口记录有洪武和嘉靖两个时期（图 10-2），其中高台所和镇夷所洪武年间无载。一般认为，洪武时期的统计较为严格，结果可靠，而嘉靖年间的数据存在较多问题，不应采信（何炳棣，2000；马顺平，2011）。

军户是明代的主要户籍人口，依附在这些卫所中的民籍户应占卫所军户总数的 20%~30%（曹树基，1996）。史载凉州各卫民户人口"附籍岁久"，应该征税（《明太祖实录》卷 216），地处凉州以西的黑河卫所可能稍少。若按 1120 人计算镇夷所和高台所的人数，按 25% 计算所有卫所的民户，则有民籍户 14 855 口。合计民户和军户，则洪武年间流域人口为 74273 口。

明中后期嘉靖年间数据记载谬误较多，记载流于形式，最为明显的是甘州中卫、后卫的户数竟大于口数（图 10-2），显然不符事实，证实了数据存在问题的说法。一方面，尽管屯田策略在明代中期以后不如前期严格，"或大已在逃，粮犹如故"（《明经世文编》卷273），即使记录人口减少。但是，这些逃亡的人口并非完全脱离黑河流域境内，而是摆脱了军事化的管制，成为户籍之外的人口。另一方面，黑河流域中期以来并未发生大规模动乱，实际总人口当逐渐增加并发展中。例如，《明经世文编》卷 49 载甘州的 5 卫在经历了长时间的运行后通常"多缺额"，但却"多余丁生齿日繁"。另外，清道光《山丹县志》卷9《食货》记录嘉靖时山丹民户 12 563 户，17 961 口，屯户 6363 户，12 720 口。按明代制度，此记载应该有误，前者应为卫所军户，比洪武期间增加约 41.2%，后一类属民户人口，合计人口 30 681 口。如果按洪武年间人口 74 273 为基准，按 41.2% 的增长率估计，则黑河流域嘉靖年间人口约 10.5 万人。在缺乏可靠记载的条件下，只能姑且这样估计了。

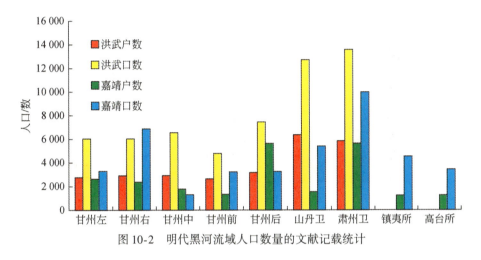

图 10-2 明代黑河流域人口数量的文献记载统计

## 10.4 耕 地 规 模

明代中期的屯田数量来源于地方志。《重刊甘镇志》《重修肃州新志》有正统三年（1438 年）、嘉靖二十九年（1550 年）的甘州等卫所的统计数据，《明会典》记载河西各卫所的统计数据，这里仅列出黑河流域内屯田数，结果如图 10-3 所示。

图 10-3 明代黑河流域各卫所的屯田规模

乾隆《肃州新志》记载，肃州卫正统三年屯田 270 924 亩，嘉靖二十九年，227 558 亩明代 1 尺相当于今 0.32 ~ 0.341 m（梁方仲，1980）。以"五尺为步，步二百四十为亩"（《明史·食货志》）。若取尺的均值 0.3305 m，则每亩的面积为 (0.3305 × 5) × (0.3305 × 5 × 240) = 655.38 m²，据此对原始记录进行换算，其结果如图 10-4 所示。合并全流域的耕地数据，合计结果分别为：正统三年（955.37 km²）、嘉靖二十九年（855.57 km²）和《明会典》年间（681.50 km²）。

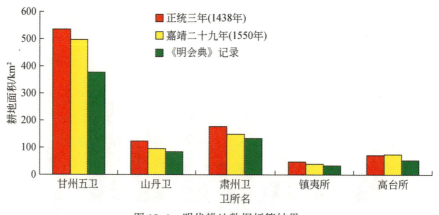

图 10-4　明代耕地数据折算结果

## 10.5　古遗迹情况

根据三普资料，黑河流域在明代的古遗址数量非常之多，约 764 处（按位于黑河流域内的县级行政区划统计，肃南县只统计了明花、皇城两乡镇）。这些遗址中，共有古建筑遗址 24 处，古墓葬（群）10 处，有古城址 50 处，寺庙与祭祀遗址 25 处，军事设施遗址 566 处，水利设施遗址 10 处（其中甘州区 3 处，临泽县 7 处），驿站古道遗址 27 处。具体如表 10-1 所示。

表 10-1　黑河流域明代古遗址一览表

| 类别 | 具体类别 | 所在县（市、区、旗） | 名称 |
|---|---|---|---|
| 古建筑 | 城垣城楼 | 甘州区 | 长稍门遗址、东古城城楼、张掖鼓楼 |
| | | 嘉峪关市 | 嘉峪关 |
| | | 山丹县 | 城北无量阁、芦堡过街楼 |
| | | 肃州区 | 酒泉鼓楼、酒泉城墙、上河清堡子遗址 |
| | 寺观塔幢 | 甘州区 | 张掖大佛寺、西来寺、张掖万寿寺 |
| | | 金塔县 | 塔院寺金塔 |
| | | 民乐县 | 六坝北大寺 |

| 类别 | 具体类别 | 所在县<br>（市、区、旗） | 名称 |
|---|---|---|---|
| 古建筑 | 坛庙祠堂 | 高台县 | 红山魁星楼 |
| | | 山丹县 | 圣经楼、马寨无量殿 |
| | 亭台楼阙 | 甘州区 | 乌江玉皇阁 |
| | 宅第民居 | 山丹县 | 大桥唐家庄院遗址 |
| | | 临泽县 | 宋家屯庄遗址、康家屯庄遗址 |
| | 其他古建筑 | 甘州区 | 张掖东仓 |
| | | 临泽县 | 一工城 |
| | | 山丹县 | 揣庄城址 |
| 古墓葬 | 名人或贵族墓 | 山丹县 | 王允仲家族墓地、李进古墓 |
| | 普通墓葬 | 高台县 | 双丰墓群 |
| | | 嘉峪关市 | 黄草营村墓群、嘉峪关村二组墓群、嘉峪关村五组墓群 |
| | | 山丹县 | 王氏家族墓 |
| | | 肃州区 | 桶灌河墓群、头坝下桥墓群、台台地明墓 |
| 古遗址 | 城址 | 甘州区 | 西新庄古城遗址、东新庄古城遗址、玉泉堡古城遗址、天落城遗址、甘州古城墙、滚家庄村城堡遗址、秅侯堡遗址、上堡古城遗址、黑水国遗址（南）、黑水国遗址（北）、张掖古城、红泉堡遗址、平山湖村香沟堡古城遗址、人祖口1号城障、人祖口2号城障、安家庄古城遗址、小满堡堡墩遗址、南闸村铜炮出土遗址 |
| | | 高台县 | 八坝堡遗址、九坝堡遗址、深沟堡遗址、双丰城遗址、天城堡遗址、暖泉大城堡遗址、暖泉小城堡遗址、红崖子城遗址 |
| | | 嘉峪关市 | 横沟屯庄遗址 |
| | | 金塔县 | 茨湾营城址 |
| | | 临泽县 | 明沙堡遗址 |
| | | 民乐县 | 六坝古城遗址、五坝城遗址、永固城遗址 |
| | | 山丹县 | 新河堡古城址、花寨古城址、大马营城遗址、墩子洼烽火台遗址、东乐古城遗址、霍城古城址、丰城堡古城址、峡口古城址、山丹古城遗址、暖泉古城址 |

| 类别 | 具体类别 | 所在县<br>（市、区、旗） | 名称 |
|---|---|---|---|
| 古遗址 | 城址 | 肃南县 | 西城破城子遗址、柳沟城遗址、草沟井城遗址、三角城城址、卯来泉城堡址、青头山城址 |
| | | 肃州区 | 下古城堡遗址、紫金城遗址 |
| | 宫殿衙署遗址 | 甘州区 | 张掖肃王府遗址 |
| | 祭祀遗址 | 肃州区 | 屈家口子鄂博、丰乐口村鄂博、观音山口鄂博、长沙岭鄂博、下四截鄂博、明沟台子鄂博、西洞鄂博遗址 |
| | 聚落址 | 山丹县 | 大桥龚家庄院遗址、大寨庄院遗址、小寨子庄院遗址 |
| | 军事设施遗址 | 额济纳旗 | 晓林川吉烽火台（存疑，明代额济纳地区应该不会有此烽火台） |
| | | 甘州区 | 酥油口烽火台遗址等66处（全部位于甘州区范围的，下同） |
| | | 高台县 | 水涯墩烽火台遗址等89处 |
| | | 嘉峪关市 | 十五里墩烽火台遗址等43处 |
| | | 金塔县 | 火烧墩烽火台遗址等41处 |
| | | 临泽县 | 羊山山烽火台遗址等25处 |
| | | 民乐县 | 戴家墩烽火台遗址等36处 |
| | | 山丹县 | 陈家墩烽火台遗址等165处 |
| | | 肃南县 | 大红门烽火台遗址等31处（仅统计明花乡和皇城镇范围内的） |
| | | 肃州区 | 瓷窑口烽火台遗址等69处 |
| | 水利设施遗址 | 甘州区 | 余家城村涝池、盈科干渠、大满干渠 |
| | | 临泽县 | 红沙渠遗址、头坝渠、二坝渠、三坝渠、四坝渠、昔喇渠、倪家干渠 |
| | 寺庙遗址 | 甘州区 | 青龙庙遗址、上帝宫遗址、西武当山寺庙遗址、红泉村香果寺遗址、红泉村东山寺遗址、紫泥泉村黑虎八卦庙遗址 |
| | | 高台县 | 红寺庙遗址、香山寺遗址 |
| | | 临泽县 | 仙姑庙遗址、药王庙遗址、麻神庙遗址、羊神庙遗址 |
| | | 山丹县 | 老爷庙遗址、钟山寺遗址、焉支山前寺大佛殿遗址、大桥村玉皇庙墩台遗址、龙首山龙王庙遗址、大佛寺遗址 |
| | 窑址 | 甘州区 | 五里墩砖窑遗址、西武当瓷窑址 |
| | | 肃南县 | 瓷窑口遗址 |
| | | 肃州区 | 瓷窑口遗址、马趟地窑址 |

| 类别 | 具体类别 | 所在县<br>（市、区、旗） | 名称 |
|---|---|---|---|
| 古遗址 | 驿站古道遗址 | 高台县 | 黑泉驿遗址、红寺坡 3 号烽火台遗址、红寺坡 2 号烽火台遗址、地埂坡墩烽火台遗址、红寺庙墩烽火台遗址、双丰东五里墩烽火台遗址、碱骨墩烽火台遗址、苦水墩烽火台遗址、盐池东八里墩烽火台遗址、二十里墩烽火台遗址、盐池东三里墩烽火台遗址、大疙瘩墩烽火台遗址、盐池西五里墩烽火台遗址、新墩子烽火台遗址 |
| | | 民乐县 | 大斗拔谷古道遗址 |
| | | 山丹县 | 三十里堡驿站遗址、阜昌堡驿站遗址、七里墩驿站遗址、三墩驿站遗址、山羊堡滩驿站、七里墩驿站遗址、山堡墩驿站、绣花庙驿站遗址、绣花庙障城遗址、二十里堡二墩子驿站遗址、十里堡过街楼门墩遗址、五里墩驿站遗址 |
| | | 甘州区 | 西阳屯村庄遗址 |
| | 其他古遗址 | 甘州区 | 汪家堡堡墩、甘泉池遗址、红泉壕堑 1 段遗址、红泉 2 号居住遗址、红泉 1 号居住遗址、红泉山险墙遗址 |
| | | 高台县 | 石梯子石圈遗址 |
| | | 嘉峪关市 | 磨子沟采石场遗址 |
| | | 临泽县 | 瞭马墩烽火台遗址 |
| | | 山丹县 | 彭家山湾门洞遗址、老君庙哨墩遗址、山丹中牧军马场 |
| 石窟寺及石刻 | 碑刻 | 甘州区 | 马站村大明吴将军墓碑 |
| | | 高台县 | "观音堂碑记" 石碑、石梯子碑、红崖子王氏族谱碑 |
| | | 民乐县 | 景会寺石碑 |
| | 摩崖石刻 | 嘉峪关市 | "北漠尘清" 石刻 |
| | | 民乐县 | 洋尕峡石刻 |
| | | 山丹县 | 峡口摩崖石刻、峡口摩崖石刻、小峡口摩崖石刻、饮马泉石刻 |
| | 石窟寺 | 民乐县 | 童子寺石窟 |
| | | 山丹县 | 高峰寺石窟、葛家山小墩山烽火台遗址、娘娘庙石窟 |
| | | 肃南县 | 文殊山石窟前山千佛洞与万佛洞、文殊山石窟古佛洞和千佛洞 |
| | 岩画 | 嘉峪关市 | 蕉蒿沟岩画、磨子沟岩画、红柳沟岩画、交河沟岩画、石关峡口岩画、四道股形沟岩画 |
| 其他 | | 高台县 | 古槐、石坡墩烽火台遗址、乐二大槐树 |
| | | 民乐县 | 南古铁钟 |
| | | 山丹县 | 南湖公园兰池文物园 |

黑河流域明代古遗址的分布情况如图 10-5 所示。

图 10-5　黑河流域明代古遗址分布图

从图 10-5 可以看出，明代的古遗址主要分布在黑河狼心山以上的中游地区，尤其是在走廊平原地区，而下游的额济纳地区几乎没有分布（仅有一个晓林川吉烽火台，估计应该是汉代的，误定为明代了）。另外，由于受到来自北面蒙古的严重威胁，军事方面的遗址占有很大比例。为了比较详细的展示中游地区的遗址分布情况，我们特对这一地区进行了专门制图，在该图上还显示了文物点的类别信息（图 10-6）。

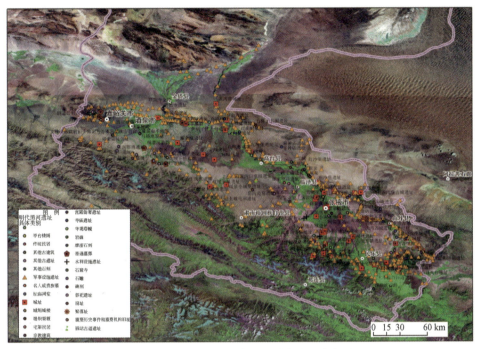

图 10-6　黑河流域明代各类别古遗址分布图

## 10.6　居民点分布

明代，为了满足军事防御需求而修建了大量屯堡，明代方志资料中保存了这些屯堡营建的信息。据《肃镇华夷志》和《甘镇志》记载，为应付周边少数民族的军事压力，政府曾修筑了大量"墩""堡"和"寨"用于戍守瞭望或驻兵屯田。这些"墩""堡"和"寨"，其实是特殊形式的居民点，其名称很多保留至今，如"乌江堡"和"甘浚堡"等。实地考察也屡屡看到明代和清代的堡、墩等，它们是当时人们开发绿洲的间接证据。明代的居民点可查证定位的共计 176 处，其分布遍及黑河中游的沿河地区（图 10-7）。

图 10-7 中可见，明代黑河流域的居民点均分布在中游地区、明长城以南。相比元代，明代的居民点范围的扩展特别显著，几乎遍及中游的大部分沿河地区，不仅干流一带向北扩展到镇夷峡口（镇夷千户所附近），而且向南也扩展到海拔较高的山前冲积扇地区。尤其显著的是，这些堡寨沿长城内侧呈线性密集连续分布，自西段的嘉峪关绵延到山丹卫东侧。除镇夷所西部的戈壁沙漠地区外，大部分堡寨的相互间距在 5 km 以内，与长城边墙的距离也大多在 5 km 以内。而且，各卫所也沿长城走向近等间距均匀布设，相互之间的距离在 50～70 km。这样，长城、卫所、堡寨构成了完整的防御体系，遇到敌情有利于迅速反应。

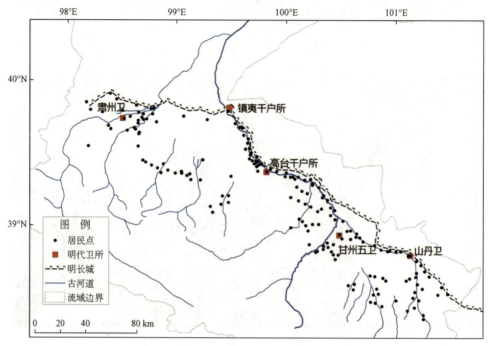

图 10-7 黑河流域明代主要居民点分布

## 10.7 灌溉渠系分布

明代，为了垦殖土地，黑河流域开展了大量水利建设。三普资料记载的与灌溉有关的水利设施与堤坝渠堰遗址有 10 处之多，如渠道方面有盈科灌渠、大满灌渠、红沙堡渠，集水设施有余家城涝池，堤坝渠堰有头坝渠、二坝渠、三坝渠、四坝渠、昔喇渠、倪家干渠等，它们基本上都分布在甘州–临泽–高台盆地中（图 10-8）。

酒泉地区，南部灌区主要由酒泉城周的兔儿坝、沙子坝、黄草坝、城东坝，以及南部的东、西洞子坝组成（《重修肃州新志·肃州·水利》），其中东、西洞子坝"凿石崖为洞，引水渐上者也，甚为奇异"（《重修肃州新志·肃州·水利》）。明代后期，在酒泉的东南部逐渐形成了一条新的主干渠道，即城东坝，其始于黄草坝和沙子坝的坝尾，至于东部的洪水坝河岸。北部多为后期所开发，主要包括河北坝、老鹳坝、新城子坝、野麻湾坝等灌渠［图 10-9（a）］。

张掖（甘州）地区，灌渠的范围覆盖"左卫之慕化、梨园；右卫之小满、龙首、东泉、红沙、仁寿；中卫之鸣沙、河西、瀚树哇哇、德安、宁西；山丹卫之树沟、白石崖等处"（《甘州府志》卷 6，食货志，水利）。这时，不仅南部干流右岸的灌溉渠系密度进一步增加，左岸地势较高地区也开始出现。张掖北部、高台和临泽沿河地区也建设了大量沿河灌渠，其终端甚至一直延伸至合黎山与黑河交叉处的镇夷峡口［图 10-9（b）、（c）］。

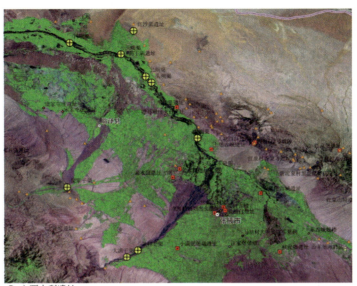

图 10-8　黑河流域明代主要水利遗址的分布（为黄色符号者，背景影像为 1989 年的 TM 影像）

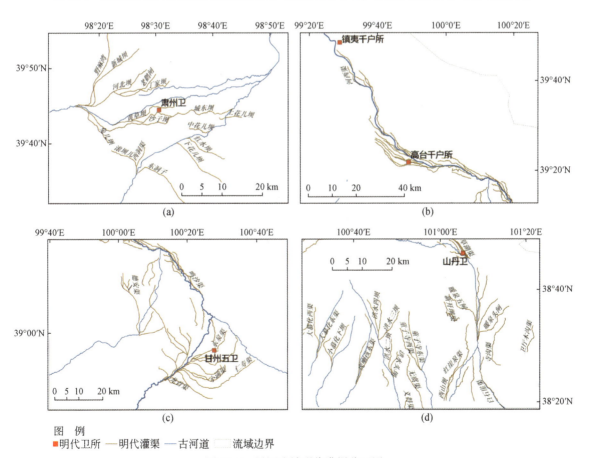

图　例

■ 明代卫所　—— 明代灌渠　—— 古河道　　流域边界

图 10-9　黑河流域明代灌渠分区图

山丹及民乐地区"坝分为五，曰草湖渠、暖泉渠、东中渠、童子渠、慕化渠"（《续修山丹县志·水利》），形成了北部以草湖渠、中部以暖泉渠、东南部以白石崖渠为主体的灌渠系统。与此同时，在今民乐地区在洪水河及其支流附近形成了以童子渠、慕化渠（今童子坝渠和大堵麻渠）为主体的灌渠系统［图10-9（d）］。另外，在马营河、摆浪河和丰乐河等小河的山前地区也修建了一些灌渠。

根据《重刊甘镇志》和《重修肃州新志》水利部分的记录，可以统计出黑河流域内的灌渠总数达130道以上。这些大大小小的干支斗交织成网，浇灌着沿黑河干流的张掖灌区、沿讨赖河的酒泉灌区、丰乐河、马营河和摆浪河灌区、山丹–民乐山前灌区。利用地方志中的插图和文献记载，以现代地形图和遥感影像为位置参照，根据地名定位可以大致恢复出明代的主要灌渠分布（图10-10）。

图10-10　黑河流域明代主要灌渠分布

## 10.8   垦殖绿洲重建

根据所恢复的居民点与灌渠的定位，结合各渠道灌溉面积记载，结合地形图、影像和地形坡度数据集，沿居民地和渠道延展方向并避开不适宜的坡度区域，可勾绘出当时垦殖绿洲范围（图 10-11）。经量算获得最终绿洲面积为 964 km²。可见，明代的中游绿洲相比元代有了显著扩展，呈现出沿河流线性扩展趋势，主体绿洲自甘州南部一直向北延伸至长城边墙的镇夷峡口。不仅如此，东南部的山前冲积扇、中部的支流小河沿岸也开始再次出现垦殖绿洲。

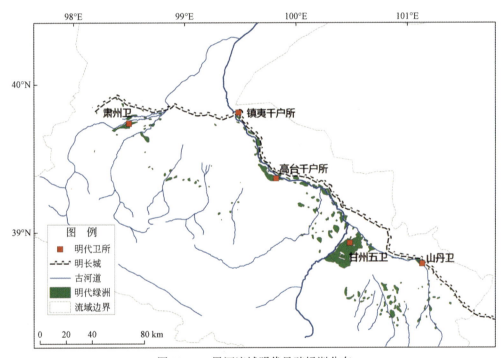

图 10-11   黑河流域明代垦殖绿洲分布

# 第11章 清时期的黑河流域

## 11.1 政治军事形势

明末清初，政权更替，黑河流域经历着长期战争和自然灾害，时局动荡。清代统一中国后，政治、军事形势发生了很大变化。为了维护地区的和平与稳定，清朝政府对各民族实行了不同的政治和军事政策，最终使西北地区结束了长期的军事割据局面，为经济发展、农业开发提供了安定的社会环境。

在蒙古地区，明清之际，蒙古分为漠西、漠北和漠南三部。其中，漠西蒙古位于今新疆地区，漠北蒙古和漠南蒙古大致为今蒙古国和中国的内蒙古自治区。清政府改变了明朝的全力防御政策，力图通过联姻的方式建立与蒙古族的联盟关系（华立，1983；杜家骥，2001），同时在宗教方面制定了"兴黄教所以安众蒙古"（《卫藏通志·高宗纯皇帝御制喇嘛说》）的民族政策。此外，在漠北和漠南蒙古地区建立了盟旗的行政建制，设立将军、都统、大臣等加强管理。通过这些策略，中国北方草原部落和少数民族的分裂割据以及与中原王朝的对抗和斗争宣告结束。漠北、漠南地区的蒙古族完全处于清政府的统治之下，清政府还在黑河流域下游设置了额济纳土尔扈特旗。

与流域西部临近的新疆地区属漠西蒙古统辖，其准噶尔部势力日渐膨胀，逐渐控制了整个新疆地区。准噶尔虽然名义上保持与清政府的统辖关系，但实际上并不受中央控制。不仅如此，其还煽动反清势力挑起战乱，企图摆脱中央控制而独立。为此，清政府在康熙（1661~1722）至乾隆（1736~1796）前期（1661~1756年）对噶尔丹发动了多次军事行动，最终致使其于1756年灭亡。期间，黑河流域作为清政府对噶尔丹军事行动的必经之地，需要承担繁重的军粮供给和运输任务，由此对军屯发展和绿洲开发提出了需求。

在青藏高原一带，厄鲁特、和硕特蒙古部在此地活动，各部落间组织涣散。在康乾时期，青藏一带的多次动乱给清政府带来诸多困扰。为了稳固统治，清政府实施了蒙藏分治的政策，即在西藏选拔藏族官员并组成西藏地方政府，结束蒙古族在西藏的统治；将青海地区分为29旗，划定地界，设立土司等官员管辖。自此，西藏地区逐渐纳入了中央政府的稳定统治之下。

自乾隆后期到1840年（1756~1840年）鸦片战争爆发前近百年间，黑河流域的政局基本基于稳定，为绿洲开发提供了有利的社会基础。1840年鸦片战争爆发后，黑河流域同全国其他地区一样逐渐趋于动荡，尤其是1862~1873年发生的回民起义，导致了人口的耗减和对农业生产的严重破坏（吴万善，1963；林吉，1988；杨永福和王劲，2002）。1867年，左宗棠推行了一系列措施，使甘肃地区的农业生产有了一定恢复（王迎喜，1987；闫庆生和马啸，2002；栗晓斌，2002；马啸，2003），但持续时间较短。及至清末，由于陕甘战乱与纷争四起，农业生产急剧衰落，各地绿洲规模都有一定程度的缩减。

## 11.2　行　政　建　制

清代初年，卫所制还在延续使用，后因政治局趋于稳定，军事需求减弱，卫所改为府（州）县制。

张掖地区于雍正二年（1724 年），取消军事制度，设甘州府及张掖、山丹、高台三县。雍正七年（1729 年）在今酒泉市肃州区"割高台隶肃州。乾隆间，增置抚彝厅"（《清史稿》卷64），而后，增加了"东乐县丞"（《甘州府志·营建》）。

酒泉地区在（雍正）七年（1729 年）"置直隶州"，而在讨赖河终端的金塔地区置"州同驻金塔寺"，即肃州分州（或称王子庄分州），后又设高台屯田县丞，"驻毛目屯"（《清史稿·肃州直隶州》），即高台分县，驻今金塔县鼎新镇。乾隆二十七年（1762 年），王子庄分州改为"金塔县丞"并移至金塔县城附近。

自清代到民国时期，下游的额济纳地区为土尔扈特旗，为蒙古族驻牧之地。

可见，黑河流域在清代逐渐形成了以甘州府和肃州直隶州为核心，辖张掖县、东乐分县、山丹县、抚彝厅、高台县、高台分县、肃州分州等 7 县的行政体系（图 11-1）。

图 11-1　黑河流域清代行政建制

## 11.3　发展农业的政策

清代在黑河流域的开发政策与制度是与当时的政治军事形势相适应的。清时期的绿洲开发总体可以分为两个阶段：第一阶段以满足军事需求为主要目的。为了满足对新疆噶尔丹军事行动的需要，保证军队粮食供给，清政府在包括黑河流域在内的广大西北地区实施了"屯垦开发，以边养边"的经济政策。第二阶段以满足人民生活为目的。为了维护地区的稳定和人口需求，"乘时兴屯，开渠灌溉"（《西陲要略》卷3），进一步推进屯田垦荒。

清政府采取了许多发展经济的措施，如发展农业、营建水利工程、开屯田，实施"更名田"制度等（吴廷桢和郭厚安，1996）。"更名田"是将明代"废藩田产给予原种之人，改为民产"的一种制度，并"与民田一例输粮，免纳租银"（《清通典》卷1）。不仅如此，清政府还将"征收钱粮册内有名人丁，永为定数"，新增人丁"免其加增钱粮"，只要求"另造清册"报告（据《清圣祖实录》卷249），征收粮食时将"（康熙）五十年（1711年）丁册定为常额"，其后的"续生人丁永不加赋"（《大清会典事例》卷133），即实行了鼓励人口增殖的政策。同时，征税时将人丁税"摊在地而使赋役均平"（《抚豫宣化录》卷2），即所谓"摊丁入亩"政策，取消了人口税。这些政策的实施有效地促进了农业生产和绿洲开发，使"户口日增"，但许多地区可垦土地用尽，"不能增益"（《清高宗实录》卷604）。

明代之后，居延在历史上又沉寂了几百年。这期间，这一地区只维持着少量的牧业和极少量的农业（杜海斌，2003）。康熙三十七年（1698年），一支土尔扈特人在阿拉布珠尔的带领下从伏尔加河归来，雍正在1731年准许其以额济纳河流域为牧地，乾隆在1753年设额济纳土尔扈特旗。自阿拉布珠尔到最后一位王爷塔旺嘉布，额济纳一共经历了12位王爷。在此期间，历代王爷都禁止农垦，甚至连境内的客商种植蔬菜自食也坚决禁止（杜海斌，2003）。因此，这期间是没有绿洲垦殖活动发生的。

## 11.4　历史遗迹

根据三普资料，黑河流域在清代的古遗址数量较多，约268处（基本按位于黑河流域内的县级行政区划统计，肃南县只统计了明花、皇城、文殊三个乡镇）。这些遗址中，共有古建筑遗址46处，古墓葬（群）18处，有古城址18处，寺庙与祭祀遗址42处，军事设施遗址24处，水利设施遗址11处（其中甘州区3处，金塔县1处，肃南县7处），驿站古道遗址17处。具体如表11-1所示。

## 表 11-1 黑河流域清代古遗址一览表

| 类型 | 具体类型 | 所在县<br>（市、区、旗） | 名称 |
|------|----------|-------------|------|
| 古建筑 | 城垣城楼 | 甘州区 | 长稍门遗址、东古城城楼、张掖鼓楼 |
| | | 嘉峪关市 | 嘉峪关 |
| | | 山丹县 | 芦堡过街楼 |
| | | 肃州区 | 酒泉鼓楼 |
| | 池塘井泉 | 山丹县 | 下西山古涝池 |
| | | 肃州区 | 衙门涝池 |
| | 堤坝渠堰 | 临泽县 | 皇渠 |
| | 宫殿府邸 | 甘州区 | 高总兵宅院 |
| | 牌坊影壁 | 山丹县 | 席家街门楼 |
| | 寺观塔幢 | 甘州区 | 镇风寺土塔、道德观、海家寨土塔、张掖大佛寺、西来寺、张掖万寿寺 |
| | | 民乐县 | 圣天寺大殿、圆通寺塔、孙家庄三官庙、柳古砖塔、张连庄子孙塔、吕庄土塔、山寨砖塔、永固砖塔、姚寨村砖塔 |
| | 坛庙祠堂 | 嘉峪关市 | 二分沟庙 |
| | | 金塔县 | 文昌阁 |
| | | 肃州区 | 酒泉公园古建筑、玉皇阁建筑群 |
| | 亭台楼阙 | 甘州区 | 乌江玉皇阁 |
| | | 民乐县 | 四家魁星楼、列四坝聚风楼、林山玉皇阁 |
| | | 山丹县 | 仙堤楼 |
| | 学堂书院 | 肃州区 | 怀家沟小学旧址 |
| | 驿站会馆 | 甘州区 | 武凉会馆、张掖山西会馆 |
| | 宅第民居 | 山丹县 | 大桥唐家庄院遗址、王庄何氏庄院 |
| | | 肃南县 | 妥家大庄子 |
| | 其他古建筑 | 额济纳旗 | 敖尔斯敖包、乌兰淖尔敖包、乃斯日敖包 |
| | | 甘州区 | 张掖东仓、六号村鸽坛子 |
| 古墓葬 | 名人或贵族墓 | 高台县 | 阎相师家族墓 |
| | | 山丹县 | 张全贞家族墓地 |
| | | 肃州区 | 杨氏墓地 |
| | 普通墓葬 | 甘州区 | 下寨墓群 |
| | | 金塔县 | 魏家坟墓群 |
| | | 临泽县 | 黄家湾墓群、黄家湾一社墓群、王家坟园、清家坟 |
| | | 山丹县 | 王城张氏家族墓地、簸箕湾墓群、高庙张氏家族古墓、二十里堡褚氏家族墓、二十里堡刘氏家族墓 |
| | | 肃州区 | 头坝下桥墓群、马家东湾清墓、官北沟一组墓群、西峰寺墓群 |

| 类型 | 具体类型 | 所在县<br>（市、区、旗） | 名称 |
|---|---|---|---|
| 古遗址 | 城址 | 甘州区 | 玉泉堡古城遗址、秅侯堡遗址、黑水国遗址（南）、黑水国遗址（北）、张掖古城、安家庄古城遗址 |
| | | 高台县 | 深沟堡遗址、双丰城遗址 |
| | | 嘉峪关市 | 新城屯庄遗址 |
| | | 金塔县 | 细腰1号破庄子遗址 |
| | | 临泽县 | 半个城遗址 |
| | | 民乐县 | 卧马山城湾子墩遗址、四坝城遗址、南古城遗址、永固城遗址 |
| | | 肃南县 | 张家庄屯庄遗址、乏马沟口营盘遗址、卯来泉城堡址 |
| | 宫殿衙署遗址 | 肃南县 | 王爷衙门遗址 |
| | 寺庙遗址 | 额济纳旗 | 苏木图庙址 |
| | | 额济纳旗 | 老西庙遗址 |
| | | 甘州区 | 上寨村五宫庙遗址、青龙庙遗址、上帝宫遗址、西武当山寺庙遗址、红泉村香果寺遗址、红泉村东山寺遗址、老寺洞遗址、北武当山寺庙遗址、紫泥泉村黑虎八卦庙遗址 |
| | | 高台县 | 香山寺遗址、霍王庙遗址、梧桐泉寺遗址、台子寺遗址 |
| | | 嘉峪关市 | 善家沟庙遗址、文殊山口寺庙遗址 |
| | | 金塔县 | 火烧庙遗址、细腰庙遗址、小叉庙遗址、二杰楼遗址 |
| | | 临泽县 | 闪佛寺遗址、西寨庙遗址 |
| | | 民乐县 | 龙王庙遗址、青龙庙遗址、龙山全神庙遗址、永固玉皇庙遗址 |
| | | 山丹县 | 大桥村玉皇庙墩台遗址、龙首山龙王庙遗址、大佛寺遗址 |
| | | 肃南县 | 长沟寺遗址、柴房寺遗址、关帝庙遗址 |
| | 祭祀遗址 | 肃南县 | 西大口鄂博、景耀寺鄂博 |
| | | 肃州区 | 屈家口子鄂博、丰乐村鄂博、观音山口鄂博、长沙岭鄂博、下四截鄂博、明沟台子鄂博、西洞鄂博遗址 |
| | 聚落址 | 山丹县 | 上孙营马家庄院遗址、大桥龚家庄院遗址、兴盛寨陈家庄院遗址、五墩王家庄院遗址、五墩王家二号庄院遗址、五墩王家一号庄院遗址、五墩马家庄院遗址、小寨二社张家庄院遗址、小寨二社梁家庄院遗址、上寨子张家庄院遗址、小寨子庄院遗址、何氏庄院遗址、崔氏庄院遗址、陈氏老庄院遗址、高庙马家庄院遗址、暖泉毛坊庄院遗址、张湾头闸庄院遗址 |
| | | 甘州区 | 红泉点将台遗址 |

续表

| 类型 | 具体类型 | 所在县<br>（市、区、旗） | 名称 |
|---|---|---|---|
| 古遗址 | 军事设施 | 高台县 | 狼峡墩烽火台遗址、毛家坝 2 号烽火台遗址、毛家坝 1 号烽火台遗址、苦水口 1 号烽火台遗址、苦水口 2 号烽火台遗址、苦水口 3 号烽火台遗址、马营冈营盘台遗址 |
| | | 嘉峪关市 | 塔儿湾堡遗址 |
| | | 临泽县 | 营盘台子遗址、关栅口边墙遗址、平川烽火台遗址 |
| | | 民乐县 | 冰沟大庄堡遗址 |
| | | 山丹县 | 朝山墩烽火台遗址、张庄七里半墩遗址、刘家哨墩遗址、焦家湾烽火台遗址、席家墩烽火台遗址、汪庄空心墩烽火台遗址 |
| | | 肃南县 | 拉盖河关隘、大长岭营盘遗址、郎家墩烽火台遗址、金泉子烽火台遗址 |
| | | 肃州区 | 双墩子烽火台遗址 |
| | 水利设施遗址 | 甘州区 | 余家城村涝池、盈科干渠、大满干渠 |
| | | 金塔县 | 威虏坝遗址 |
| | | 肃南县 | 三子棱水渠遗址、白家湾水渠遗址、西岔河口水渠遗址、天井坡水渠隧洞遗址、长沟寺水渠遗址、红土坡水渠遗址、一疙瘩水渠遗址（这 7 处均位于大河乡） |
| | 窑址 | 甘州区 | 西武当瓷窑址 |
| | | 肃南县 | 大瓷窑遗址 |
| | 驿站古道 | 高台县 | 黑泉驿遗址、红寺坡 3 号烽火台遗址、红寺坡 2 号烽火台遗址、地埂坡墩烽火台遗址、红寺庙墩烽火台遗址、双丰东五里墩烽火台遗址、碱骨墩烽火台遗址、苦水墩烽火台遗址、盐池东八里墩烽火台遗址、二十里墩烽火台遗址、盐池东三里墩烽火台遗址、大疙瘩墩烽火台遗址、盐池西五里墩烽火台遗址、新墩子烽火台遗址 |
| | | 民乐县 | 大斗拔谷古道遗址 |
| | | 山丹县 | 三十里堡驿站遗址、阜昌堡驿站遗址 |
| | | 肃南县 | 石碳沟口西客栈遗址 |
| | | 甘州区 | 西阳屯村庄遗址 |
| | 其他古遗址 | 甘州区 | 汪家堡堡墩、甘泉池遗址 |
| | | 高台县 | 杨家井遗址 |
| | | 嘉峪关市 | 磨子沟采石场遗址 |
| | | 金塔县 | 细腰北破庄遗址、细腰 2 号破庄遗址、大庄子屯庄遗址、小河口屯庄遗址、旧寺墩屯庄遗址、宾馆古槐 |
| | | 山丹县 | 常氏庄院哨墩遗址、巴寨朱家哨墩遗址、老君庙哨墩遗址 |
| | | 肃南县 | 南五当遗址 |

| 类型 | 具体类型 | 所在县<br>（市、区、旗） | 名称 |
|---|---|---|---|
| 近现代重要史迹 | 传统民居 | 临泽县 | 陈国林古民居、墩子屯庄遗址、李家屯庄遗址、张家屯庄 |
| | | 民乐县 | 曹家民居 |
| | | 山丹县 | 七里桥阎家庄院遗址、五墩安培年庄院、吴氏庄院遗址、高氏庄院、张氏庄院、李氏空心墩与二白杨、下孙营张氏庄院、陈家庄子、王氏庄院、常氏庄院、陈家一号小庄子、陈家二号小庄子 |
| | 工业建筑及附属物 | 临泽县 | 王家油坊遗址 |
| | 军事建筑及设施 | 肃南县 | 长沟寺炮台遗址、腰先沟水渠遗址 |
| | 重要历史事件和重要机构旧址 | 山丹县 | 山丹中牧军马场 |
| | 宗教建筑 | 甘州区 | 北斗宫遗址、祭圣堂、白塔寺亭子 |
| | | 金塔县 | 天泉寺遗址 |
| | | 民乐县 | 洪水玉皇阁 |
| | | 山丹县 | 叶庄牛王宫庙 |
| | | 肃南县 | 佘年寺护法堂 |
| 石窟寺及石刻 | 碑刻 | 高台县 | 前山庙碑 |
| | | 嘉峪关市 | 天下雄关碑 |
| | | 肃州区 | 酒泉胜迹碑、重修肃州学宫记碑、关帝庙财神碑 |
| | 摩崖石刻 | 高台县 | "石门"石刻 |
| | 其他石刻 | 肃南县 | 棱子口玛尼石刻、大泉门石刻 |
| | 石雕 | 肃州区 | 酒泉胜迹石雕像、任氏墓地石雕、羊路水库石雕 |
| | 石窟寺 | 高台县 | 龙泉寺石窟 |
| | | 嘉峪关市 | 善家沟庙石窟 |
| | | 金塔县 | 石庙子石窟遗址 |
| | | 民乐县 | 童子寺石窟、上天乐石窟 |
| | | 山丹县 | 新开阴鹭寺石窟 |
| | | 肃南县 | 上石坝河石窟、文殊山石窟前山千佛洞与万佛洞、文殊山石窟古佛洞和千佛洞 |
| | | 肃州区 | 新东石窟 |
| | 岩画 | 肃南县 | 拉盖河石刻 |
| | 摩崖石刻 | 高台县 | "煅石开路"石刻 |
| 其他 | | 高台县 | 月牙湖苇塘 |
| | | 嘉峪关市 | 黄草营村古桑树 |
| | | 山丹县 | 南湖公园左公柳 |

黑河流域内清代古遗址的分布，见图 11-2。

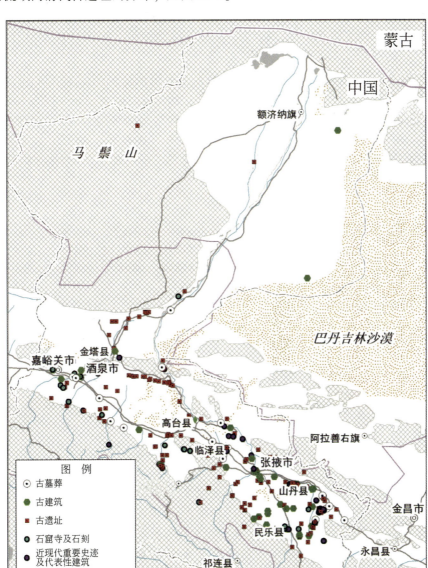

图 11-2 黑河流域清代古遗址的分布

## 11.5 人口数量的估算

　　清代初期，流域战乱，"户口凋残"（《清史稿·食货》），对人口的文献记载很少，利用嘉庆年间重修的方志可推算康熙以前的人口情况：甘州府，"原额民丁共 5850 人"（《嘉庆统一志》卷 278）；肃州府，"原额民丁共 6908 人"（（《嘉庆统一志》卷 279）。

《中国人口通史》认为，可按 31：100 估计清前期丁口与人口比例（路遇和滕泽之，2000）。按此计算，甘州府约 18 870 口，肃州约为 22 284 口，人口非常稀少。除了战乱之外，户口隐瞒，自然条件差，旱、雹、虫等灾害频繁发生，对人口的削减作用也不可忽视。

康熙晚期，社会逐渐稳定，国家实施鼓励人口增殖策略，雍正（1723～1735 年）时实行了"摊丁入亩"政策，对人口增长促进显著。到乾隆时期（1735～1796 年），人口兴盛。史载，嘉峪关内"庐舍加增，昔为旷野远郊，今尽平畴绣陌"（《重修肃州新志》）。据估计，乾隆年间，河西走廊居住的人口约有 70 余万（唐景绅，1983b）。《乾隆一统志》所载乾隆年间黑河流域甘州与肃州丁口数如图 11-3 所示。另外，《甘肃通志》的记录也一并显示于图中。

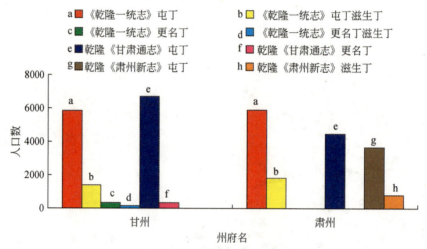

图 11-3　《乾隆一统志》等所记载的黑河流域丁口数量

按《乾隆一统志》合并屯丁及其滋生丁、更名丁及其滋生丁，其人口规模为 15 447 口。以"丁"和"口" 31：100 计算，黑河中游人口 49 829 人，大大少于明代中后期嘉靖年间 10 万余人，与实际不符。因此以《乾隆一统志》所记载丁口数推算当时人口是不妥当的。因为乾隆时期刚实施以粮食税收合并人口税的规定，故而"尚未普遍编查"（《甘肃通志新稿》）。其他地方志中少量记录，如《甘州府志·食货志·人口》载有乾隆四十三年（1778 年）甘州府民户 280 470 口，屯户为 529 070 口，共 809 540 口。《重修肃州新志·户口》中仅载到雍正十三年（1735 年）止，"实在丁 2227 丁，滋生丁 468 丁。"乾隆年间无载。

但是，以上的记载依然存在问题，其主要原因在于户籍人口统计制度执行不严格。实行"摊丁入亩"政策后，赋税等以田地为基础，户口登记和管理对地方管理的作用降低，因而便常敷衍行事，甚至重报往年数据。乾隆曾指出人口的统计的"岁岁滋生之数，一律雷同"（《清史稿·食货志一》）。

既然丁口的记载无法反映和估计清代前期人口，只可根据社会情况进推测计了。乾隆时期黑河流域社会日渐稳定，"户口加增，倍于往昔矣"（《古浪县志·户口》）。明代中后期人口约为 10.5 万口，估计这一时期可达 20 万口。康乾时期由于应付新疆局势需要，河西地区大量驻军，军屯数量大增。加之屯田户，其人口总量应在 40 万以上。

"康乾盛世"后，河西地区的人口有了飞跃性增长。黑河流域人口的记录为嘉庆二十五年（1820 年），其数据记于《嘉庆重修大清一统志》卷 266、267、278、279，统计结果如图 11-4 所示。据此，嘉庆年间是封建社会河西地区人口最高峰。

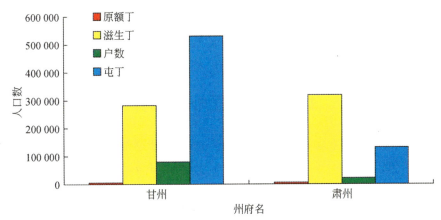

图 11-4 嘉庆二十五年（1820 年）黑河流域各州府人口

上述人口合计 126 万，对照甘州对肃州数据进行分析，可以发现肃州直隶州的民户户均口数偏高（14 口/户），存在一定问题。及至清末，《甘肃通志新稿》记有光绪三十四年（1908 年）黑河流域甘州、肃州等地的人口情况。《甘肃新志》中同样有光绪年间的人口记载（图 11-5）。以上两组数据基本一致，合并获得总人口为 442 063 口和 441 671 口。除抚彝厅户均人口数稍偏高外，其他县基本在 5 口/户的范围内。因此，数据可信度较高，基本能反映实际人口状况。

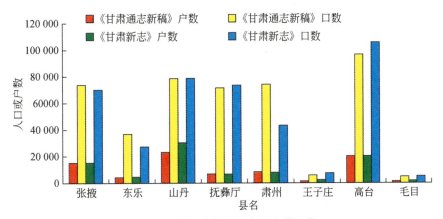

图 11-5 黑河流域清末各县户籍记载

比较乾隆四十三年（1778 年）和 42 年后嘉庆二十五年（1820 年）的甘州人口数据可以发现，这一时间段内人口仅增长了 8.97 万，增长率仅约为 0.29‰。乾隆至嘉庆年间地区局势安定，人口在较大基数情况下应有明显增长，增长率显然不至于此。并且《甘肃通志新稿》记载的光绪年间口数有 442 063 口，从嘉庆至光绪末，近一百年间，除陕甘回民起义曾有影响外，并无其他大规模战乱，人口不应有大幅度降低。因此嘉庆二十五年（1820 年）数据存在夸大问题。另外，道光《山丹县志》含有山丹县一组详细人口变化记载，其嘉庆年间的人口为 93 493 口，而《甘肃通志新稿》记录的清末（1908 年）人口为 78 568 口。清末的下降比例约为 15.94%。嘉庆以后，社会逐渐动荡，回民起义有所波及黑河流域，其人口规模应有所下降但并不剧烈。若按此比例计算嘉庆年间人口，则人口约为 51 万。因此，可以认为嘉庆年间黑河流域人口应在 50 万~60 万。

## 11.6  耕地面积的估算

清代鼓励人口增殖，造成对耕地需求旺盛，耕地面积增加。黑河流域下属的甘州府、肃州直隶州的耕地面积乾隆《甘肃通志》卷 13《贡赋》有载，经过统计制图，如图 11-6。

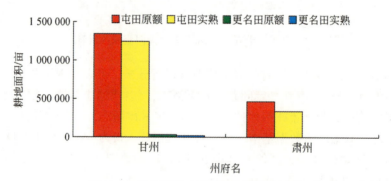

图 11-6　清代乾隆时期黑河流域耕地记录

乾隆《甘州府志》，甘州府属张掖县、东乐县丞、山丹县、抚彝厅合计征地亩数为 1 280 905 亩，基本与《甘肃通志》记录一致；乾隆《肃州新志》引《新刻赋役全书》：肃州直、高台县、镇夷所实征地 340 340 亩。
基本与《甘肃通志》记录一致

清代以"五尺为弓，二百四十弓为亩"（《大清会典》卷 17）。清代每尺长度为 0.2851~0.349 m（梁方仲，1980）。取均值 0.317 m 作为清尺长度，则每清代亩的面积为 (0.317×5)×(0.317×5)×240=602.934 $m^2$。据此折算乾隆时期流域的耕地面积如图 11-7 所示。汇总甘州和肃州的实熟屯田和更名田，其面积为 969.74 $km^2$。

乾隆时期以后，黑河流域垦田面积有所增加，光绪《甘肃新志》卷 17《建置志·贡赋下》有详细记载，各分县数据亦有记录（图 11-8）。同样，对其进行单位换算后的面积如图 11-9 所示，合计实熟地、查出地和更名田的实际耕地面积为 1052.8 $km^2$。

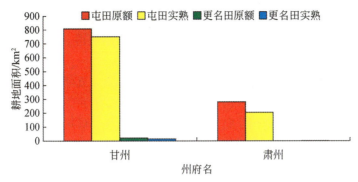

图 11-7　清代初期（乾隆年间）黑河流域耕地折算结果

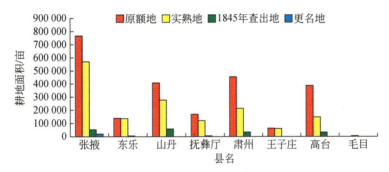

图 11-8　清代中期黑河流域耕地面积

原额地为道光《山丹县志》卷 19《食货·赋役》：原额垦田 409 310 亩，实征 276 193 亩

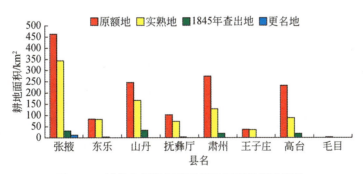

图 11-9　清代中期黑河流域耕地面积折算后统计

## 11.7　灌溉渠系

清代黑河干流沿岸的水利建设取得较大发展，不仅明代灌渠大都得到继承和修复，而且在外围还新建了一些小规模垦区，"在肃州属曰九家窑、三清湾、柔远堡、毛目城、双

树墩、九坝，在甘州属曰平川堡"（《重修肃州新志·肃州·水利》）。同时，既有灌区内的渠道数量的增加进一步加密了原有渠道，而且"凿洞引水，飞槽渡水，要处水流，衬砌渠道"（《重修肃州新志·肃州·水利》）等新技术的使用使得一些地势较高的山麓地区的绿洲开发成为可能。

新建灌区规模较大的位于金塔及鼎新一带。乾隆二十五年（1761年）陕甘总督杨应琚勘明在金塔寺附近的外围黄水沟"有可耕荒土一万余亩"，引水便利，"将八千余亩"土地已经认垦（中国第一历史档案馆，2003）。"双树墩，地在镇夷口外八十里……雍正十一年（1733年），开其渠道……毛目城，地在镇夷口外一百六十里，双树墩之北八十里……雍正十一年开（1733年）……"（《重修肃州新志·高台县·屯田》）。据记载，从清代初期开始，金塔地区陆续建设了金塔寺东、西坝、户口坝、梧桐坝、三塘坝、王子庄东、西坝、威房坝（据《重修肃州新志·肃州·水利》）（图11-10），使金塔灌区逐渐形成。毛目城地区（今鼎新）也建立了以常丰渠为核心的渠系，同时在其附近建设了双树墩渠，其后又有筏筏墩渠、万年渠等，逐渐形成了今鼎新灌溉区（图11-11），使"人烟日盛，庐舍加增"，过去曾为旷野的地区"今尽平畴绣陌"（《重修肃州新志·高台县》）。

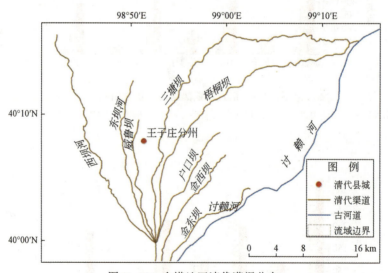

图 11-10　金塔地区清代灌渠分布

根据《甘州府志》和《重修肃州新志》水利部分的记载，清代灌渠修建已经达到200道以上（图11-12）。前述九家窑、三清湾、柔远堡、毛目城、双树墩、九坝、平川堡等灌区除"九家窑"位于酒泉东南部的马营河外，其他屯区均位于干流中段的高台附近。可见，全流域的灌区向南部和北部同时扩大，不仅新开了金塔和鼎新（毛目）一带处于讨赖河下游与黑河干流汇合处的灌区，而且南部山麓地区也开始出现灌渠，使黑河流域大部分可引水地区被开发殆尽。

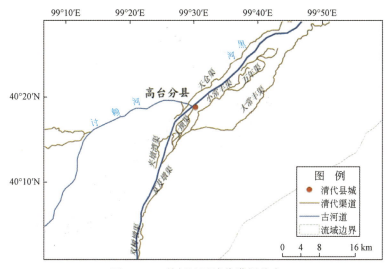

图 11-11 鼎新地区清代灌渠分布

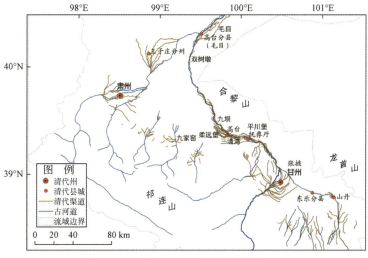

图 11-12 黑河流域中游清代灌渠分布

## 11.8 居民点的扩展

根据《甘州府志》和《重修肃州新志》关于村堡营建的记载，结合现代地形图考辨其位置，重建清代主要居民点的分布如图 11-13 所示。

从空间分布看，相比明代，清代的居民点的分布范围向南和向北均有所扩展。尤为显著的是，干流北部居民点范围扩展到镇夷峡口以北的毛目一带，而讨赖河下游的西北部金塔盆地一带居民点开始出现。在肃州南部近祁连山地区，居民点分布范围有所扩大，呈现出向南北两侧扩展的趋势。同时，居民点的密度在全区域内也有明显增加。

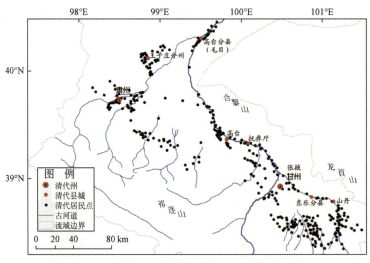

图 11-13　黑河流域清代主要居民点分布

# 11.9　垦殖绿洲重建

根据清代居民点和渠道的位置，并结合各灌渠的灌溉规模，可以勾绘出当时的垦殖范围（图 11-14）。可见中游干流沿河一带的绿洲向南北两侧大面积扩展，其范围突破明代的镇夷峡口并延展到金塔和鼎新一带，而肃州南部和东乐南部的祁连山前绿洲面积也有显著增长，马营河等支流小河沿岸中段绿洲进一步扩大。黑河下游绿洲无恢复的迹象，其中上游地区农业灌溉用水量的增加，使得流向下游的水量大幅度减少，河流改道至地势更低的西河，西夏元时期开发的古绿洲完全废弃。经量算，黑河流域在清代的垦殖绿洲面积为 1205 km$^2$。

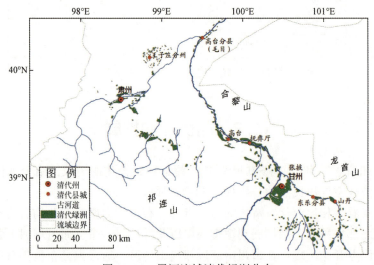

图 11-14　黑河流域清代绿洲分布

# 第12章 | 民国时期的黑河流域

## 12.1 纷乱的政局

1912 年，清朝灭亡，中华民国成立，但政权很快落入北洋军阀手中。袁世凯死后，中央政府对各地的控制能力大大削弱，军阀混战不止，由此全国局势动荡，农业生产凋敝，民不聊生。此间，黑河流域的各地频遭战祸：1928 年，甘州镇守使部下士兵哗变，四处劫掠；1931 年，马步芳、马仲英两部军阀激战于民乐三堡，马仲英败走酒泉。民乐由于战乱连连，各地极为残破，县治在东乐、洪水两地间迁徙数次。此外，包括黑河流域在内的河西走廊地区还爆发了严重的干旱、地震等灾害（吴廷桢等，1996；温艳，2012），如 1927 年至 1929 年，甘肃发生特大旱灾，黑河流域灾情严重，"自陇东以迄河西均春不能下种，夏又亢旱，寸草不生，禾稼全枯"。从 1920 年至 1932 年的 12 年中，河西地区受到 3 次强烈地震的影响和危害，其中 1927 年的地震破坏性最大，人员伤亡、牲畜损失、农田毁坏、房屋坍塌，水利设施以及一些古建筑被破坏（吴廷桢等，1996）。黑河流域为各派势力反复争夺，加之严重的自然灾害，使社会经济受到严重破坏。

尽管早在 1920 年，孙中山就提出实现振兴中华的"实业计划"，其中提及要重视西北地区的开发，但由于政局动荡难以实施。与清朝末年相比，黑河流域此时的经济更为衰败。1937 年，随着抗日战争的全面爆发，而西北地区成为抗战救国的根据地，政治局势才渐趋稳定。从这时起，河西地区开始受到当局和民众的关注，经济才进入一个新的发展时期。

## 12.2 行政建制

民国前期，州府被撤销，改为省、道、县的三级建制，西部酒泉地区为安肃道所辖，东部的张掖地区属甘凉道。民国二年（1913 年），东乐分县（东乐县丞）改为"东乐县"，高台分县改为"毛目县"，抚彝厅改为"抚彝县"。1927 年，又改为省直辖县制，省下属各级行政单元均改为"县"。黑河流域中游共有 8 县（图 12-1）。

图 12-1　黑河流域民国时期的行政建制

　　民国中期，部分县的位置和名称发生了变化，逐渐奠定了现代行政建制基础。民国十六年（1927年），东乐县驻地自山丹西部的东乐堡迁到南部的洪水镇，随即更名为"民乐县"。民国十八年（1929年），"鼎新县"代替了毛目县（今为金塔县鼎新镇）。另外，与清代不同的是，下游的额济纳土尔扈特旗在这一时期划归宁夏管辖。

## 12.3　重要遗址

　　根据三普资料，黑河流域在民国时期的古遗址约160多处（基本按位于黑河流域内的县级行政区划统计，肃南县明花、皇城、文殊三个乡镇无遗址）。这些遗址中，有古城址

2 处，古墓葬（群）4 处，有古建筑遗址 12 处，寺庙与宗教建筑 24 处，军事设施遗址 3 处，水利设施遗址 6 处（其中甘州区 3 处，金塔县、肃南县高台县各 1 处），驿站古道遗址 1 处，传统民居 56 处。具体如表 12-1 所示。

**表 12-1　黑河流域民国时期历史遗址一览表**

| 类别 | 具体类别 | 所在县（市、区、旗） | 名称 |
|---|---|---|---|
| 古建筑 | 城垣城楼 | 山丹县 | 将军楼 |
| | 池塘井泉 | 山丹县 | 下西山古涝池 |
| | 其他古建筑 | 甘州区 | 张掖东仓、六号村鸽坛子 |
| | 寺观塔幢 | 甘州区 | 镇风寺土塔、海家寨土塔、张掖万寿寺 |
| | 坛庙祠堂 | 肃州区 | 玉皇阁建筑群 |
| | 亭台楼阙 | 民乐县 | 上花园戏台 |
| | 驿站会馆 | 甘州区 | 张掖民勤会馆、武凉会馆 |
| | 宅第民居 | 民乐县 | 土城民居 |
| 古墓葬 | 名人或贵族墓 | 金塔县 | 赵积寿墓 |
| | | 山丹县 | 张全贞家族墓地、高庙张氏家族古墓 |
| | 普通墓葬 | 肃州区 | 西峰寺墓群 |
| 古遗址 | 城址 | 甘州区 | 张掖古城 |
| | | 肃州区 | 中截古城址 |
| | 聚落址 | 山丹县 | 上孙营马家庄院遗址、兴盛寨陈家庄院遗址、五墩王家庄院遗址、五墩王家一号、二号庄院遗址、五墩马家庄院遗址、小寨二社梁家庄院遗址、上寨子张家庄院遗址、小寨子庄院遗址、陈氏庄院遗址、李泉上庄子庄院遗址、李家庄院遗址、高庙马家庄院遗址、暖泉毛坊庄院遗址 |
| | 军事设施遗址 | 山丹县 | 焦家湾烽火台遗址 |
| | 水利设施遗址 | 甘州区 | 余家城村涝池、盈科干渠、大满干渠 |
| | 驿站古道遗址 | 山丹县 | 阜昌堡驿站遗址 |
| | 其他古遗址 | 甘州区 | 汪家堡堡墩、甘泉池遗址 |
| | | 嘉峪关市 | 磨子沟采石场遗址 |

| 类别 | 具体类别 | 所在县（市、区、旗） | 名称 |
|---|---|---|---|
| 近现代重要史迹及代表性建筑 | 传统民居 | 额济纳旗 | 满提音赛日百兴房址、阿拉腾乌苏百兴房址 |
| | | 甘州区 | 北街53号古民居、东街31、39、102号民居、东街东升巷7号古民居、青年东街文庙巷28、32、34号古民居、青年东街95、101号古民居、民主西街西来寺巷24、35、37号古民居、劳动南街37、49、61号古民居、西街88、90、98、102、112、114号古民居 |
| | | 嘉峪关市 | 杨家庄子 |
| | | 临泽县 | 刘光盟庄院、赵开成老堂屋、李家庄院、黄家庄院、祁家屯庄 |
| | | 民乐县 | 王什民居 |
| | | 高台县 | 红崖子张家屯庄 |
| | | 山丹县 | 沙河湾张氏庄院、新河窦氏庄院、七里桥阎家庄院遗址、五墩安培年庄院、下西山王氏庄院、朱德善庄院、王家新庄院、尹家庄院、靳家大院、高氏庄院、陈家庄子、王氏庄院、常氏庄院、陈家一号小庄子、陈家二号小庄子 |
| | | 肃州区 | 田家南庄、田家北庄、刘家庄子、段家庄子、杨家高庄子、苏家庄民居、雷全贵庄子、王家庄子、春光刘家庄、崔家庄 |
| | 典型风格建筑或构筑物 | 甘州区 | 上寨村三层墩、余家城村民堡 |
| | | 临泽县 | 下营村聚风塔 |
| | | 山丹县 | 吴家街门 |
| | 工业建筑及附属物 | 山丹县 | 山丹陶瓷厂 |
| | 交通道路设施 | 额济纳旗 | 古驼道 |
| | | 肃南县 | 元肃公路旧址 |
| | 军事建筑及设施 | 额济纳旗 | 威远营城址 |
| | | 山丹县 | 甘泉子空心墩遗址 |
| | 烈士墓及纪念设施 | 肃南县 | 东海子事件遇难者之墓 |

| 类别 | 具体类别 | 所在县（市、区、旗） | 名称 |
|---|---|---|---|
| 近现代重要史迹及代表性建筑 | 名人故、旧居 | 额济纳旗 | 土尔扈特王府 |
| | 名人墓 | 金塔县 | 赵子俊墓 |
| | 水利设施及附属物 | 金塔县 | 鸳鸯池水库大坝 |
| | | 肃南县 | 西马莲沟东渠遗址 |
| | | 高台县 | 马尾湖水库 |
| | 重要历史事件和重要机构旧址 | 山丹县 | 山丹中牧军马场 |
| | | 肃州区 | 闻家圈农民起义遗址 |
| | 宗教建筑 | 额济纳旗 | 阿尔善敖包、江其布那木德令庙、哈拉哈庙、老东庙遗址、乌陶海音苏木庙址 |
| | | 甘州区 | 金王庄村玉皇庙、五圣宫、什信村土地庙遗址、北斗宫遗址、白塔寺亭子 |
| | | 山丹县 | 天主堂 |
| | | 肃州区 | 酒泉清真寺 |
| | 其他近现代重要史迹及代表性建筑 | 额济纳旗 | 德王盘踞地、老西庙东北窑址、老西庙东南窑址 |
| | | 甘州区 | 福音堂医院旧址 |
| | | 临泽县 | 镇水墩遗址 |
| | | 山丹县 | 培黎学校农场场部旧址 |
| 古遗址 | 寺庙遗址 | 甘州区 | 上寨村五宫庙遗址、青龙庙遗址、上帝宫遗址、西武当山寺庙遗址、红泉村香果寺遗址、红泉村东山寺遗址、老寺洞遗址、北武当山寺庙遗址、紫泥泉村黑虎八卦庙遗址 |
| | | 高台县 | 香山寺遗址、梧桐泉寺遗址 |
| | | 临泽县 | 中武当遗址 |
| 其他 | | 高台县 | 月牙湖苇塘 |

民国时期黑河流域的古遗址分布情况如图 12-2 所示。

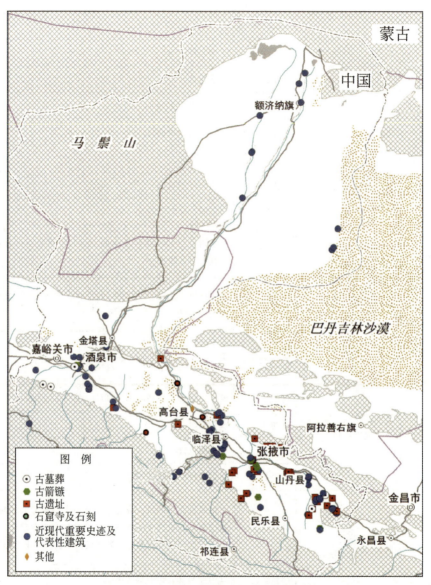

图 12-2　黑河流域民国时期的古遗址分布

民国时期，居民点的格局大致与清代类似，但其数量有了显著增加，也基本奠定了现代居民点的分布格局（图 12-3）。但是，这些居民点的扩展基本是在清代既有居民点之间的增加，表现为"穿插式"加密和"外围式"的扩展。外围扩展主要集中在张掖南部、酒泉北部（讨赖河北岸）、民乐山前冲积扇一带。

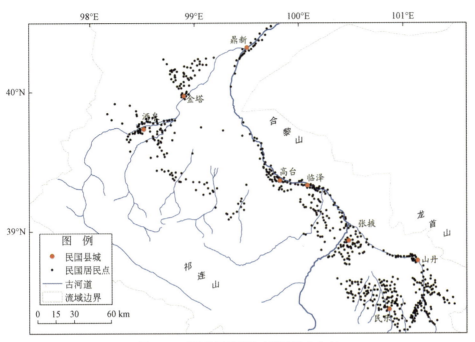

图 12-3　黑河流域民国时期居民点分布

## 12.4　水利建设

1927 年，民国政府开始提倡开发和经营西北地区，黑河流域作为重要的农业生产区域，受到政府重视。然而，这时的国民政府的"开发"多停留在倡议或宣传阶段。随着 1937 年抗日战争爆发，特别是抗战进入相持阶段后，西北地区的开发建设才真正开始实施。河西的农业生产受到重视，国民政府开始拨专款进行农田水利建设。

自 1937 年到民国结束，在省上的统一规划下，黑河流域借助先进的科学技术，绿洲的开发迅速扩大。据民国档案资料记载，1940 年，"甘肃省水利林牧公司"成立并开始负责农田水利建设。1942 年，蒋介石巡视河西，提出应特别重视河西的经济开发，尤应从速开发水利。在此背景下，以扩大灌溉面积为目标的《河西农田水利开发计划纲要》被提了出来。该纲要计划分两期实施：第 1 期 2 年，着重于养护旧渠；第 2 期 10 年，前 5 年开新渠，后 5 年垦新地；经费由国库划拨①。

据民国档案，1943 年和 1944 年两年，黑河流域开展了大规模的旧渠修整工作，南部张掖、临泽、高台、酒泉和北部金塔地区共整理旧渠 46 道和 68 道，受益面积分别达到

---

①　甘肃省建设厅编：《甘肃省经济建设纪要（民国二十九年十二月至三十五年十二月）·水利林牧公司》第 59 号，甘肃省图书馆西北文献室藏。

706 139 亩（约 47 076 km²）和 456 022 亩（约 304 km²）[①]。此间酒泉完成了兔儿坝等灌渠整理，金塔完成了六坪渠坝临时整理等工程[②]。这些工程不仅使灌溉面积扩展，而且改善了对水资源的利用。

截至 1946 年，河西累计整理旧渠 136 道，工程 216 处，受益田地 196 万亩。此间，先后开凿了高台三清渠、永昌金龙坝渠，上马了一系列水利工程，如金塔六坪渠坝临时整理，张掖永兴渠、酒泉中渠泉水疏浚，酒泉夹边沟渠道清淤除砂，高台三凤渠凿洞引水，酒泉丰乐川渠道炸石排险等。还有山丹川口沙河截引地下水工程、高台马尾湖蓄水工程、边湾地下水灌溉工程等由于内战爆发，只完成了局部。这期间最引人注目的，是完成了鸳鸯池水库的修建。该水库 1943 年动工，1947 年建成，蓄水 1200 万 m³，可灌田 7 万余亩，彻底解决了酒泉、金塔两县争水的矛盾。

1946 年国民政府已无心再建河西，《河西农田水利开发计划纲要》的实施只好半途而废。

## 12.5　人口情况

民国初期，流域人口无载。甘肃省档案馆摘录了存于甘肃省图书馆的《甘肃省各县现在户口确数表》（编号：542·216·0178），推测其为 1929 年 1 月成表的人口数据（甘肃省档案馆，1998），甘肃省档案馆的民国档案（编号：4-3-70）中记载了民国三十三年（1944 年）的黑河中游地区的人口、保甲等情况（图 12-4）。合并所有县域人口，则 1929 年和 1944 年的黑河人口数分别为 429 502 人和 505 781 人。

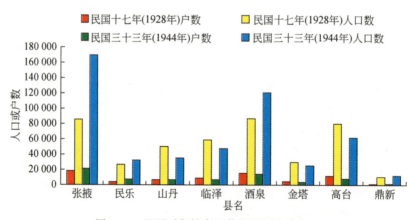

图 12-4　民国时期档案记载的黑河流域人口

---

① 甘肃省建设厅编：《甘肃省经济建设纪要（民国二十九年十二月至三十五年十二月）·河西水利工程历年成果概述》第 14 号，甘肃省图书馆西北文献室藏。

② 甘肃省统计年鉴底册·旧渠整理概况（民国三十年至三十四年）及有关文件（二），甘肃省档案馆藏档案（案卷号：4-3-4）。

## 12.6 耕地情况

民国前期，由于战乱，黑河流域内各地的耕地数据并无史料记载。1937年抗日战争全面爆发后，河西地区成为战争后方，局势逐渐稳定，国民政府同时采取诸多恢复生产的政策，耕地面积有所扩大，但仅限中游地区。在黑河下游，有以下事实表明，当时并没有农业种植。是时，国民党驻军要垦荒屯田，遭到蒙古王府的强烈反对，王府向国民政府蒙藏委员会提出抗议，以保护自然生态，维护相对平静的土尔扈特人的游牧生活（杜海斌，2003）。

民国二十一年（1932年），曾任甘肃省教育厅长的马鹤天出版了他的《内外蒙古考察日记》，其中记载了关于额济纳的情况：民国十五年（1926年）十月二十八日"起视林源，大数百亩，树数千株，可说是额济纳的富源……此地水草肥美，草木繁盛……沿河岸行，西望河边，胡桐树林延亘，一直数十里。"十月二十九日："早起四望，见西面大木密布，细苇丛生……十二时行，沿途硬沙，西面林更密，草更茂，一望无际，不知几千百亩……入晚，行数十里，穿林而过，草木益密……"。三十日记载："下午一时行，沿途茇茇草高三、四尺，细苇杂生，一望皆是，不知几千百亩。"十一月二日日记的标题是："大木当道茂草塞途，想见上古时代的景况"，内容记载："早起四望，周围全是树木，深密无际。十二时行，一路在密林茂草中穿过，……非披荆斩棘不可，一直数十里依然草木畅茂，胡桐柽柳等，或则大数围抱，或则高五六丈，或则一丛方丈，甚至数丈，想见上古洪荒时代之景况。"一连几天，马鹤天都行进在草高林密的"富源"上，以至于让他认为额济纳"实一可农可林之沃壤"（杜海斌，2003）。这说明民国时期的额济纳草木繁茂，而且是没有农业种植的。

将民国档案中记载的黑河中游绿洲地区耕田的详细的数据进行制图，如图12-5[①]。民国时期使用的单位与现代大致相同，据此折算各县耕地，合并后民国时期黑河流域的耕地面积达1596.5 km$^2$。

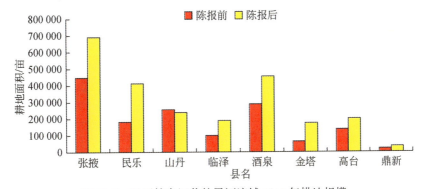

图12-5 民国档案记载的黑河流域1944年耕地规模

图中的"陈报前"与"陈报后"指民国政府1934年发布《土地陈报纲要三十五条》的"之前"和"之后"。土地陈报纲要要求土地业主将其户名、田地四至、坐落、面积、粮额进行陈报，据以纠正田赋不实，为清丈土地作准备

---

① 民国三十三年甘肃省统计总报告（一），案卷号：4-3-70，甘肃档案馆藏。

## 12.7　垦殖绿洲重建

民国初期，黑河流域的开发基本继承了清代的基础。由于清末战乱不止，灾害频繁，沟渠失修，部分渠道淤塞废弃。农田水利灌溉工程的凋敝残破使整个社会经济跌入低谷。

民国时期是距现代最近的一个时期，现代早期的垦殖绿洲在空间分布上仍然保持了民国时期的格局，因而可以利用这一时期的地形图和遥感影像"窥探"民国时期的情况。解译时，将档案资料与地形图相结合，首先恢复出当时的居民点和渠道分布，然后再将获取于1963年的锁眼卫星影像与之叠加，结合渠道受益面积，通过目视解译，可以勾绘出当时的垦殖绿洲分布情况（图12-6）。经量算，其面积为1917 km²。由此可见，相比清代，民国时期绿洲向周围有了显著扩展。因此，整个民国时期的绿洲开发总体上保持了清代的格局，而且面积有所扩大。

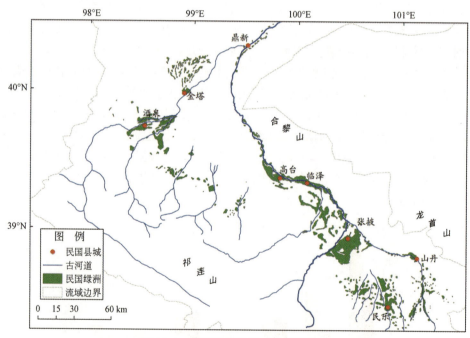

图 12-6　黑河流域民国时期绿洲分布

# 第13章 绿洲演变时空过程分析

## 13.1 绿洲规模变化

基于前面的研究结果，汇总黑河流域各时期的绿洲面积如图 13-1 所示。由图 13-1 可见，汉代绿洲面积较大，魏晋南北朝时期面积开始缩小，除西晋、前凉等前期短暂发展外，总体呈萧条状态，唐代面积很小，宋元时期为面积历史最低，明代开始复兴，清代及民国时期面积持续增长并于民国时期达到最高值。

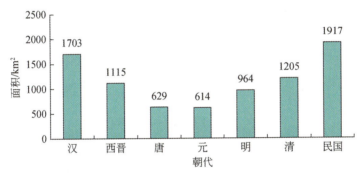

图 13-1　黑河流域历史时期垦殖绿洲面积变化

汉代、明清及民国时期为流域绿洲开发的兴盛时期，而魏晋至元代虽也有相对发展的时期，但总体属于退缩阶段，这与该区历史时期的农牧业交替发展是相对应的。汉代、晋、明清及民国时期流域为中原王朝所统治，农业占主要地位，而其他时期往往为少数民族所割据，畜牧业规模较大。总体而言，当流域以农业为主时，绿洲会得到较大幅度发展；但当以牧业为主时，垦殖绿洲面积则会显著收缩，甚至无垦殖绿洲存在。

## 13.2 绿洲空间变化

从空间变化看，汉代时垦殖绿洲在中下游都有大面积分布，而且下游尾闾三角洲绿洲的规模甚至超过了中游地区。到了魏晋时期，流域整体的垦殖规模大幅度萎缩，特别是下游地区更为明显。靠近上游的民乐绿洲也开始废弃，中游的金塔、高台骆驼城等绿洲开始出现荒漠化。隋唐时期，额济纳垦殖绿洲进一步萎缩，而且发生了向西南部的迁移，中游地区只在张掖和酒泉的沿河地带保持较小规模，高台骆驼城古绿洲规模较大，金塔和民乐地区则完全废弃。宋元时期，流域绿洲缩减至最小范围，下游额济纳地区规模极小，而且比较分散，中游高台的骆驼城绿洲废弃并沙漠化，仅在张掖和酒泉的沿河地区保持一定规模，酒泉东南部一些发源于浅山地区较小河流的尾闾绿洲也遭到废弃。

明代，绿洲开发利用出现新的高潮，在中游走廊平原地区呈"遍地开花"式扩展，几乎各条大大小小河流的沿途平坦地区都有开发，不仅灌渠长度延长、密度增大，而且层次更多、覆盖面更广，绿洲垦区也随之扩大。但此时，黑河干流但中游沿河绿洲开始恢复，张掖绿洲大规模扩展，高台和民乐地区的沿河绿洲开始出现，绿洲逐渐向中上游地区迁移。下游额济纳地区的垦殖绿洲则完全废弃，至清代后，绿洲更向周边扩展，金塔绿洲再度开发，但位置发生了显著的向西迁移，酒泉地区的山前一带开始出现绿洲。绿洲整体上呈现向山麓溯源扩展和向下游延伸扩展齐头并进的态势。至民国时期，绿洲进一步向周边扩展，面积扩大且分布更加分散。因此，整个历史时期，黑河流域的垦殖绿洲空间变化表现为由下游向中上游的迁移以及由河流中游条件优越地区向外围的扩展。

从地域特征看，沿河绿洲多呈现稳定少变的状态，而尾闾绿洲变化剧烈。山丹、张掖和酒泉等地区的沿河绿洲自汉代开发以来，长期存在并在明代以后迅速扩展，而中部高台骆驼城、酒泉东南部等规模较大的支流尾闾绿洲则自汉代逐渐减小并废弃，新的沿河绿洲自明代逐渐形成并沿黑河干流及支流扩展。金塔地区的沿河绿洲自汉代逐渐萎缩，到清代再度发展并迁移转化为尾闾绿洲。下游额济纳地区绿洲自汉代以来逐渐萎缩，到明代则完全废弃。总体而言，干流下游地区和中部地区支流尾闾绿洲面积呈减小趋势，而干流中上游地区和中部两侧沿河绿洲面积呈增加趋势。

## 13.3　绿洲分区变化

为进一步分析流域内不同区域的绿洲变化情况，可以按绿洲所处的自然地理地域，尤其是所处的流域，对它们进行进一步的分区。自南向北，可以将全流域的绿洲主要划分为6个片区（图 13-2）。

1）山丹–民乐山前冲积扇绿洲：主要由位于山丹河和洪水河沿岸的绿洲组成，是山丹、民乐两县的主体和精华。

2）甘–临–高绿洲：黑河干流中游沿岸绿洲，是黑河流域绿洲规模最大、最为集中连片、水源条件保证程度最好、开发历史最为悠久、开发程度最高的绿洲，"金张掖"的美誉也由此而生，河西走廊最为发达的张掖市甘州区、临泽县、高台县即位于本区。

3）酒泉绿洲：位于北大河（讨赖河）中游，是该小流域的主体绿洲，水源充足，部分地区湖泊坑塘星罗棋布，地理位置优越，著名的历史文化名城——酒泉（肃州区）市和现代"钢城"嘉峪关市就位于本区。

4）金塔–鼎新绿洲：属于讨赖河下游绿洲和黑河下游沿途绿洲的拼合体，因地理位置相邻，故连缀在一起。酒泉市的农业大县——金塔县和著名的"酒泉卫星发射基地"即位于本区。

5）额济纳绿洲：黑河流域下游（黑河干流末端）前缘绿洲，地势平坦而又辽阔，但水源保证程度差，绿洲的发展容易受中上游的地区的影响，是内蒙古阿拉善盟额济纳旗的精华地带。

6）马营河等支流沿岸的小河绿洲：为马营河、摆浪河等流域内较小河流中下游平原地区的绿洲，其规模较小而且分布比较零散，但所处的地理位置和地理环境比较接近，因而归为一个地区。

按上述分区，分别统计各分区在主要历史朝代的面积并制作成图表配在地图相应的位置上，可以获得图 13-2 中柱状图所示的绿洲面积变化情况。

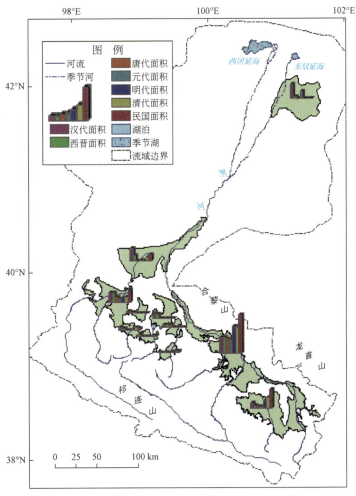

图 13-2 黑河流域历史时期分区绿洲规模变化

从绿洲的面积变化看，除额济纳绿洲在元代后废弃外，山丹–民乐冲积扇、甘–临–高及酒泉等主体绿洲基本呈现先减小后增加的变化，即自汉代到元代减小，明代以来逐渐增加。这些主体绿洲经历了悠久的开发历史，在整个历史时期基本未发生中断，至今仍是流域内灌溉农业发达、人口集中、城市化水平较高的"繁华之地"。

除金塔–鼎新绿洲外，明代以来主要绿洲增加的面积超过了汉到元代的减少面积。

其中，甘-临-高绿洲增加最为显著，明代到民国时期的增长约197.24%。金塔-鼎新绿洲在汉、晋时期规模较大，而明代以来的规模与汉、晋时偏小。居延绿洲变化与其他地区有所差异，其面积自汉代到唐代减小，而元代时期却增加显著，但仍未达到汉代水平。

丰乐河、马营河和摆浪河地区等小河沿岸的非主体绿洲面积变化也基本呈现与主体类似的先减小后增加的趋势。但与主体绿洲不同的是，这些小河沿岸绿洲在汉、晋时期规模较大，在元代基本遭到了废弃，而明代以来尽管这些绿洲有所恢复，但其面积仍较汉、晋偏小。并且，这些小河沿岸绿洲在汉、晋时期在河流中段和末端均有分布，且末端地区面积较大，而明代以来，除丰乐河的下河清外基本废弃殆尽。

由此也可以说明，小河沿岸绿洲总体呈逐渐衰退趋势，变化也较为频繁，中游地区的绿洲在放弃后依然可再度开发，而末端尾闾地区的绿洲在废弃后再难以恢复。这种现象也进一步说明，干旱区的生态环境具有显著的脆弱性和逆转的困难性。

# 第14章 | 驱动机制与生态效应

绿洲变化的驱动因素是绿洲动态变化研究的重要内容之一，涵盖了自然和人类活动的很多方面。本章将根据区域的自然环境特点和社会经济背景，辨识影响绿洲演变的主要驱动因子，在此基础上分析驱动因子相互作用关系，进而探讨影响绿洲演变的驱动机制。

## 14.1 驱 动 因 素

绿洲是由干旱区自然和社会经济要素共同组成的（钱云，1997；王让会等，2005）。因此，可以认为绿洲是受自然和社会因素共同交织作用的一种景观。自然因素涵盖地理圈的水、土、气等要素，这些要素在长时间尺度上影响绿洲的演变。社会经济因素涵盖自上层国家政局稳定和政策到与农业发展有直接关系的农业技术等诸多方面。各因素通过直接或间接方式作用于绿洲。同时，不同时代的驱动因素也具有一定的差异。各种因素之间相互作用形成错综复杂的关系促使绿洲演变。

自然环境是绿洲形成与演变的基础。自然因子构成了绿洲形成、发育并转换的基本条件，决定了绿洲尤其是天然绿洲最初分布的部位和范围。根据干旱区的农业发展和植被生长基本条件，水资源供给是最重要的自然因子。在一定的灌溉条件下，有限的水资源可维持的绿洲是有限的（李福兴和姚建华，1998）。水资源供给长期受气候变化（降水和温度变化）作用，两者均在绿洲长期的演变过程中发挥作用。因此，水资源的供给和气候变化可看作常态因子。不仅如此，沙漠活动、河道变迁和灾变因素也可能在短期内改变绿洲的演变方向，使绿洲发生质的改变，也是影响绿洲变化的重要因子。

社会经济因子是驱动绿洲演变的最活跃的因子。根据农业垦殖活动与社会经济的关系，社会经济因子包含内容繁多，涉及政治格局、国家政策、社会稳定性、人口与民族习性、技术进步等方面。社会经济因子整体上具有一定的层次性、系统性、有序性，但也有一定的随机性、可变性、不可预测性。社会经济因子的共同作用，可以改变绿洲的演变方向。社会经济因素具有较强的时代性，反映了各个时期人地关系的变化，往往是促使绿洲尤其是垦殖绿洲发生频繁变化的最主要因素。

## 14.2 自 然 因 素

自然因素包括诸如气候、水资源等自然条件和地理环境。这些因素相互作用，构成了具有整体性和地域分异性的复杂的自然系统，对历史时期的绿洲演变有显著的影响。绿洲与水资源分布直接相关，突出表现为对河流、湖泊等水体的依赖性。

## 14.2.1 气温和降水的变化

黑河流域由于远离海洋，且周围高山围绕，属于典型的大陆性气候。黑河流域跨越2个气候区，南部山区为属于青藏高原的祁连-青海湖区；走廊中部高平原和额济纳盆地为温带蒙-甘区（王介民，1990）。祁连山区降水较多，气温低，蒸发弱；中游走廊地区气候相对干燥，降水较少且集中；下游额济纳盆地气候极度干燥，蒸发强烈，降水极少，多大风，太阳辐射强烈，昼夜温差大。

气候一方面作为垦殖绿洲作物生长的背景环境，可直接影响绿洲植被的长势；另一方面可影响自然灾害和水文水资源的时空分布，最终作用于绿洲。环境变化很有可能导致绿洲衰落和城市废弃（肖生春和肖洪浪，2003），也会引起农牧民族之间的冲突和战乱（王会昌，1996）。此外，气候持续变化直接影响昆虫的生理，迁移期的延长和繁殖期提前增加了虫害暴发可能（Netherer and Schopf，2010）。一般而言，气候暖湿时期，农业生产规模扩大，无论天然绿洲还是人工绿洲都会扩展。而在冷干时期，有时不得不采用广种薄收的农业发展模式来维持绿洲垦殖的进行以获得足够的粮食产出，但这样的模式易使绿洲退化。这样也会导致时局不稳，战乱频繁，农业区退缩，游牧民族迁入。因此，气候变化可影响政局并在某种程度上促进或抑制社会变革，进而对人文因素产生一系列的影响。可见，气候变化的影响具有多重性，是驱动绿洲发展变化的最基本因素。

气候变化主要体现在降水、温度等方面的变化。降水可直接影响流域水资源的补给，黑河流域中游地区的降水大部分都在 200 mm 以下，不足以满足垦殖绿洲的用水需求。但南部祁连山区降水丰富，可达 400~700 mm，成为出山径流补给的重要来源。由于垦殖绿洲多分布于中下游地区，因此降水对绿洲的影响主要体现在上游降水对出山径流补给的影响上。温度可限制植被生长范围，其变化可影响径流的补给。一方面，农作物生长需要一定的积温。流域内大部分地区温度均适于农作物生长，但在上游山区和近山区的一些地方，温度较低，对作物种植有一定限制。另一方面，温度的变化影响山区冰川融水的速率，直接影响地表径流量的大小。

早期的甘肃省气候研究表明，近5000年来甘肃气候经历了4个暖期和4个冷期。4个暖期为：公元前3000年~公元前1000年、公元前770年~公元前44年、582~960年和1192~1427年；4个冷期为公元前1000年~公元前770、公元前43年~581年、961~1191年和1428~1870年（董安祥，1993）。近年来，学界根据综合运用都兰树轮、敦德冰心、湖泊沉积物资料，恢复了黑河流域2000年来历史时期气温相对1966~1995年的气温距平值（Yang et al.，2002），并根据青藏高原北部的都兰地区的树轮资料恢复了年降水量（Zhang et al.，2003），其结果如图14-1所示。

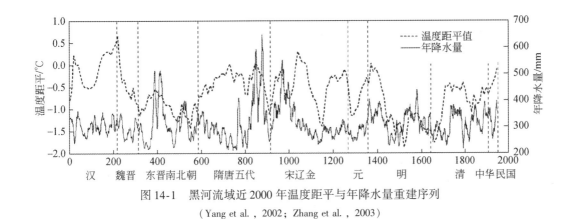

图 14-1 黑河流域近 2000 年温度距平与年降水量重建序列

(Yang et al., 2002; Zhang et al., 2003)

可见，历史时期大多数时间温度偏低。东晋南北朝（317～420 年）、西夏（1038～1227 年）、元代（1271～1368 年）、明永乐至清雍正之间（1403～1735 年）存在 4 个温度明显偏低时期，与绿洲开发较为萧条的时代基本对应。

近 2000 年来流域内年降水量在 300 mm 附近波动，最大波动幅度为 200～650 mm。其中，降水量在南北朝（370～470 年）和唐末五代（800～1100 年）存在两个阶段的峰值，与绿洲开发的萧条阶段对应。而绿洲开发较为繁荣的汉、西晋、明、清和民国时期却处于降水平年。但是，明前期（1368～1445 年）、清中（1700～1800 年）和民国后（1940～1949 年）存在三个降水小峰值段，与绿洲开发繁荣阶段的明、清和民国时期基本一致。

可见，总体上看，气候变化与绿洲繁荣的关联程度并不显著，其中温度变化与绿洲垦殖兴衰的一致性高于降水。但我们不能片面地认为温度是影响历史时期垦殖绿洲变化的根本因素，因为温度对农业生产的直接影响是有限的，它的作用需要与水资源结合在一起才能发挥，更何况温度的变化幅度是很小的，只有不到 2℃ 的范围。

## 14.2.2 径流量的变化

水分对植物生长分布的影响至关重要，尤其在黑河流域，其作用远大于光和热。水分供给直接影响植物原生质的代谢活动，水分亏缺将影响植物的呼吸和光合作用等。现代绿洲是灌溉的产物，水起主导作用，水的空间分布限定绿洲的分布格局（樊自立等，2006）。绿洲的稳定程度取决于水源保证程度（傅小锋，2000；罗格平等，2004；刘恒等，2001；王忠静等，2002）。由于水资源多依赖上游的径流补给，且一定水资源量只能维持相适应的绿洲面积，绿洲在有限水资源条件下不能无限制地扩张。

黑河流域除了干流外，还有讨赖河、梨园河、山丹河等支流及一些泉水，为绿洲的分布提供了主要的水资源供给。有研究利用祁连山的树轮资料，重建了近两千年来黑河流域径流量的变化，其结果如图 14-2 所示（Sakai et al., 2012）。

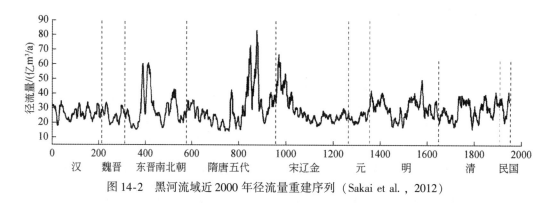

图 14-2　黑河流域近 2000 年径流量重建序列（Sakai et al.，2012）

从图 14-2 可见，全流域的年平均径流量在 30 亿 m³ 波动，显著的径流量高峰期位于南北朝（370～470 年）和唐末五代（800～1100 年）两个阶段，但这两个阶段绿洲开发萧条。然而，汉、魏晋、明、清和民国时期处于径流量平水年。需要注意的是，明代前期（1368～1445 年）、清代中期（1700～1800 年）和民国后期（1940～1949 年）存在为径流量小峰值阶段，与绿洲开发的繁荣阶段基本一致。

总体上看，降水量和径流量与绿洲开发规模相关性较弱，表明历史时期绿洲开发尚未达到水资源利用的极限，水资源供给完全可以满足绿洲的开发利用。

## 14.2.3　自然灾害

自然灾害为短期发生的自然现象，其在长时间尺度上看，并不会改变绿洲的演变趋势，但在短期内会改变绿洲的面貌或环境。

除风沙、干旱和与之伴生的蝗虫高频率灾害外，流域内的自然灾害还包括洪水、冰雹、霜冻等。对黑河流域的灾害统计表明，近 2000 年来共发生旱涝灾害 251 次，其中涝灾 71 次，旱灾 180 次（任朝霞等，2009），干旱灾害主要自然灾害。据此，结合朝代更替并结合《甘肃省历史气候资料》，对上述干旱记录进行统计分析，获得结果如图 14-3 所示。

鉴于文献资料记载的不准确性和残缺性，该统计结果并不能准确地反映各时期的灾害情况，但可以大致地反映出该地区气候波动的剧烈性和绿洲生态系统对于水资源的高度依赖性。图 14-3 显示，在汉晋等时间较早且绿洲规模较大的时期干旱灾害次数较少，而在明、清及民国等绿洲开发兴盛、规模较大时期干旱事件频次较高（这也与灾害记载的丰歉情况有关，越到晚近，记录越多越详细）。

总体上看，自然灾害与绿洲垦殖关联程度并不显著。

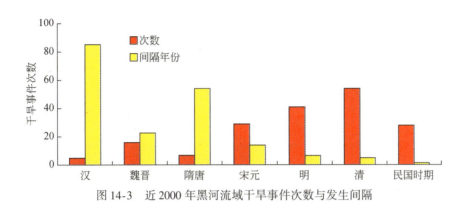

图 14-3　近 2000 年黑河流域干旱事件次数与发生间隔

## 14.2.4　河道变迁

黑河因水道浅宽且多沙，当地人不惯造船、水道不通舟楫，只用皮筏摆渡，古人往往以为水弱不胜舟楫，因此称"弱水"。黑河进入额济纳旗境内后称额济纳河，由于地势平坦，水流散漫，很容易改道。古弱水的改道，会直接导致下游河网的消失和尾闾湖的干涸，当然也会导致绿洲的迁移。从水系的变化可知，没有古居延绿洲的衰落就不会有新的额济纳绿洲的出现。《额济纳旗志》记载，居延地区原有大小湖泊 14 个、泉水 16 眼、沼泽地 4 处，由于弱水下泄水量减少，到 1992 年全部消失，推算消失水域和湿地面积约有 378 万亩。

刘蔚等认为，河流改道是绿洲废弃的最直接原因之一（刘蔚等，2008）。河流改道会引起水资源分布格局的改变，进而导致绿洲的迁移，同时也意味着原有绿洲区的废弃。特别是在流域的中下游平原区，由于流速放缓，大量泥沙淤积迫使河道频繁摆动，使原水源断绝的绿洲废弃、新的绿洲出现（图 14-4）。引起河流改道的原因是多种多样的，有自然因素也有人为因素或者是二者的综合作用。据考古学家和生态环境学家的论证，有上游水量减小、下游蒸发量大等自然因素，但更主要的还是战争、筑沙坝、堵河道、垦耕地等人类活动（据额济纳其王爷府展板材料）。

黑河下游河道的一次最显著的改变，发生在明代攻取黑城的战争中。14 世纪，明军用砂石拦截黑河水流，使黑城一带因绝水而失陷，周边地区自汉以来修建的军事和屯垦设施被彻底废弃（龚家栋等，2002）。自此以后，黑河下游的古代居延绿洲废弃，新的额济纳绿洲在原居延绿洲的西北方逐渐形成，由此造成了绿洲的迁移。

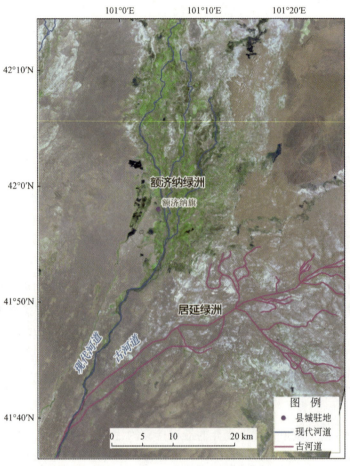

图 14-4　黑河下游额济纳地区河道变迁示意图

## 14.2.5　风沙活动

黑河流域的东北部为巴丹吉林沙漠之所在，其面积达 4.92 万 $km^2$（王涛，1990）。在干旱气候下，其沙漠活动明显。据分析，巴丹吉林沙漠的沙源主要来自下游居延地区的泥沙沉积物，大量物质受到中纬度西风环流下盛行西风和西北风的推动并在黑河东岸堆积，迫使河道向西侧迁移（冯绳武，1981a）。目前，黑河每年仍携带约 40 000 t 泥沙沉积在下游地区（Guo et al.，2000）。最终，绿洲也随着河道而向西侧缓慢迁移。但是，由于累积时间较短，沙漠活动对历史时期绿洲变化影响作用较弱。

# 14.3　人文因素

人文因素的涉及范围广泛，包含社会、经济、科学技术、民族习惯等诸多方面。这些因素中，既有直接性的开垦土地、砍伐森林等，也有间接性的经济制度、生态政策等。人文因素具有较强的时代性，反映了各个时期人地关系的变化，是驱动垦殖绿洲演变的最主要动力。根据因子的归属，可将其划分为政局因素、经济因素、科技因素等方面。

## 14.3.1　政局与社会稳定性

一般来说，任何一项政策和制度的制定在当时必然有其合理的依据。黑河流域的开发有其深刻的政治、经济和社会背景，在大多数历史时期，建设边疆、巩固国防是这一区域绿洲开发的主要战略背景。在我国北方长期形成的一条自东北经黄土高原至西北河西地区的农牧分界线，其所经过地区一直是历史时期中原王朝国防与国家安全所系之重地（王玉茹和杨红伟，2006）。为了争夺水土资源，这条界线周边地区就成为利益相关者各方军事冲突最为激烈的地带。因此，历代中央政权对西北地区的经营都充满浓厚的军事色彩，其最基本的目的在于通过加强边防体系保障边疆安全（杨红伟和高原，2005）。

黑河流域特殊的地理位置、复杂的政治局势、频繁的军事冲突及与其相应的剧烈的政权更替，导致了该区域的绿洲开发具有强烈的边疆特性。一般而言，中原王朝控制下，政治局势稳定，为了防御少数民族的侵袭，就会大力发展农业生产，建设水利工程，绿洲面积呈扩大趋势。而政权割据时期，时局动荡，战乱不断，生灵涂炭，水利荒废，绿洲面积随之衰退。同时，政治格局还影响人口规模以及国家开发政策的制定，成为影响绿洲空间格局的根本性因素。

综合各个时期的政治局势，分析历史时期黑河流域及其周边地区政治局势与绿洲开发的关联程度，可以看出政治局势的稳定与否与绿洲开发强度的大小具有显著的一致性（表14-1）。

表 14-1　近 2000 年黑河流域政治局势稳定性与绿洲开发强度

| 朝代 | 稳定程度 | 中原王朝统治强度 | 绿洲开发强度 |
| --- | --- | --- | --- |
| 汉 | 稳定 | 强 | 强 |
| 魏晋 | 一般 | 一般 | 一般 |
| 东晋南北朝 | 动荡 | 弱 | 弱 |
| 隋唐五代 | 稳定到动荡 | 强转弱 | 一般 |
| 宋元 | 稳定 | 一般 | 弱 |
| 明 | 一般 | 强 | 强 |
| 清 | 稳定 | 强 | 强 |
| 民国时期 | 动荡到稳定 | 一般 | 强 |

汉代以前，黑河流域为少数民族的游牧之地，戎、羌、月氏等在此游牧。汉初，匈奴控制了河西地区，其军事势力强大且常骚扰汉朝边境。西汉击败匈奴后，国力日渐强盛，为绿洲开发造就了首个和平时期。出于军事防御和稳定边境的需要，中央政府在黑河流域大力发展农业生产，形成了首个绿洲垦殖的高峰。由于黑河下游的居延地区处于防御匈奴的最前沿，汉朝政府在此设置了大量军事机构并进行大规模的绿洲开发。

东汉永元元年（89 年）始，黑河流域经历了三次羌族起义，持续的战乱使土地随垦随荒，绿洲垦区开始出现沙漠化（朱震达，1985，1999）。自东汉后期黄巾起义开始，至唐朝建立的四百年间，整个中华大地政局动荡，由此导致了历史上仅见的空前民户大流徙（李剑农，1963）。这期间，仅有西晋、前凉等短暂稳定时间。后凉以来动荡局势导致会水、氐池等多处城镇废弃，耕地得不到有效的管理，在干旱的条件下逐渐沦为荒漠，绿洲出现大幅度萎缩。同时，下游居延一带垦区在后凉迁走该地人口后大部废弃。

隋唐时期，全国再次进入大一统时代，北部突厥、南部青藏地区的吐谷浑和吐蕃对黑河流域造成了极大威胁。唐政府驻军设防，设置节度使并建"军"制。由于人口及开发强度不及汉代且行政建制大量撤并，大部分的绿洲只存在于主要城镇周边。安史之乱爆发后（755 年），吐蕃占据黑河流域地区近 100 年，绿洲垦殖出现了严重的倒退。其后又为回鹘所据，期间与张议潮归义军进行了多次战争，局势持续动荡，致使黑河流域人口减少、城镇废弃、绿洲缩减。特别是马营河和摆浪河下游地区的绿洲，在经历汉唐的大规模开发后遭到彻底废弃（王元第，2003）。

宋代，黑河流域为西夏所辖，由于西夏政权采取了强化军事防御和地区统治的政策，区内政局相对稳定。蒙元占据了河西地区后，采用屠杀政策，致使人口大量减少，土地荒芜，农田废弃。但是，由于宋辽金到元代，黑河流域为少数民族所统治，以游牧为主，绿洲开发非常有限。

到了明朝，黑河流域周围蒙古鞑靼部落、帖木儿帝国、吐鲁番王国和青藏部族政权林立，统治并不稳固，政府实施卫所制度并开展军事屯田，绿洲恢复并迅速扩大。

清代，清政府采用联姻的方式与蒙古建立了联盟关系，结束了长久以来游牧民族和中原王朝之间的对抗状态，地区局势趋于稳定。垦殖绿洲的扩展由军事需要为主转为满足民生需要为主，绿洲持续扩大。鸦片战争（1840 年）后，中国国力日渐衰微，列强频繁入侵，北方边疆地区受沙俄势力的严重威胁。黑河流域同样战乱迭起，无论是规模、范围，还是延续时间均为西北所罕见（刘蔚等，2008）。

民国初期，黑河流域的局势依然动荡，军阀割据致使战乱频繁。这期间，许多绿洲遭到毁坏，直到抗日战争爆发，地区局势才趋于稳定。随着中华民国开发西北计划的实施，加之近代技术的发展，绿洲规模达到整个历史时期的最大值。但这一阶段持续的时间十分短暂，就被中华人民共和国取代，此后绿洲的开发进入崭新的现代时期。

## 14.3.2 经济政策

经济政策可通过农业开发等措施直接作用于绿洲，也可以通过影响人口的迁移，进而影响对耕地需求而间接作用于绿洲。一般而言，在中央王朝统治的稳定局势下，多采取了有利农业发展的政策，而在混乱局势的情况下，大多无明确政策或即使有政策也难以落到实处。

经过查阅相关资料，汉代至中华民国时期，黑河流域各时期主要实施的政策如表 14-2 所示。

表 14-2　黑河流域历史时期农牧业政策

| 朝代 | | | 政策 | 来源 |
|---|---|---|---|---|
| 汉 | | | 徙民实边，使远方无屯戍之事；边郡置农都尉，主屯田殖谷 | 《汉书·晁错传》；《后汉书·百官志》 |
| 魏晋南北朝（六朝） | 曹魏 | | 广开水田，募贫民佃之；分带甲之士，随宜开垦 | 《三国志·徐邈传》；《晋书·食货志》 |
| | 西晋 | | 戍逻减半，分以垦田 | 《晋书·羊祜传》 |
| | 东晋 | 前凉 | 课农桑 | 《十六国春秋辑补·前凉录》 |
| | | 前凉后 | 无明确政策 | — |
| | 南北朝 | | 均给天下之田；课农桑，兴富民之本 | 《魏书·高祖纪》 |
| 隋 | | | 勒民为堡，营田积谷，以备不虞 | 《隋书·贺娄子干传》 |
| 唐 | | | 劝农桑，薄赋徭 | （《新唐书》卷76《则天顺圣皇后武氏传》 |
| 宋、西夏、元 | | | 畜牧为主 | — |
| 明 | | | 以军隶卫，以屯养军；边地，三分守城，七分屯田 | 《明史·兵志》；《明史·食货志》 |
| 清 | 前期 | | 屯垦开发，以边养边 | 惠富平，2003；姚兆余，2004；马啸，2012 |
| | 后期 | | 武定功成，农政宜举 | 《钦定新疆识略》卷6 |
| 民国时期 | | | 注重于西北的开发 | — |

由表 14-2 可见，汉、西晋、唐、明、清和民国时期，国家统一且为中原王朝所统治，稳定时间较长，政府多采取重视农业发展的政策，除唐代外绿洲规模基本处于高值状态，而东晋南北朝时期的大部分时间由于政权更替频繁，政策难以落实，后期基本无明确政策。宋辽金（西夏）和元代，由于居民主要为游牧民族，虽对农业有所重视，但仍以畜牧业为首要经济部门，这些时期的绿洲均处于规模相对较小的范围，只集中在甘州、肃州等重要居民点周围。

### 14.3.3 人口与民族

人口是社会生产和生活的主体，在农业占绝对主导地位的社会经济体系中，人口的波动与变化将会产生巨大影响。人口数量变化所引起的最大变化，是作为垦殖绿洲最主要构成部分的耕地的变化。人口的变化也会引起生产习惯、资源需求和居住方式的变化，从而对绿洲产生直接或间接的影响。

首先，人口的民族特性差异会影响其经济政策的制定，进而从大尺度上影响绿洲的变化。中原汉族农耕文化深厚，而北方少数民族以"逐水草而居"的游牧文化居统治地位。不同的历史时期，黑河流域生活的主要民族各异，当诸如汉、唐、明等中原汉族王朝控制该地区后，一般大力推广农业，引进先进的生产技术，垦殖绿洲明显繁荣（表 14-3），而在魏晋南北朝后期的南凉、唐代后期的吐蕃，以及宋辽金、元等少数民族统治时期，由于这些民族保留着浓厚的游牧经济传统，不重视农业发展，畜牧业占据了主要的经济地位，垦殖绿洲自然萎缩。当然，当游牧民族进入稳定的统治时期后，为了加强其统治地位，也学习农耕民族先进的文化，对农业也有一定程度的重视，但绿洲规模远不及中原王朝统治时期。

表 14-3  黑河流域主要民族习性及主导时代

| 主要民族 | 资料内容 | 出处 | 主导朝代 |
|---|---|---|---|
| 汉族 | 春耕夏耘，秋获冬藏，伐薪樵，治官府，给徭役 | 《汉书》卷 24《食货志》 | 汉、魏晋、隋唐、明、清、民国时期 |
| 匈奴 | 逐水草迁徙，毋城郭常处耕田之业 | 《史记》卷 110《匈奴列传》第 50 | 汉前到汉初；东晋十六国 |
| 月氏 | 行国也，随畜迁徙，与匈奴同俗 | 《史记》卷 123《大宛列传》 | 汉前 |
| 鲜卑 | 畜牧迁徙，射猎为业，淳朴为俗，简易为化，不为文字，刻木纪契…… | 《魏书·序记》 | 南北朝 |
| 吐蕃 | 其畜牧，逐水草无常所 | 《新唐书》卷 216《吐蕃传上》 | 唐末 |
| 回鹘 | 居无恒所，随水草流移 | 《旧唐书》卷 195《回纥传》 | 五代 |
| 党项 | 不知嫁穑，土无五谷 | 《旧唐书》卷 198《党项传》 | 宋辽金 |
| | 其所业无农桑事，畜马、牛、羊、橐驼 | 《沈下贤文集》卷 3《夏平》 | |
| | 衣皮毛，事畜牧，蓄性所使 | 《续资治通鉴长编》卷 111 明道元年十一月 | |
| 蒙古 | 自夏及冬，随地之宜，行逐水草 | 《元史》卷 100《兵志三》 | 元 |

其次，人口数量的变化会影响对耕地需求的变化，从而对绿洲的开发产生影响。根据文献资料记载和前文各个时期估算结果，我们可以获得历史时期人口规模变化，如图 14-5 所示。由于每个朝代的持续时间很长，在这期间人口数量也会发生较大的变化，故而该图的人口数是接近各时代绿洲重建时间段的数值。

由图 14-5 可见，黑河流域人口变化自汉代到民国时期呈先减后增的"U"形趋势，汉、明、清、民国时期人口较多，均接近或超过 10 万，而位于其间的魏晋、唐、元等时期人口数量较少。尤其是清代与民国时期，人口数量更是达到了 50 万左右的高值。人口的大量增加大大增加了对粮食的需求，这时必然要采取鼓励垦荒的政策尽力开垦，使绿洲的垦殖向更加边远的地区甚至山区推进。

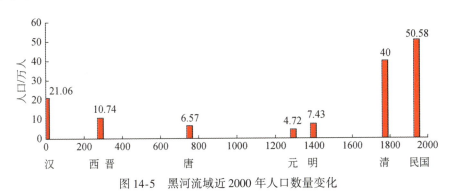

图 14-5 黑河流域近 2000 年人口数量变化

最后，人口分布的变化可影响绿洲的变化。行政中心所驻的居民点是人口集聚地区，其周边地区成为垦殖绿洲的集中地带。明代以前限于文献，仅有中心城镇的记载，城镇数量自汉代的 12 个减少到元代的 5 个，金塔和民乐地区在魏晋南北朝后完全废弃，骆驼城等周边城镇在唐代后期废弃，城镇的数量变化与垦殖绿洲的发展趋势是一致的。明代以后文献关于居民点的记载较为详细。中心建制城镇数量由明代 5 个增加到民国时期的 8 个，普通居民点的数量也由 160 余个增加到 600 个以上，分布的范围明显扩大。中游沿河地区自然条件较好的绿洲在精细耕作下已经达到了较高的利用效率，而南部的山前地区由于自然条件限制，耕作存在一定困难，故而垦殖率有限，但绿洲向条件较差地区扩展的势头越来越强势。

## 14.3.4 土地与赋税制度

农业是历史时期的主要产业部门，各时代均确立了相应的经济制度，包括土地、赋税、徭役等，其中土地和赋税制度直接作用于农业生产，对垦殖绿洲的发展具有重要影响。

土地制度是农业发展的基础。自汉代至清代，土地制度全为封建私有制，包括国家、地主、自耕农三种土地所有制。其中国家土地所有制包括屯田制、占田制、均田制和更名田。由于地理位置偏远且军事地位重要，黑河流域在整个封建社会时期以实施屯田制为主，主要包括军屯和民屯。军屯是由戍守的官兵开垦土地，所需各种生产资料如耕牛、农具、种子等统一由国家供应，按照田亩、人数等作适当的分配。民屯则由政府在屯田区域建立居民点并准备各种农业生产资料和工具后，招募无地农民集体耕种官田或垦荒并按规定纳税的一种土地利用方式。自西汉以来，基本上各朝都设立了屯田管理机构。汉、唐、元、明、清等时代均以屯田为主，西晋时期政府废除屯田制，实行占田制，按丁分配土地。屯田的实施确保了大规模农业的开展，极大地促进了垦殖绿洲的发展。

赋税是中国古代封建王朝的主要收入来源。一般而言，历史时期的人民历来对国家承担着两类义务：一类是按户籍征收的人丁税；另一类是按土地面积征收土地税。以户籍和土地为基础，两者构成了农业社会的赋税体系。根据历代正史记载，汇总黑河流域各个时期的赋税制度如表 14-4 所示。

表 14-4　黑河流域各主要历史时期的税收制度

| 朝代 | 税收类型 | 征税单位 | 征税办法 | 备注 |
|---|---|---|---|---|
| 汉 | 田税 | 按比例 | 十五税一、三十税一 | 编户齐民，定额赋税 |
| | 口税 | 按个人 | 15～56 岁，120 钱；7～14 岁，20 钱 | |
| 三国（曹魏） | 田税 | 按面积 | 每亩四升 | 租调制 |
| | 口税 | 按户 | 生绢两匹，绵三斤 | |
| 西晋 | 田税 | 按定额 | 丁男 50 亩，丁女 20 亩，次丁男折半，次丁女则无，每亩纳粮 8 升，其他土地不征税 | 课田制 |
| | 口税 | 按户 | 丁男当户，每年交绢 3 匹，绵 3 斤，女及次丁男当户交一半，边远郡交 2/3 或 1/3 | 户调制 |
| 隋 | 田税 | 按床，即"一夫一妇" | 每年纳租粟 3 石，单丁和奴婢，部曲，客女按半床交纳 | 租庸调法：缴纳的谷物，为租；缴纳定量绢和布，为调；徭役期内不服役而以纳绢或布代役为庸 |
| | 口税 | 同上 | 绢 1 匹，帛 3 两，单丁和奴婢，部曲，客女按半床交纳 | |
| 唐前期（618～780 年） | 田税 | 按个人 | 每丁租粟二石 | 租庸调法 |
| | 口税 | 按个人 | 陵、绢、絁各 2 丈，布加五分之一，输绫、绢、絁者，绵 3 两，输布者，麻 3 斤 | |
| 唐后期（780～916 年） | 田税 | 按面积 | 依土地肥力划定等级，按等征税，分夏秋两季 | 两税法：唯以资产为宗 |
| | 口税 | 按资产 | 按户定等，按等定税，各等税率不同 | |
| 元 | 田税 | 按面积 | 上田每亩三升，中田二升半，下田二升。水田每亩五升 | — |
| | 丁税 | 按户 | 全科户每丁粟三石，驱丁粟一石，半科户每丁粟一石 | — |
| 明初 | 田税 | 按面积 | 夏秋两季、税率10% | 两税法 |
| | 口税 | 按个人 | 编赋役黄册，按口征税 | |

| 朝代 | 税收类型 | 征税单位 | 征税办法 | 备注 |
|---|---|---|---|---|
| 明后 | 田税 | 按面积 | 赋税和徭役合并，按田亩计征，实物税改为货币税 | 一条鞭法 |
| | 口税 | 按县域 | 把部分丁银摊向地亩 | |
| 清 | 田税 | 按面积 | 以田亩为征税对象 | 摊丁入亩 |
| | 口税 | 取消 | 丁税平均摊入田赋中 | |
| 民国前期 | 田税 | — | 税收多样且混乱 | |
| 民国后期 | 田税 | — | 每元折征稻谷 2 市斗，产麦区得征等价小麦，杂粮区得征等价杂粮 | |

分析整个历史时期的赋税政策可知，汉代田赋轻而口税重并以货币形式收取，魏晋到唐代前期，税收改为以定额粮食为主的田税和以绢、布等实物为主的人口税，实现了由货币向实物的转变，但人口税依然非常重要。唐代后期的"两税法"实施是一项重大改革，田税"分夏秋两季"，其重要性逐渐超过人口税，而"唯以资产为宗"的特点实现了赋税的标准由以人丁为主逐步向以土地财产为主转变。元代和明代前期，税收继续以实物形式实施。明代后期，"一条鞭法"将人口税按县域收取，部分口税摊入土地，人口税更趋减少。同时，以一条鞭法为标志实现了赋税由实物为主到货币为主转变，反映了封建社会商品经济的发展，是赋税的第二次重大改革。到清代，政府取消人口税（以摊丁入亩为标志），实现赋税的第三次重大改革。

人口税自唐代向土地的转变到清代的完全取消，反映了封建政权对农民的人身控制逐渐松弛，这样有利于提高农民的生产积极性，客观上会促进垦殖绿洲面积的扩展。特别是清代人口税的取消使得土地的开垦和人口的增加达到了历史空前水平，对农业和社会的发展有深远的影响。

## 14.3.5　区位交通

尽管各个干旱区的自然条件类似，但垦殖绿洲的分布具有较大差异，其中一个重要的因素就是交通与区位因子。河西走廊南部山地高耸突兀、北部荒漠绵延广阔兼有一列东西向裸岩石山横亘的自然地理格局，使得中部的走廊平原和沿河河谷成为主要的交通通道。河西地区的交通职能是如此之重要，故人们将其形象地命名为"河西走廊"，"走"成为该地区的最突出的特征。河西走廊的"走廊"含义，主要指它的东西向交通，亦即是中原王朝与西域乃至中亚、西亚、欧洲物质和文化交流的通道，这就是河西的"大交通"。无论哪个时期，从河西地区通过新疆的绿洲丝绸之路，始终是最主要的通道（吴廷桢和郭厚安，1996）。但是，适应于区域尤其是青藏高原，以及毗邻地区向蒙古高原交流的需要，河西地区还开辟有多条"小交通",它们总体上呈南北方向。以丝绸之路为主要代表的东西向大交通和以多条沿着天然河流延伸的南北向小交通的相互交织,形成了河西地区交通的总格局。这种格局特点,无论在哪个时期,都对人工绿洲的空间分布产生深远而又持久的影响。

在黑河流域,上述格局的具体体现,就是中游东西延伸的绿洲丝绸之路和南北延伸的居延古道(图14-6),而这两条干道的交汇地带就位于黑河流域。在战乱时期,中游地区东西向的绿洲丝绸之路通行受阻时,由居延古道进入位置更北的草原丝绸之路就成为重要的替代性选择。

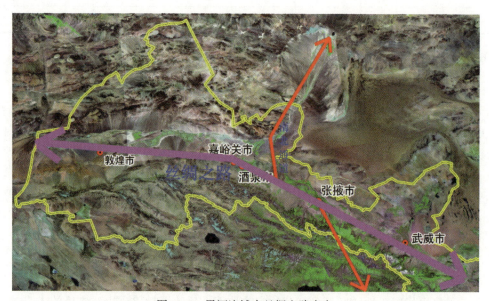

图14-6 黑河流域内丝绸之路走向

丝绸之路的畅通对商品经济和城镇发展具有积极的推动作用,进而促进绿洲开发。丝绸之路的畅通及经济繁荣程度与当时的政治局势密切相关。一般而言,在政治局势稳定时期,丝绸之路交通通畅、贸易繁荣,沿线分布的张掖、酒泉等郡县和驿站成为丝绸之路重要的中转和补给场所。这些郡县和驿站不仅提供商队的物资供应,也提供贸易的场所,部分中心城镇逐渐成为商业与贸易中心。大量人员往来也增加了对补给物资的需求,因而在一定程度上,也促进了农业的发展,促使绿洲垦殖范围扩大。

纵观整个历史时期,陆上丝绸之路总体呈现先发展后衰退的趋势。丝绸之路贸易在汉、隋和唐时期繁荣,而在魏晋南北朝时期时断时续。西夏时期丝绸之路的状况随政治环境的变化而变化,需要具体分析(杨蕤,2003)。居延地区的黑水城成为元朝"纳怜道"上的重要驿站(杨蕤,2003),经济较为发达。但是,宋元以来海上丝绸之路已经十分繁荣,并超越了陆上丝绸之路后,中国的经济重心随着东迁。至明代,居延古道随着黑城等地区的放弃而彻底废弃。陆上丝绸之路由国际贸易通道转变为内陆各民族进行贸易的通道,但甘州、肃州等重镇仍然保持着区域贸易核心地位(李春芳,2004)。政府还在甘州、肃州等地实施与军事防御配套的一种经济措施，即茶马互市（吴廷桢和郭厚安，1996）。

图 14-7 是根据明代的驿站古道遗址勾绘的当时可能存在的古道路线，其中通过驿站的那些交通线路是确切无疑存在的，而其他的是根据当时的城镇位置推测的。其实，该图只表示了武威至嘉峪关的东西向和西宁至张掖的南北向通道的概略位置，其他的支路必定也不在少数。绿洲垦殖时，人们总是想借助交通线的便利位置，首先开垦道路两侧的土地，由此也对绿洲的分布产生影响。

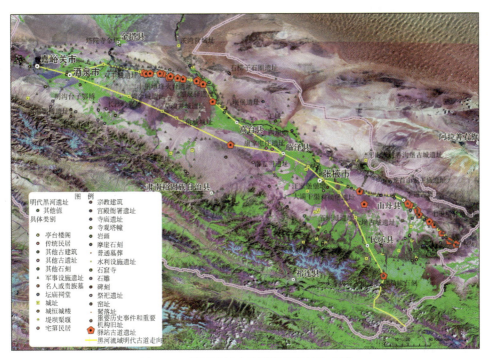

图 14-7 黑河流域中游明代的驿站和古道

然而，进入封建社会晚期，由于黑河流域内自给自足的小农经济远比资本主义萌芽出现的沿海地区落后，及至清代，陆上丝绸之路的作用变得极为微弱，强行实施闭关锁国政策使丝绸之路通道几乎断绝，地区经济进一步衰落。民国时期，新建的甘新公路与丝绸之路同向，是古丝绸之路的延续。可见，交通在汉、隋唐及元代对绿洲开发具有积极的促进作用。

## 14.3.6 技术进步

科学技术的进步与农业的发展息息相关。农业技术的改进主要体现在生产方式和工具的改进，这些改进可大幅度提高农业耕作效率，推进绿洲垦殖的深化。水利技术的发展对绿洲的扩展具有十分重要的推动作用，特别是在条件相对优越的地区开发殆尽后，先进的水利技术为农业垦殖向周边条件较差的地区拓展创造了条件。

汉代在实施大规模的移民屯田后，农业技术有了迅速发展，特别是牛耕技术已深入到西北边疆地区（梁家勉，1989），铁质农具也开始应用。西汉初期，人们利用田垄隔年轮换的"代田法"进行耕作，这种耕作方式有利于土地肥力的恢复（林剑鸣，2003）。在西汉后期，更为高效的"区田法"得以实施，即将地挖成小方块的"区"并提供充足的肥料和灌溉后再进行种植。魏晋时期的"治石田"是绿洲开发技术的巨大进步，史志明确记载为"徙石为田，运土殖谷"（《魏书·张寔转》）。该技术的利用缓解了人口增加与耕地不足的矛盾，对于边缘戈壁的开发，防止沙漠侵袭具有积极作用。宋代（西夏）时期农业技术已达到相当高的水平，农业工具和农业器械种类繁多，作物种类齐全，"一人一犁，二牛抬杠"的耕作方式在西夏地区被广泛采用，证实西夏已经达到与宋代北方相当的农业生产水平（方步和，2002）。

在汉代等早期，人类只能利用简易的引水方式灌溉，因此水量充足、地势平坦的中游沿河地区和下游三角洲地区就成为绿洲分布的主要区域。明代以来水利技术进步显著，大规模的渠道修建使得人类利用水资源的能力大大加强。清代以后，水利技术进一步增强，"凿洞引水，飞槽渡水，要处水流，衬砌渠道"（《重修肃州新志》）等技术得到应用。同时，很多地方官员致力于提高水利技术，如甘山巡道庄延伟《治甘记》载："拟檄募南人教造戽水车，并开高地课以掘井"（《甘州府志》卷16）。水利技术的进步使得早期难以开发的山前地区的开发利用成为可能，由此使绿洲向位置更高的山前冲洪积扇地区显著扩展。

## 14.4　驱动机制的综合分析

绿洲演变受到自然和人文因素的共同作用，但这种共同作用的方式却异常复杂。地质地貌、地表水与地下水、气候等自然因素综合作用决定了天然绿洲的空间分布格局，而绿洲发展方向则受人文因素影响（张林源等，1994，1995）。

由于游牧民族和中原王朝不同的民族习性与生产方式，我国北方长期形成了一条自东北经黄土高原至西北河西地区的农牧分界线。为了争夺水土资源，这条随着历史进程迁移的界线及其周边地区就成为军事冲突最激烈的地带。在中国古代社会里，农牧分界线所经过的西北地区一直是历代中原王朝国防与国家安全之所系（王玉茹和杨红伟，2006）。早在汉代，司马迁曾规划农牧地区分界线（史念海，1999）。正是来自农牧分界线以西以北游牧民族的威胁，激发了历代中央王朝致力于经营西北的基本动力。历代中原王朝对西北地区的经营都充满着浓厚的军事色彩，其根本目的在于通过边防体系的建立拱卫京徽、保障边疆安全（杨红伟和高原，2005）。黑河流域及其周围地区在历史时期常常处于边防阵地的位置，农业的发展与游牧民族的军事威胁密切相关。

研究发现，黑河流域历史时期垦殖绿洲演变成因十分复杂。绿洲是具有复杂自然和人文环境的综合体，诸多因素直接或间接作用于绿洲，而且其相互之间亦有相互作用，形成复杂的作用关系。从成因上看，虽然黑河流域垦殖绿洲的空间变化是人类活动使然，但若考察其背后的背景因素，则在不同的时期，人类活动的影响程度是不同的。分析自然与社会经济因素与绿洲开发垦殖的关系，可以大致确定绿洲演变的主要影响因素和驱动机制关系（图14-8）。

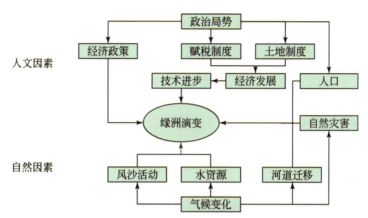

图 14-8　黑河流域历史时期绿洲开发利用格局驱动机制关系

　　研究表明，影响绿洲变化的自然因素以气候为最，其作用贯穿于整个历史时期。气候变化以温度和降水的变化为最主要的方式作用于水资源、河道、沙漠等，并使其数量和分布产生变化，进而驱动垦殖绿洲格局变化。基于树轮等最新的气候重建资料，历史时期黑河流域温度总体比现代偏冷。汉、唐、清和民国时期温度相对较高，魏晋、元和明代大部分时间温度偏低。其中，水资源量的变化为动态因子，风沙活动和河道迁移为累积性因子，在长期作用后可对垦殖绿洲演变产生长期作用并促使其发生不可逆的质变，即迁移或废弃。

　　政治因素、人口与经济因素、文化与技术进步等人文社会因素，它们不仅赋予绿洲土地的社会属性，而且对绿洲的变化在特定的自然环境下具有直接和间接的驱动作用。黑河流域国防上战略地位重要，政局因素可看作是绿洲分布格局演变的前提。政治局势会以战争破坏的方式直接影响绿洲的开发，以影响政策的方式从宏观上影响绿洲规模，并且以影响人口分布的方式在局部影响绿洲的分布。政治局势与社会变革还会进一步作用于经济制度、经济发展等，并进一步体现在绿洲规模的演变中。人口规模与分布不但直接影响绿洲的分布格局，其民族习惯也通过作用于政策等其他因素而影响绿洲规模。技术进步是干旱区绿洲开发的重要保障，其明显的表现是对明代以来山前绿洲的开发与扩展进了促进作用。

　　汉代的绿洲开发利用尽管规模宏大，但由于是人类首次对该区域的大规模开发，对环境的影响并未明显显现，至少没有资料表明有这种情况的发生。魏晋南北朝至元代，黑河流域人口较少，垦殖活动处于萧条时期。明清以来，特别是清代，由于人口的大量增加，绿洲开发垦殖显著增强，其带来的后果也越来越不容小觑。

# 14.5　绿洲垦殖的生态效应

黑河流域绿洲的开发对历史时期我国边疆地区社会经济发展、国防安全起到了积极的促进作用。然而，绿洲演变在表现出一系列的复杂时空过程的同时，也导致了一系列生态水文变化的发生。这些变化不仅是人与自然相互作用的直接体现，也是自然环境对人类活动做出的反应。

## 14.5.1　水系的变化

黑河在全新世以来受气候的周期性变化而流量减少，加之大规模水资源开发利用，以至于完整的水系逐渐演化为相对独立的水系系统（冯绳武，1988），从而造成水系形态的变化。黑河除从上游山区经由莺落峡流出的干流外，以前还有很多支流也是能够直接汇入干流的，但随着上中游山前地区绿洲开发面积的不断扩大，许多支流成了有头无尾的"断尾河"，地面上已无水流能流进干流了：山丹河、洪水河、摆浪河、马营河、丰乐河、讨赖河等，一条条地逐渐与干流失去了地面上的水力联系，从而改变了黑河水系整体形态。

绿洲的开发会改变区域水资源的供给与利用的平衡，特别显著地表现为流向下游水量的变化。绿洲垦殖需要大规模的水资源灌溉，水资源被通过人工建设的灌渠引入垦区，因古代时期缺乏高效的水资源利用措施，引入绿洲的水资源除用于灌溉外，损耗较大。下游地区绿洲的发展与中游地区的下泄水量密切相关，水资源的分配成为社会矛盾的焦点。因中游大规模灌溉而引起的上下游用水矛盾在清代以来凸显，争夺水资源的水利纠纷屡见不鲜。其中，最为典型的是高台与抚彝厅（临泽）之间的水利纠纷（李并成，2002；王培华，2004）。民国时期鸳鸯池水库的修建，保证了金塔绿洲的持续稳定发展，但也使最大的支流——讨赖河与主干河道联系中断，下游来水量更趋于减少。

流域内绿洲开垦还导致了下游湖泊的显著变化。有研究表明，著名的古居延泽在距今3000年时面积曾达约800 km² （朱震达等，1983；胡春元等，2000）。关于居延泽及东、西居延海的演变目前还存在争议，既有统一大湖逐渐分裂演变的观点（刘亚传，1992），也有古居延泽移动形成新的东、西居延海（亦即索果诺尔和嘎顺诺尔）的观点（陈隆亨，1996；马燕等，2008）。但可以肯定的是，历史时期黑河下泄水量十分可观，从而能补给下游规模相当宏大的终端湖泊（图14-9）。

从遥感影像可以观察到，今额济纳绿洲的东部存在显著的湖泊湖岸痕迹，表明这一地区曾经存在过面积广大的湖泊。然而，随着中游对水资源利用强度的加大，加之气候变化，河流下泄水量逐渐减少，最终导致古居延泽水面萎缩乃至完全干涸，东、西居延海也分别于1963年和1992年干涸。

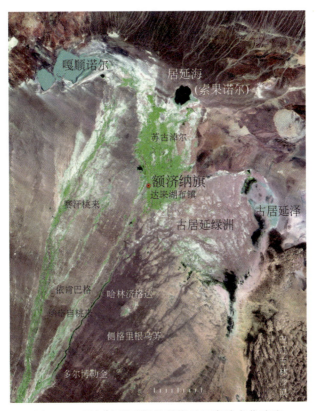

图 14-9　黑河流域下游终端湖地区湖泊变化遗迹

## 14.5.2　土地荒漠化与盐渍化

　　土地退化是当前干旱区生态所面临的主要生态问题。目前，对土地退化的定义还存在广泛争议（FAO，1971；刘慧，1995；Wang et al.，1999；李博，2000）。但大多概念具有以下内涵，即人类活动和自然因素共同作用引起的土地质量或生产力的下降、恶化，其表现方式体现在土壤理化、植被覆盖等多方面。目前，尚未对土地退化形成系统分类体系，但基本包括了沙漠化、盐渍化、污染、侵蚀等方面（赵其国和刘良梧，1990；龚子同和史学正，1990；刘慧，1995）。

　　长期的农业灌溉历程中，黑河流域垦殖绿洲内也出现了土地盐碱化、板结等土地退化现象。干旱的气候和高地下水位，以及平坦的地势导致的自主排水困难是土地板结和盐碱化形成的主要因素。地下水都含有一定的盐分，如其水面接近地面，而该地区又比较干旱，由于毛细作用上升到地表的水蒸发后，盐分便会留下。这种过程日积月累地发生，土壤含盐量就会逐渐增加，形成盐碱土。绿洲大多分布于地势平坦的平原或谷地，自主排水困难，在干热天气，蒸发留下的有害盐分，足以严重到使作物枯萎而死。史料中亦不乏长期发展灌溉农业引发土地盐碱化的记录，如地处干旱区的土地"经水则碱土泛上"，"雨之后，碱气升，遍地皆白"，最终"日色蒸晒，根烂苗枯，终于无成"（《甘州府志》卷14））。"板荒盐碱硷之地不堪耕种"，使土地生产力遭到破坏（《甘州府志》卷3）。

此外，以灌溉为诱因，耦合政治军事、气候等多因素而引起的沙漠化亦有发生。其中，第四纪干旱而多风的环境是形成荒漠化的基础，政治军事形势的变幻致使垦殖区域管理失效而废弃是形成荒漠化的重要原因（图14-10）。在政治局势稳定的情况下，政府为了推动社会发展制定了积极的经济政策和鼓励人口增殖政策。同时，政治局势稳定后，人口增加也促进了社会对产品需求的规模扩大。在以农牧业为主的历史时期，必然导致土地开垦或放牧规模扩大以获得更多产品，同时还会攫取天然植被资源。一旦遭遇政治局势动荡、政权更替，则大规模的垦殖区或牧地管理失控，在干燥多风的气候条件下，由于地表植被覆盖率降低，天然植被又因水分稀缺而修复困难，废弃垦殖耕地土层不断遭到侵蚀，逐渐沙化。

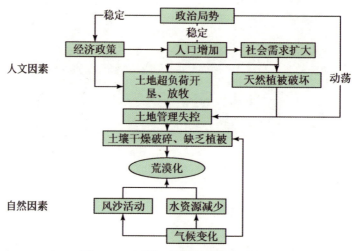

图 14-10　干旱区绿洲荒漠化驱动机理

干旱区历史时期绿洲的沙漠化，有许多典型的例子，如黑河中游金塔地区的讨赖河下游，汉代时为会水绿洲，该绿洲在魏晋南北朝后逐渐废弃。马营河和摆浪河下游一带的垦殖绿洲，在唐代遭到废弃并逐渐沙化。黑河下游的额济纳地区由于历史上军事冲突和民族政权更替频繁，致使绿洲开发利用时兴时废。在如此这般极端干旱的情况下，长期屯垦的土壤如果得不到有效管理，将会风蚀粗化。加之长期灌溉使得盐分残留于土壤中，原有垦区沙漠化，致使绿洲开发的规模逐渐缩小并出现上溯（肖生春和肖洪浪，2004）。实地考察中，在流动沙丘间断分布的、废弃的垦殖绿洲中，可频频见到废弃的耕地遗迹，上覆大量汉晋时期的陶片、砖块等遗物（图14-11），它们是历史时期绿洲沙漠化的实证。

图 14-11  废弃的古绿洲及其地表陶片

## 14.5.3  天然植被变化

黑河流域大部在汉代以前属于草原景观区（中国科学院地理研究所经济地理研究室，1980），而且在流域的南北山地均有大量的森林存在。其中，流域南部的祁连山"有松柏五木，美水草，冬温夏凉，宜畜牧"（《史记·匈奴列传》），而北部的龙首山、合黎山一带，"生奇材木，箭杆就羽"（《汉书·匈奴传》）。在黑河流域的沿河平坦地带，广布着大片的天然绿洲。在汉代以前，黑河流域大部分地区应该均保持着水草丰美、植被覆盖良好的自然风貌。

汉代开始的第一次农业开发，首次大规模改变了原存的地表景观，自然植被为大量人工植被所取代，人类活动对生态环境的影响逐渐增加。在绿洲地区，除了农业开发区域外，绿洲边缘的天然植被也遭到破坏。人们为了生活薪柴、牲畜饲草、军事修筑的需要，使绿洲外围的白刺、芦苇、柽柳等植被遭到了砍伐或樵采。唐、宋（西夏）时期破坏就很厉害，明清时期的后果空前严重（李并成，2003c）。天然植被具有防风固沙、涵养水源和保持水土的作用，大量天然植被的破坏必使绿洲的生态稳定性降低。

黑河流域上游的祁连山地区，历史时期森林茂盛，祁连山"有松柏五木，美水草"（《史记·匈奴列传》），山坡地带和绿洲平原上水草丰盛，适宜放牧。《太平寰宇记》卷152甘州山丹县条引《西河旧事》"焉支山，东西百余里，南北二十里，亦有松柏五木，其水草美茂，宜畜牧，与祁连山同。"随着人口规模的扩大，人类生产与生活中对木材的需求增加，对天然林的采伐加剧，同时草地植被也遭到破坏。明代嘉靖八年（1529年），明政府诏令"（甘肃）南北山地，听其尽力开垦，永不起科"（《明会典》卷18）。在政策驱动下，山区开垦增加，造成大面积森林与草原毁坏。位于黑河上游的临松山（今民乐县南部),昔日"山上山下布满松柏",逮至清末"虽变为良田,而松山之名犹未改也"
(《甘肃新通志》卷7)。清末,祁连山区森林破坏更加剧烈。光绪十七年(1891年),陶
保廉途经甘州时发现山区"遣兵砍伐,摧残太甚,无以荫雪"(《辛卯侍行记》卷4),显
见当时祁连山区植被严重破坏的情况。

## 14.6 绿洲演变的启示

### 14.6.1 稳定的政局是绿洲持续开发的前提

社会稳定是边疆治理的前提和基础,而边疆治理的一个重要内容就是经济开发。绿洲
垦殖既可以解决边疆地区的粮食等物资供应、促进区域生产力的发展,垦殖的劳动力又可
以成为戍守和维持边疆社会安定的重要力量。同时,边疆地区的绿洲开发还为加强西部与
内地经济政治与文化的联系、维护边疆稳定、促进民族团结打下良好基础,从而有利于中
国统一多民族国家的形成和巩固。

垦殖绿洲演变是农业生产方式变化的外在表现,与国家政权的稳定与否直接相关。历
史时期的绿洲演变告诉我们,只有国家统一、政局稳定、民族团结,农业经济才能繁荣,
绿洲即处于兴盛状态,如汉、明、清及民国时期。这些时期国家政策稳定,政府采取积极
的农业发展政策,同时绿洲在稳定的政局下也能得到有效的管理。一旦政局动荡、政权更
替、战乱迭起,则导致人口耗减、经济发展无暇顾及,绿洲开发时断时续,难以为继,如
魏晋南北朝、五代十国等时期。在绿洲开发的过程中,应该保持政策的连续性,以确保绿
洲在相当长时期的稳健性,避免政局动乱、政策无法实行而使绿洲废弃。当前,我们国家
政局稳定,人们安居乐业,为绿洲的持续开发和繁荣奠定了坚实基础。

### 14.6.2 适度的人口是绿洲开发的保障

在历史时期,一定的人口规模是绿洲经济发展的基本条件之一。在农业占绝对主导
地位的社会经济体系中,人口的波动与变化将会产生巨大影响。历史时期在黑河流域所
进行的绿洲垦殖基本是以屯田方式开展,这种大规模的劳作方式需要充足的人力资源为
保障。诸如汉、明时期,政府曾大量移民或驻军于黑河流域,为绿洲的开发提供了充
足的人力资源。清代以来,剧增的人口促使垦殖规模迅速扩大。但是,无节制的人口增
长必然造成对土地资源与环境的压力,它不但要求进一步开垦草原和加大草场放牧的负
载,而且樵采活动也成倍增加。联合国1977年召开的荒漠化会议,初步设定的干旱区
的人口临界密度为7人/km²(刘国军,2000),黑河流域的面积为14.29万km²,能承
载的总人口应为20万人左右,而黑河流域的人口在清代时已超过此额的1倍了。清代
以来中游地区人口增加剧烈,致使绿洲开发强度显著增加的同时,造成了局部水资源短
缺,生态问题开始凸显。因此,目前和将来一段时间,应对黑河流域包括农业在内的经

济活动对人口的需求进行预测，合理确定人口数量。当然，对于移民等政策应该进行科学论证，对其他地区向流域的迁入移民应该加以控制。鉴于下游地区生态恶化严重，上游生态保护意义重大，应该优先对上游和下游地区实施生态移民迁出，减少人口压力，而中游地区应通过对绿洲的提质增效接纳这些人口。

## 14.6.3　稳定的水源是绿洲延续的根本

绿洲系统是一个由内陆河流自然生态系统、水文水资源系统和社会经济系统组成的复合系统。在绿洲的开发与演变过程中，水资源始终是保证系统功能正常运转的根本。历史时期的黑河流域在经历农业规模扩大后，有限的水资源被大量消耗在中游地区，以至于下游水资源供给减少，故生态状况趋于恶化，绿洲发展出现向中上游的上溯迁移。

现代绿洲的发展，必须抓住水资源调控这一关键要素，通过系统各要素间水资源的优化配置，促进绿洲系统各要素间协调发展，为实现绿洲系统的稳定、可持续利用创造条件。为此，应该采取以保障基本生态用水为约束，开发与保护并举的策略，在开发利用绿洲的水资源时，必须设置生态底线以保障生态用水的供给，统筹兼顾流域上、中、下游用水，确保生态系统的健康与稳定。

以历史时期绿洲开发与演变为借鉴，保障生态用水应该在不同地段施行不同的对策。

### 1. 下游地区应保持河道常年有水流通过，下游尾闾湖泊应有适当的水量补给

由于黑河下游的尾闾湖居延海在历史时期曾经为大面积的湖区，目前干涸湖底的大量沉积物在风蚀作用下沙化，成为风沙的重要源地，不仅威胁当地社会经济发展，而且还对周边地区，尤其是下风向乃至我国其他地区产生影响。同时，尾闾湖干涸也致使周围天然植被无法得到有效水源补给，植被逐渐退化乃至枯死，对绿洲稳定产生不利作用。因此，为了扭转生态恶化局面，首先必须保障河道基本水量并逐步有计划地恢复尾闾湖的水量补给，使终端湖不再干涸，河道不再断流。事实上，我国自 20 世纪末即启动了黑河流域的分水计划，实施水量调度与调配。其后，下游河道沿岸的额济纳绿洲植被即有较显著恢复和改善（郭铌等，2004；乔西现等，2007）。目前，该分水计划应在优化调整后继续坚持执行。

### 2. 中游地区保持适度开垦规模并恢复水域湿地

现代的垦殖绿洲区域大多位于中游走廊平原地区。扩大耕地规模可以增加垦殖绿洲面积，但将加大水资源的消耗，同时挤占生态用水量，进而对下游绿洲，以及中游垦殖绿洲外围的天然植被造成威胁，导致其退化甚至萎缩。因此，必须严格限制绿洲的开垦，新开绿洲需要根据水资源的供给量进行充分论证后进行。对于适宜开发的区域，必须做到开发一片，稳定一片，使绿洲垦殖朝着稳定高效持续利用的方向发展。同时，应恢复和保护水域湿地，增强绿洲系统的生态调节功能，降低脆弱性，提高稳定性。

### 3. 上游地区应保护天然植被

上游的祁连山区为黑河流域的水源地，汉代时曾经有"有松柏五木，美水草"（《史记·匈奴列传》）的记载，历史上多为少数民族的牧地，但在后来的人类活动中未能逃脱被破坏的命运。如今，更加应该重视上游地区的生态保护，严格保护天然林，控制牲畜畜养数量，有计划地发展畜牧业，实施牧场轮换放牧以有利于植被的恢复生长。在生态核心区，应实行最严格的封育措施，完全消除人为影响，保护天然植被的生态安全，从而保障中下游地区的水资源供给稳定与安全。

## 14.6.4 合理的产业结构是绿洲可持续发展的保证

农业属于高耗水的经济部门，即使是在 21 世纪，农业耗水量依然在各经济部门中占据着绝对的最高比例。历史时期黑河流域的绿洲农业垦殖是一种以消耗大量水资源为代价的粗放式经营模式，虽然绿洲土地开发的成绩是巨大的，对提高当地人民的生活水平、促进区域经济发展、维护社会稳定起到巨大作用，但粗放的绿洲垦殖却容易引发生态退化的严重后果。对处于干旱区的黑河流域而言，有限的水资源无疑无法支撑无节制的开垦土地、发展农业的需求，因此，应合理调整产业结构，压缩高耗水经济部门，使干旱区绿洲走上可持续发展之路。

黑河流域的中游地区是绿洲农业发展的精华地区，基本决定了农业结构调整的主要方向与目标（王杰和魏武峰，1992）。在当今经济社会发展的进程中，作为水资源的主要消耗区，中游必须加快产业转型升级，适度减少第一产业比例，提升第三产业的比例。尤其是要注重发展具有区域特色的旅游业，努力减轻对上游水资源供给的压力，同时缓解下游水资源紧张状况，实现经济发展由高资源消耗向集约利用的方向转变。在绿洲农业开发中，必须进一步推进农业基础设施改造升级，提高水资源利用率，同时大力开展节水灌溉农业。应严格控制绿洲边缘开垦，在需求紧迫且水源相对充足地区可在充分论证基础上，适度开垦。应发展高技术精准农业，推广耗水量少、效益高的作物品种。同时，对农业生产结构而言，应当调整种植结构，在满足粮食需求的前提下，增加耗水量低的经济作物、饲料及绿肥作物的比例，减少粮食作物的种植规模。种植结构调整有益于挖掘中游水资源潜力并保障下游生态用水安全（方创琳，2002）。此外，应积极建立节地型耕作制度，如实行套作、间作及混作等多熟耕作制，发展集约型种植。

# 结　束　语

　　黑河流域地处我国西北干旱区，生态环境脆弱。近 2000 年来，黑河流域在阶段性的强烈的人类活动影响下，垦殖绿洲的时空格局发生了明显变化。这种变化，既为人类文明的发展创造了条件，同时也导致了一系列生态后果。本书在介绍黑河流域主要古遗址的基础上，重建了各朝代垦殖绿洲的空间分布，对垦殖绿洲的时空变化进行了分析，对绿洲演变的驱动因子和驱动机制进行探讨，对绿洲演变的生态效应进行了初步分析，得出了如下主要结果和结论。

　　1）黑河流域的垦殖绿洲面积在汉、晋、唐、元、明、清、民国七个时期分别约为 1703 $km^2$、1115 $km^2$、629 $km^2$、614 $km^2$、964 $km^2$、1205 $km^2$ 和 1917 $km^2$，经历了先减少后增加的发展过程。绿洲开发存在多次反复，表现为绿洲开发和废弃的交替。汉、晋、明、清及民国为主要开发时期，其他时期虽有一定规模，但总体以退缩为主。自汉代以来，绿洲沿河逐步向中上游转移，主要分布在中上游稳定的平原地区。在时代久远的汉到魏晋等时期，绿洲在河流中段和尾闾地区兼有分布且以尾闾地带更广，但后来河流尾闾地区规模逐渐减少，重心转到中游地区。特别是清代以来，人口猛增且数量巨大，绿洲逐渐向水源更加有保障的中游乃至流域南部的山麓地带扩张，原有绿洲也出现向外扩张的趋势。

　　2）黑河流域内沿河绿洲多长期存在并发展，但尾闾地区则变化频繁，同时较大河流两岸稳定性好，小河两岸稳定性较差。黑河主干河道、讨赖河沿岸的张掖和酒泉周边沿河绿洲虽然在不同时期规模有所差异，但绿洲开发基本未发生过中断。马营河、摆浪河等小支流，以及干流下游尾闾绿洲多在开发后遭到废弃。山丹-民乐、甘州-临泽-高台、金塔-鼎新等沿河主体绿洲以明代为界呈现先减少后增加趋势，特别是山丹-民乐、甘州-临泽-高台绿洲在明代以来增加规模显著大于原有规模，呈扩张发展趋势。马营河等小支流的绿洲规模在汉到元代逐渐缩小直到废弃，明代以来主要中游地区恢复，但规模小于汉、晋等较早时期。

　　3）历史时期垦殖绿洲演变受自然和人文诸多因素综合的作用，自然因素为绿洲垦殖提供了背景条件，而人文因素驱动了垦殖绿洲在空间上发生迁移。自然因素以气候变化为核心因素。气候变化主要通过影响水资源、河道、自然灾害等间接影响绿洲垦殖。水资源的分布决定了绿洲集中分布在沿河地区或三角洲地带距离水源一定范围的地域。灾变因子在史料中更多体现为气象等自然灾害，在长时间尺度上对绿洲演变影响极为有限。河道变迁可致绿洲局地发生变迁，沙漠活动为长时间累积因子，对绿洲作用微弱。人文因素以政局和社会变革为核心，稳定的政局是水土资源开发的前提条件，强烈的军事国防需求是绿洲存在的主要驱动力，这是由地区农牧交错地带和丝绸之路主要通道的区位因素决定的。

不同政权下的文化和政策差异对绿洲演变有重要影响。人口规模、分布及其演变对绿洲演变起直接驱动作用，使绿洲在空间上迁移，是最为活跃的因素，但人口压力在清代开始显现。在农田水利技术的支持下，垦殖绿洲向上游地区扩展。经济制度、经济区位更多地表现为大尺度上的促进或抑制。

4）历史时期的绿洲演变对当今绿洲社会经济的发展具有重要的参考价值。历史时期不断地移民屯垦和水利建设改变了自然水系在空间分布的格局，使得水资源集中消耗于垦殖地区。同时，垦殖过程使原有天然植被破坏殆尽，以致生态失衡。特别是河流的下游生态最为脆弱的地区，绿洲在长期强风、无序而频繁的开垦与废弃的转换中逐渐沙化。这些教训对当今黑河流域乃至其他类似地区均具有显著的借鉴作用。

5）在绿洲演变、驱动机制研究的基础上，得出了绿洲开发利用的几点认识。确保稳定的政局是绿洲开发和经济延续的最根本前提。为了确保绿洲的生态良好和永续利用，提出了以水资源的生态保障为约束，开发与保护并存的策略。认为合理的产业结构调整与转型是绿洲发展的必由之路。

本书以大规模农业开发的汉代为起点，将历史遗迹、居民点、灌溉渠道进行高精度定位、考辨与复原，进而以遥感影像为基础复原垦殖绿洲范围，系统完整地重建黑河流域历史时期主要朝代的绿洲开发利用时空格局，量化并可视化地展示了历史时期垦殖范围，基本理清了黑河流域历史时期绿洲演化的过程，分析全流域不同片区的绿洲变化特征，对开展干旱区历史时期绿洲演变的定量重建和分析具有重要的探索意义。

但是，由于历史时期人类活动的复杂性和作者研究水平的局限性，本书仍存在一些不足需要在以后的研究中加以改进：首先是本书主要选择七个"大一统"的时期进行了垦殖绿洲的定量化重建工作，而忽略了其间的时期，因而构建的垦殖绿洲演变序列不够完整，在今后的研究中应进一步加强介于其间的时段的研究。其次是应进一步参考民族语言文献，以便提高少数民族统治时期的重建精度。再者是历史时期古遗迹、遗物等的时代判定还不够准确，今后应进一步加强对测年资料的运用。最后是在绿洲演变驱动机制的研究还比较"定性"，今后应进一步探索非定量因子的量化方法，进而提高分析结果的可靠性。

# 参 考 文 献

卜风贤 . 2007. 传统农业时代乡村粮食安全水平估测 . 中国农史，（4）：19-30.

曹树基 . 1996. 对明代初年田土数的新认识——兼论明初边卫所辖的民籍人口 . 历史研究，（1）：147-160.

陈国科，王辉，李延祥，等 . 2014. 甘肃张掖市西城驿遗址 . 考古，（7）：3-17.

陈隆亨 . 1996. 黑河下游地区土地荒漠化及其治理 . 自然资源（资源科学），（2）：35-43.

陈隆亨，曲耀光 . 1992. 河西地区水土资源及其合理开发利用 . 北京：科学出版社 .

陈梦家 . 1980. 汉简缀述 . 北京：中华书局 .

陈玮 . 2010. 元代亦集乃路伊斯兰社会探析——以黑城出土文书、文物为中心 . 西域研究，（1）：9-16.

陈秀实 . 1998. 汉将霍去病出北地行军路线考——《汉书》"涉钧奢济居延"新解 . 西北师大学报（社会科学版），35（6）：85-87.

陈云峰 . 2008. 明代河西屯田研究 . 兰州：兰州大学硕士学位论文 .

程国栋，肖洪浪，陈亚宁，等 . 2010. 中国西部典型内陆河生态–水文研究 . 北京：气象出版社 . 3-27.

程弘毅 . 2007. 河西地区历史时期沙漠化研究 . 兰州：兰州大学博士学位论文 .

重庆市档案馆，重庆市人民银行金融研究所 . 1993. 四联总处史料 . 北京：档案出版社，199-200.

董安祥 . 1993. 甘肃省近五千年气候变迁的初步研究 . 高原气象，12（3）：11-18.

冻国栋 . 1993. 唐代人口问题研究 . 武汉：武汉大学出版社 .

杜海斌 . 2003. 居延二千年历史环境变迁 . 中国历史地理论丛，18（1）：124-130.

杜家骥 . 2001. 清朝的满蒙联姻 . 历史教学，（6）：15-18.

杜建录 . 1996. 西夏农田水利的开发与管理 . 中国经济史研究，（4）：139-143.

杜建录 . 2009. 黑水城汉文文献综述 . 银川：宁夏人民出版社 .

樊锦诗 . 2016. 莫高窟史话 . 南京：江苏凤凰美术出版社 .

樊自立，艾里西尔，王亚俊，等 . 2006. 新疆人工灌溉绿洲的形成和发展演变 . 干旱区研究，23（3）：410-418.

方步和 . 2002. 张掖史略 . 兰州：甘肃文化出版社 .

方创琳 . 2002. 黑河流域生态经济带分异协调规律与耦合发展模式 . 生态学报，22（5）：196-202.

冯绳武 . 1981a. 甘肃河西水系的特征和演变 . 兰州大学学报，（1）：125-129.

冯绳武 . 1981b. 疏勒河水系的变迁 . 兰州大学学报，（1）：125-130.

冯绳武 . 1988. 河西黑河（弱水）水系的变迁 . 地理研究，7（1）：18-26.

付有智，曹玲 . 2002. 黑河流域气候特征及面雨量分析 . 甘肃气象，20（1）：8-10.

傅小锋 . 2000. 干旱区绿洲发展与环境协调研究 . 中国沙漠，20（2）：96-99.

甘肃省档案馆 . 1998. 甘肃省历史人口资料汇编·第二辑上 . 兰州：甘肃人民出版社，64-94.

甘肃省文物考古研究所 . 1998. 民乐东灰山考古：四坝文化墓地的揭示与研究 . 北京：科学出版社 .

甘肃省文物考古研究所，北京大学文博考古学院 . 2011. 河西走廊史前考古调查报告 . 北京：文物出版社，230-240，439-449.

甘肃省文物考古研究所, 甘肃省博物馆, 中国文物研究所, 中国社会科学院历史研究所. 1994. 居延新简. 北京: 中华书局.

高华君. 1987. 绿洲的定义修正及其命名与分类. 西北师范学院学报 (自然科学版), (1): 64-70.

高靖易, 侯光良, 兰措卓玛, 朱燕, 侯小青. 2019. 河西走廊古遗址时空演变与环境变迁. 地球环境学报, 10 (01): 12-26.

高荣. 1998. 论两汉对羌民族政策与东汉羌族起义. 广东社会科学, (3): 95-101.

高荣. 2004. 月氏、乌孙和匈奴在河西的活动. 西北民族研究, (3): 23-32.

高荣. 2008. 汉代河西的水利建设与管理. 敦煌学辑刊, (2): 74-82.

高荣. 2011. 河西通史. 天津: 天津古籍出版社.

高荣, 史秀华. 1998. 先秦时期的河西农业. 西北史地, (3): 50, 68-72.

高小强. 2010. 西汉时期河西走廊灌溉农业的开发及其对生态环境的影响. 石河子大学学报 (哲学社会科学版), 24 (3): 90-92.

葛剑雄. 1986. 西汉人口地理. 北京: 人民出版社.

龚家栋, 程国栋, 张小由, 等. 2002. 黑河下游额济纳地区的环境演变. 地球科学进展, 17 (4): 491-496.

龚子同, 史学正. 1990. 我国土地退化及其防治对策. 中国科学技术协会学会工作部. 中国土地退化防治研究. 北京: 中国科学技术出版社, 15-20.

郭铌, 梁芸, 王小平. 2004. 黑河调水对下游生态环境恢复效果的卫星遥感监测分析. 中国沙漠, 24 (6): 740-744.

郭厚安, 陈守忠. 1989. 甘肃古代史. 兰州: 兰州大学出版.

国家文物局. 2003. 中国文物地图集 (内蒙古自治区分册). 西安: 西安地图出版社, 276-277.

国家文物局. 2011. 中国文物地图集 (甘肃分册). 北京: 测绘出版社, 188-219.

胡春元, 李玉保, 高永, 等. 2000. 黑河下游生态环境变化及其与人类活动的关系. 干旱区资源与环境, 14 (增刊): 10-14.

胡戟. 1980. 唐代度量衡与亩里制度. 西北大学学报: 哲学社会科学版, (4): 36-43.

胡宁科. 2013. 绿城垦区历史时期农业灌溉渠系信息的遥感识别与提取. 中国沙漠, 33 (5): 1577-1585.

胡宁科, 李新. 2013. 居延绿洲古遗址的遥感识别与分析. 遥感技术与应用, 28 (05): 890-897.

胡平生, 张德芳. 2001. 敦煌悬泉汉简释粹. 上海: 上海古籍出版社, 56.

华立. 1983. 清代的满蒙联姻民族研究, (2): 45-54, 79.

惠富平. 2003. 明清时期西部经营与农业开发简论. 古今农业, (3): 1-7.

惠富平, 王思明. 2005. 汉代西北农业区开拓及其生态环境影响. 古今农业, (1): 80-85.

姜清基. 2008. 河西历代人口研究. 呼和浩特: 内蒙古人民出版社.

颉耀文, 陈发虎. 2008. 民勤绿洲的开发与演变——近 2000 年来土地利用/土地覆盖变化研究. 北京: 科学出版社.

赖先齐. 2005. 中国绿洲农业学. 北京: 中国农业出版社.

蓝利, 穆桂金, 齐乌云, 等. 2009. 古居延绿洲汉代至西夏渠系影像特征及绿洲环境变迁. 第四纪研究, 29 (2): 241-247.

李并成. 1989a. 石羊河下游绿洲明清时期的土地开发及其沙漠化过程. 西北师范大学学报 (自然科学版), (4): 56-61, 67.

李并成. 1989b. 唐代前期河西走廊农田开垦面积估算. 档案, (6): 38-40.

李并成.1990a.唐代前期河西走廊的农业开发.中国农史,(1):12-19.

李并成.1990b.三国时期河西走廊的开发.开发研究,(2):63-65.

李并成.1990c.元代河西走廊的农业开发.西北师大学报(社会科学版),(3):52-56.

李并成.1991a.汉唐时期河西走廊的水利建设.西北师大学报,(2):59-62.

李并成.1991b.西汉酒泉郡若干县城的调查考证.西北史地,(3):71-76.

李并成.1992.河西地区历史上粮食亩产量的研究.西北师大学报(社会科学版),(2):16-21.

李并成.1995.河西走廊历史地理(第一辑).兰州:甘肃人民出版社.

李并成.1998a.河西走廊汉唐古绿洲沙漠化的调查研究.地理学报,53(2):106-115.

李并成.1998b.汉居延县城新考.考古,(5):82-85.

李并成.2001.西夏时期河西走廊的农牧业开发.中国经济史研究,(4):132-139.

李并成.2002.明清时期河西地区"水案"史料的梳理研究.西北师大学报(社会科学版),39(6):69-73.

李并成.2003a.河西走廊历史时期沙漠化研究.北京:科学出版社.

李并成.2003b.河西走廊古绿洲的沙漠化.地理教学,(2):1-4.

李并成.2003c.河西走廊历史时期绿洲边缘荒漠植被破坏考.中国历史地理论丛,18(4):124-134.

李并成.2006.河西走廊马营河、摆浪河下游的古城遗址及沙漠化过程初探.见:侯仁之,邓辉.中国北方干旱半干旱地区历史时期环境变迁研究文集.北京:商务印书馆,539-548.

李并成.2014.汉酒泉郡十一置考.敦煌研究,(1):115-120.

李博.2000.中国北方草地退化及其防治对策.中国农业科学,30(6):1-8.

李春芳.2004.丝绸之路对河西开发的影响.甘肃理论学刊,(5):86-88.

李璠,李敬仪,卢晔,等.1989.甘肃省民乐县东灰山新石器遗址古农业遗存新发现.农业考古,(1):56-69.

李福兴,姚建华.1998.河西区域发展.北京:科学出版社,60-64.

李剑农.1963.魏晋南北朝隋唐经济史稿.上海:三联书店.

李静,桑广书.2010.西汉以来黑河流域绿洲演变.干旱区地理,33(3):480-485.

李清凌.1996.甘肃经济史.兰州:兰州大学出版社.

李水城.2009.东风西渐——中国西北史前文化之进程.北京:文物出版社,145.

李水城.2014."过渡类型"遗存与西城驿文化.早期丝绸之路暨早期秦文化国际学术研讨会论文集.北京:文物出版社,134-137.

李水城,水涛.2000.四坝文化铜器研究.文物,(3):36-44.

李文才.2012.试论赤水军的军事地位及其成因.唐史论丛,(1):359-374.

李文渊,董福辰,姜寒冰,等.2006.西北地区重要金属矿产成矿特征及其找矿潜力.西北地质,39(2):1-16.

李逸友.1987.黑城文书所见的元代纳怜道站赤.文物,(7):36-40.

李逸友.1991.黑城出土文书·汉文文书卷.北京:科学出版社.

栗晓斌.2002.试论左宗棠对甘肃农业的开发.甘肃农业大学学报,37(2):249-255.

梁方仲.1980.中国历代户口、田地、田赋统计.上海:上海人民出版社.

梁家勉.1989.中国农业科学技术史稿.北京:农业出版社.

林吉.1988.清代陕甘回民起义研究概述.民族研究,(5):107-112.

林剑鸣.2003.秦汉史.上海:上海人民出版社.

刘光华 . 1988. 汉代西北屯田研究 . 兰州：兰州大学出版社 .

刘国军 . 2000. 开发大西北面临的资源、环境问题与对策 . 干旱区资源与环境，14（4）：5-10.

刘恒，钟华平，顾颖 . 2001. 西北干旱内陆河区水资源利用与绿洲演变规律研究——以石羊河流域下游民勤盆地为例 . 水科学进展，12（3）：378-384.

刘慧 . 1995. 我国土地退化类型与特点及防治对策 . 自然资源，（4）：26-32.

刘蔚，王涛，郑航，等 . 2008. 黑河流域不同类型土地沙漠化驱动力分析 . 中国沙漠，28（4）：634-641.

刘蔚，王涛，曹生奎，等 . 2009. 黑河流域土地沙漠化变迁及成因 . 干旱区资源与环境，23（1）：35-43.

刘先照，韦世明 . 1980. 论东汉羌人起义 . 中央民族学院学报，（3）：53-58.

刘兴义 . 1986. 酒泉县下河清乡皇城遗址考 . 敦煌学辑刊，（2）：76-81.

刘亚传 . 1992. 居延海的演变与环境变迁 . 干旱区资源与环境，6（2）：9-17.

鲁挑建，郑炳林 . 2009. 晚唐五代时期金河黑河水系变迁与环境演变 . 兰州大学学报（社会科学版），37（3）：30-36.

陆桂华，徐栋，何海 . 2012. 黑河流域水汽输送及收支特征 . 自然资源学报，27（3）：510-521.

陆庆夫 . 1987. 曹魏时期河西经济恢复原因浅析 . 甘肃社会科学，（4）：63-67，84.

鹿晨昱，陈兴鹏，薛冰 . 2012. 西北少数民族地区经济发展空间分异研究 . 干旱区资源与环境，26（2）：1-6.

路遇，滕泽之 . 2000. 中国人口通史（下）. 济南：山东人民出版社 . 812.

吕卓民 . 2007. 明清时期西北农牧业生产的发展与演变 . 中国历史地理论丛，22（2）：101-107.

罗格平，周成虎，陈曦，等 . 2004. 区域尺度绿洲稳定性评价 . 自然资源学报，19（4）：519-524.

马顺平 . 2011. 明代都司卫所人口数额新探——方志中两组明代陕西行都司人口数据的评价 . 苏州科技学院学报（社会科学版），28（4）：49-53.

马啸 . 2003. 左宗棠与甘肃水利建设 . 西北民族大学学报（哲学社会科学版），（6）：57-60，109.

马啸 . 2012. 明清西北治边政策之比较研究——以 14-18 世纪中央政府与蒙藏民族政治互动为线索 . 青海民族大学学报（社会科学版），38（2）：42-49.

马燕，曹希强，李志萍 . 2008. 黑河下游额济纳地区环境演变及其驱动机制 . 气象与环境科学，31（3）：43-47.

毛雨辰 . 2019. 近三十年来明代河西边备研究述评 . 河西学院学报，35（03）：45-49.

宁可 . 1980. 有关汉代农业生产的几个数字 . 北京师范学院学报（社会科学版），（3）：84，76-89.

裴庚辛，郭旭红 . 2008. 民国时期甘肃河西地区的水利建设 . 西北民族大学学报（哲学社会科学版），（2）：88-94.

蒲朝绂，员安志 . 1982. 甘肃永昌鸳鸯池新时期时代墓地 . 考古学报，（2）：199-227.

齐陈骏 . 1989. 河西史研究 . 兰州：甘肃教育出版社 .

钱云 . 1997. 历史时期新疆绿洲的演变和发展 . 干旱区资源与环境，11（2）：37-47.

乔西现，蒋晓辉，陈江南，等 . 2007. 黑河调水对下游东、西居延海生态环境的影响 . 西北农林科技大学学报（自然科学版），35（6）：190-194.

丘光明，邱隆，杨平合 . 2001. 中国科学技术史（度量衡卷）. 北京：科学出版社 .

任朝霞，陆玉麒，杨达源 . 2009. 近 2000 年黑河流域旱涝变化研究 . 干旱区资源与环境，23（4）：90-93.

石坤 . 2005. 从黑水城出土汉文文书看元亦集乃路的西夏遗民 . 敦煌学辑刊，（2）：305-310.

史念海 . 1999. 司马迁规划的农牧地区分界线在黄土高原上的推移及其影响 . 中国历史地理论丛，（1）：1-40，248.

史学正，于东升，潘贤章．2011．黑河流域 1：100 万土壤类型数据．南京：中国科学院南京土壤研究所．

水涛．2000．论甘青地区青铜时代文化和经济形态转变与环境变迁的关系．见：周昆叔．环境考古研究
　（第二辑）．北京：科学出版社．65-71．

水涛．2001．中国西北地区青铜时代考古论集．北京：科学出版社．193-327．

谭其骧．1982．中国历史地图集．北京：地图出版社．

唐景绅．1983a．明清时期河西垦田面积考实．兰州大学学报（社会科学版），（4）：86-72．

唐景绅．1983b．明清时期河西人口辨析．西北人口，（1）：15-23．

田尚．1986．古代河西走廊的农田水利．中国农史，（2）：88-98．

吐尔逊·哈斯木，阿迪力·吐尔干，杨家军，等．2012．塔里木河下游绿洲演变及其原因分析．新疆农业
　科学，49（5）：961-967．

万鼎国．1958．秦汉度量衡亩考·农业遗产研究集刊第二册．北京：中华书局．

汪钱．1981．隋唐史记稿．北京：中国社会科学出版社．

王辉．2012．甘青地区新石器–青铜时代考古学文化的谱系与格局．北京大学考古文博学院．考古学研究
　（九）．北京：文物出版社，210-232．

王会昌．1996．2000 年来中国北方游牧民族南迁与气候变化．地理科学，16（3）：274-278．

王杰，魏武峰．1992．河西走廊经济综合开发研究．兰州：甘肃人民出版社，26-27．

王介民．1990．应用涡旋相关法对戈壁地区湍流输送特征的初步研究．高原气象，9（2）：207-220．

王力．2004．西羌内迁述论．贵州民族研究，24（4）：159-162．

王乃昂，赵强，胡刚．2002．近 2ka 河西走廊及毗邻地区沙漠化的过程及原因．海南师范学院学报（自然
　科学版），15（3/4）：16-21．

王培华．2004．清代河西走廊的水利纷争与水资源分配制度——黑河、石羊河流域的个案考察．古今农
　业，（2）：60-67．

王让会，张慧芝，黄青．2005．山地—绿洲—荒漠系统藕合关系研究的新进展．中国科学基金，（6）：
　339-342．

王涛．1990．巴丹吉林沙漠形成演变的若干问题．中国沙漠，10（1）：29-40．

王迎喜．1987．谈左宗棠在甘肃新疆的政绩．兰州大学学报（社会科学版），（4）：62-67．

王玉茄，杨红伟．2006．略论国家行为与西北生态环境的历史变迁．中国社会历史评论，（7）：221-234．

王元第．2003．黑河水系农田水利开发史．兰州：甘肃民族出版社．

王致中．1996．河西走廊古代水利研究．甘肃社会科学，（4）：81-85．

王忠静，王海峰，雷志栋．2002．干旱内陆河区绿洲稳定性分析．水利学报，33（5）：0026-0031．

王重民，王庆菽，向达，等．1957．敦煌变文集（上册）．北京：人民文学出版社，121-128．

魏怀珩．1978．武威皇娘娘台遗址第四次发掘．考古学报，（4）：421-448．

温艳．2012．民国时期西北地区自然灾害的特征．甘肃社会科学，（4）：90-93．

吴宏岐．2002．《黑水城文书》中所见元代亦集乃路的灌溉渠道及其相关问题．见：周伟洲．西北民族论
　丛第 1 辑．北京：中国社会科学出版社，132-135．

吴礽骧．2005．河西汉塞调查与研究．北京：文物出版社．

吴礽骧，李永良，马建华．1991．敦煌汉简释文．兰州：甘肃人民出版社．

吴廷桢，郭厚安．1996．河西开发史研究．兰州：甘肃教育出版社．

吴万善．1963．1862–1873 年的西北回民起义．历史教学，（4）：19-26．

肖生春，肖洪浪．2003．黑河流域绿洲环境演变因素研究．中国沙漠，23（4）：385-390．

肖生春，肖洪浪．2008．两千年来黑河流域水资源平衡估算与下游水环境演变驱动分析．冰川冻土，30（5）：733-739．

肖生春，肖洪浪，宋耀选，等．2004．2000年来黑河中下游水土资源利用与下游环境演变．中国沙漠，24（4）：405-408．

谢端琚．2002．甘青地区史前考古．北京：文物出版社．71-75．

徐悦．2008．元代亦集乃路的屯田开发．宁夏社会科学，（3）：101-105．

薛英群．1991．居延汉简通论．兰州：甘肃教育出版社．

闫庆生，马啸．2002．左宗棠与开发甘肃．兰州大学学报（社会科学版），30（6）：32-39．

闫廷亮．2005．北魏对河西的经营和开发．河西学院学报，21（4）：57-59．

杨富学，陈亚欣．2015．河西史前畜牧业的发展与丝绸之路的孕育．新疆师范大学学报（哲学社会科学版），（3）：84-89．

杨红伟，高原．2005．试论西北在中国边防与国家安全史上的地位与作用．西北第二民族学院学报（哲学社会科学版），（2）：5-9．

杨建新．2005．中国西北少数民族史．北京：民族出版社，8．

杨铭．2003．吐蕃时期河陇军政机构设置考．见：陈高华，余太山．中亚学刊（第四辑）．北京：中华书局，113-121．

杨蕤．2003．关于西夏丝路研究中几个问题的再探讨．中国历史地理论丛，18（4）：117-123，160．

杨选第．1996．元代亦集乃路的民间借贷契约．内蒙古师范大学学报（哲学社会科学版），（3）：98-103．

杨谊时，张山佳，Oldknow C，仇梦晗，陈亭亭，黎海明，崔一付，任乐乐，陈国科，王辉，董广辉．2019．河西走廊史前文化年代的完善及其对重新评估人与环境关系的启示．中国科学：地球科学，49：2037-2050．

姚兆余．2004．清代西北地区农业开发与农牧业经济结构的变迁．南京农业大学学报（社会科学版），4（2）：75-82．

张波．1989．西北农牧史．西安：陕西科技出版社．

张红宣，张玉珍．2008．黑城出土元代汉文文书研究概述．图书馆理论与实践，（2）：124-125．

张景霞．2010．历史时期黑河流域水土资源开发利用研究．兰州大学学报（社会科学版），38（6）：81-84．

张磊．2019．明代卫所与河西地区社会变迁研究．中国经济史研究，（06）：2．

张立．2007．城市遥感考古．上海：华东师范大学出版社．

张林源，王乃昂．1994．中国的沙漠和绿洲．兰州：甘肃教育出版社．

张林源，王乃昂，施祺．1995．绿洲的发生类型及时空演变．干旱区资源与环境，9（3）：32-43．

张泽咸．2003．汉晋唐时期农业．北京：中国社会科学出版社．

赵冈．1996．人口、垦殖与生态环境．中国农史，（1）：56-66．

赵俪生．1997．古代西北屯田开发史．兰州：甘肃文化出版社．

赵其国，刘良梧．1990．人类活动与土地退化．中国科学技术协会学会工作部．中国土地退化防治研究．北京：中国科学技术出版社，1-5．

赵永复．1986．历史时期河西走廊的农牧业变迁．见：中国地理学会历史地理专业委员．会历史地理（第四辑）．上海：上海人民出版社，75-87．

郑炳林．2002．晚唐五代敦煌归义军行政区划制度研究（之一）．敦煌研究，（2）：11-19．

中国第一历史档案馆．2003．乾隆朝甘肃屯垦史料．见：谢小华．历史档案，（3）：23-43．

中国科学院地理研究所经济地理研究室．1980．中国农业地理总论．北京：科学出版社，52．

朱震达 . 1985. 中国北方沙漠化现状及发展趋势 . 中国沙漠, 5（3）：3-11.

朱震达 . 1999. 中国沙漠、沙漠化、荒漠化及其治理的对策 . 北京：中国环境科学出版社, 1-416.

朱震达, 刘恕, 高前兆, 等 . 1983. 内蒙古西部古居延–黑城地区历史时期环境的变化与沙漠化过程 . 中国沙漠, 3（2）：1-8.

何炳棣 . 2000. 明初以降人口及其相关问题：1368-1953. 北京：生活·读书·新知三联书店, 1-27.

井上充幸, 加藤雄三, 森谷一樹 . 2007. 绿洲地域史论丛——黑河流域 2000 年的点描 . 东京：松香堂书店 .

李应魁 . 2006. 肃镇华夷志校注 . 高启安, 邰惠莉校点 . 兰州：甘肃人民出版社, 92-98.

铃木俊 . 1977. 均田租庸调制度的研究 . 东京：刀水书房 .

麦克法夸尔, 费正清 . 1998. 剑桥中国史——辽西夏金元史 . 俞金戈等译 . 北京：中国社会科学出版社 .

前田正名 . 1993. 河西历史地理学研究 . 陈俊谋译 . 北京：中国藏学出版社 .

杨春茂 . 1996. 重刊甘镇志 . 张志纯等校点 . 兰州：甘肃文化出版社, 67-89.

中尾正义 . 2011. 绿洲地域的历史与环境——黑河自然的 2000 年 . 东京：勉诚出版社 .

钟庚起 . 1995. 甘州府志 . 张志纯等校点 . 兰州：甘肃文化出版社, 216-224.

Food and agriculture organization of the United Nations（FAO）. 1971. Land Degradation. Soils Bulletin 13, Rome, 1-10.

Fujisada H, Bailey G B, Kelly G G, Hara S, Abrams M J. 2005. ASTER DEM performance. IEEE Transactions on Geoscience and Remote Sensing, 43（12）：2707-2714.

Guo H D, Liu H, Wang X Y, Shao Y, Sun Y. 2000. Subsurface old drainage detection and paleoenvironment analysis using spaceborne radar images in Alxa Plateau. Science in China Series D：Earth Sciences, 43（4）：439-448.

John D, Li X, Ming J, et al. 2009. Early bronze in two Holocene archaeological sites in Gansu, NW China. Quaternary Research, 72（3）：309-314.

Liu X, Lightfoot E, O'Connell T C, et al. 2014. From necessity to choice：dietary revolutions in west China in the second millennium BC. World Archaeology, 46（5）：661-680.

Mischke S, Dellske D, Schudack M E. 2003. Hydrologic and climatic implications of a multidisciplinary study of the Middle to Late Holocene Lake Eastern Juyanze. Chinese Sci Bull, 48（14）：1411-1417.

Netherer S, Schopf A. 2010. Potential effects of climate change on insect herbivores in European forests- General aspects and the pine processionary moth as specific example. Forest Ecology and Management, 259（4）：831-838.

Sakai A, Inoue M, Fujita K, Narama C, Kubota J, Nakawo M, Yao T. 2012. Variations in discharge from the Qilian mountains, northwest China, and its effect on the agricultural communities of the Heihe basin, over the last two millennia. Water History, 4（2）：177-196.

Sohma H, Tian R, Wei J, et al. 2009. Unrecognized ruins interpreted from the high- resolution satellite images and their significance, in case of the lower reaches of the Heihe River, Inner Mongolia, China. The Association of Japanese Geographers, 7（5）：106.

Sommarstrom B. 1956- 1958. Archaeological Researches in the Edsen- Gol Region Inner Mongolia. Stockholm：Statens Etnografiska Museum.

Wang T, Imagawa T, Wu W. 1999. Methods for monitoring and assessing sandy desertification in the North China. 中国沙漠, 19（1）：6-11.

Yang B, Braeuning A, Johnson K R, Shi Y F. 2002. General characteristics of temperature variation in China during the last two millennia. Geophysical Research Letters, 29 (9) . doi: 10. 1029/2001GL014485.

Zhang H, Wu J W, Zheng Q H, Yu Y J. 2003. A preliminary study of oasis evolution in the Tarim Basin, Xinjiang, China. Journal of Arid Environments, 55 (3): 545-553.

Zhang Q B, Cheng G, Yao T, Kang X, Huang J. 2003. A 2326- year tree- ring record of climate variability on the northern Qinghai-Tibetan plateau. Geophysical Research Letters, 30 (14): 1739, doi: 10. 1029/2003GL017425.

# 索　引